TRANSFORMATION STRUCTURELLE DE L'ÉCONOMIE IVOIRIENNE

Fondements, Dynamiques sectorielles et Perspectives

Théophile AHOUA N'doli

TRANSFORMATION STRUCTURELLE DE L'ÉCONOMIE IVOIRIENNE

Fondements, Dynamiques sectorielles et Perspectives

L'Harmattan
Côte d'Ivoire

Déjà parus, chez le même éditeur

1/ le REVEIL DE L'ELEPHANT D'AFRIQUE (TOME 1)
Côte d'Ivoire : des élans mainte fois brises, avril 2017

2/ LE REVEIL DE L'ELEPHANT D'AFRIQUE (TOME 2)
Côte d'Ivoire : de l'effondrement au sursaut, avril 2017

3/ MANUEL DE FINANCES PUBLIQUES, Octobre 2019

5-7, rue de l'École-Polytechnique ; 75005 Paris

http://www.librairieharmattan.com

ISBN : 978-2-343-25194-3
EAN : 9782343251943

PREFACE

La transformation structurelle des économies en développement apparaît aujourd'hui sous un jour nouveau et l'ouvrage du ministre Théophile Ahoua contribue à lui donner un contenu précis et opérationnel, en l'illustrant sur le cas de la Côte d'Ivoire.

Revenons aux origines du concept. Dès le début de l'économie du développement il était clair que le développement impliquait la transformation structurelle. Telle était la définition même que François Perroux il y a une soixantaine d'années donnait du développement : une croissance économique impliquant les changements structurels qui conditionnent la poursuite de la croissance. Cette vision structuraliste s'est poursuivie au fil des décennies selon une intensité et des modalités variées. Les travaux de Kuznets, puis de Chenery (et Syrquin) ont particulièrement analysé la nature des changements structurels, principalement inter-sectoriels, qui accompagnaient et soutenaient la croissance ; ils font encore autorité. Puis est venu dans les années 80 le temps de l'ajustement structurel à la suite des grands déséquilibres macro-économiques qui s'étaient manifestés : il s'agissait à nouveau de modifier la structure de l'économie, cette fois pour la rendre compétitive, en favorisant la production de biens échangeables internationalement. D'autres développements ont suivi prônant à nouveau le changement structurel, notamment comme moyen d'assurer la transition vers une économie de marché (à partir d'une économie centralisée). Dans tous les cas, derrière l'expression de changement structurel et quelles qu'en soient les variantes sémantiques, il s'agissait de faire que les ressources soient allouées ou ré-allouées vers des activités plus productives.

Ce qui aujourd'hui est sans doute nouveau est que la transformation structurelle soit appréciée au regard des Objectifs du développement durable. Or ceux-ci, on le sait, sont variés, incluant l'élimination de la pauvreté comme la lutte contre le réchauffement climatique, ce qui explique l'usage de plus en plus fréquent de l'expression transformation structurelle au sens de transition vers une économie « décarbonée ». Il s'agit bien d'une dimension essentielle de la transformation structurelle, mais qui ne saurait faire oublier les autres.

L'expression de transformation structurelle est ainsi largement utilisée dans la communauté internationale comme un sésame dont le champ est si général qu'il peut parfois conduire à faire douter de la validité du concept. Il est évident que n'importe quelle transformation structurelle n'est pas favorable au développement. Si le concept est laissé trop imprécis, le risque est que chacun y mette le type de changement auquel il est le plus favorable ou que, si au contraire il est inutilement précisé, il devienne un moule uniforme, laissant supposer que les trajectoires de développement sont les mêmes pour tous les pays, quelles que soit leurs conditions initiales, notamment leurs ressources naturelles et leur dimension. En d'autres termes il existe deux écueils d'un usage mal défini de la notion de transformation structurelle : l'un est l'écueil de l'auberge espagnole, où chacun apporte le changement de son choix et où l'on ne sait plus finalement ce que le mot veut dire ; l'autre est celui d'une définition imposée par telle ou telle institution internationale et exprimant les préférences de sa bureaucratie, et où, sous prétexte d'assistance technique pour la mise en œuvre de cette transformation, le pays concerné se trouve dépossédé du choix de sa stratégie de développement.

L'intérêt de l'ouvrage de Théophile AHOUA est précisément de montrer quel peut être aujourd'hui le contenu de la transformation structurelle dans un pays comme la Côte d'Ivoire, selon la perception qu'en a un grand expert de ce pays ayant acquis une expérience incomparable dans les hautes et diverses fonctions qu'il a exercées et dans la perspective ouverte par les ODD. S'appuyant sur une vaste littérature théorique et sur les travaux conduits sur des expériences aussi différentes que celles du Brésil et de la Malaisie, il fait apparaître un certain nombre de caractéristiques essentielles que devrait revêtir la transformation structurelle pour un pays tel que la Côte d'Ivoire. Soulignons-en particulièrement deux. Le premier est naturellement l'ancrage agricole de la transformation structurelle attendue qui implique une modernisation de l'agriculture paysanne avec tout ce qu'elle suppose d'innovation et d'insertion dans les chaînes de valeur, donc de transformation, d'agro-industrie, et de développement de l'infrastructure d'accompagnement, à la fois physique et numérique : à partir de son agriculture, la Côte d'Ivoire devrait fournir un excellent exemple de la façon de combiner recherche de l'avantage comparatif et diversification. Une seconde caractéristique essentielle de la transformation structurelle sur laquelle le présent ouvrage amène encore à réfléchir est le rôle qui joue le capital humain, les indicateurs d'éducation et de santé marquant un certain retard en Côte d'Ivoire par rapport à son niveau de produit par tête : l'amélioration des niveaux d'éducation, de santé, de capacités d'innovation, à la fois par le volume des ressources qui leurs sont consacrées et plus encore par la recherche de leur efficacité, apparaît clairement dans l'ouvrage comme une condition d'une profonde transformation structurelle. La transformation structurelle qui apparaît ici pour la Côte d'Ivoire peut ainsi s'éloigner opportunément des classifications sectorielles traditionnelles (et souvent artificielles) sur lesquelles repose le plus souvent l'analyse de ce concept.

En mettant l'accent sur ces deux priorités de développement durable pour un pays comme la Côte d'Ivoire et en abordant de front les problèmes environnementaux qu'y pose l'expansion des activités industrielles et agricoles, Théophile AHOUA situe parfaitement la transformation structurelle ivoirienne dans la perspective des ODD.

Professeur Patrick Guillaumont

Président de la Fondation pour les Etudes et la Recherche sur le Développement International (FERDI)

LISTE DES TABLEAUX

LISTE DES GRAPHIQUES

LISTE DES ENCADRES

INTRODUCTION

A la suite des pays comme le Brésil, l'Inde, la Chine, la Russie, l'Afrique du Sud, la Turquie et la Thaïlande, la plupart des pays africains aspirent à l'émergence socioéconomique qui est caractérisée en (i) une croissance économique forte, durable et inclusive, (ii) une amélioration sensible des conditions de vie des populations, de leur bien-être, (iii) une transformation structurelle et institutionnelle, et (iv) un approfondissement de l'ouverture des économies.

Un facteur essentiel demeure donc le passage d'une économie essentiellement agricole à une économie industrialisée et in fine à une économie dominée par des services à haute intensité de main d'œuvre qualifiée et de capital.

La Côte d'Ivoire, dans son processus de développement a ainsi mis un accent particulier sur la transformation structurelle de son économie, dès la fin de la crise postélectorale de 2011, en se réengageant dans une stratégie de planification pour mieux encadrer ce processus. Le premier Plan National de Développement post-crise (PND 2012-2015) a lancé les fondements de cette transformation structurelle, à travers entre autres la « Promotion d'une croissance soutenue et inclusive, et Développement d'une économie moderne et compétitive » (résultat stratégique 2) et l'Amélioration de la compétitivité nationale et promotion des IDE » (orientation stratégique 5 du résultat stratégique 5). Cette volonté de transformation structurelle s'est renforcée avec le second PND (2016-2020) dont l'axe stratégique 3 y a été consacrée de façon explicite en portant sur : « Accélération des transformations structurelles et de l'industrialisation ».

La mise en œuvre de ces deux PNDs a permis à la Côte d'Ivoire d'avoir une croissance moyenne du PIB de l'ordre de 8% entre 2012 et 2019, une réduction de l'incidence de la pauvreté qui est passée de 51% en 2011 à 39,45% en 2019, et une amorce de l'industrialisation. La contribution du secteur industriel qui était de 23% sur la décennie 2000-2009 se positionne à 28% sur la période 2010-2016 et est au-dessus de celle du secteur primaire.

Cette dynamique est cependant lente comparativement à l'historique de pays comme le Brésil, la Malaisie et la Thailande (CAPEC et INS, 2020[1]) dont la structure des exportations est dominée par les produits transformés tandis qu'elle est beaucoup plus dépendante des matières premières et des produits bruts en Côte d'Ivoire.

Aussi, pour aboutir à des résultats plus probants, l'objectif de transformation structurelle est-il réaffirmé dans le PND 2021-2025 dont le premier pilier est dédié à : l'« Accélération de la transformation structurelle de l'économie par l'industrialisation et le développement de grappes ». L'atteinte de cet objectif nécessite une meilleure compréhension du sentier de transformation structurelle des économies dans le monde et particulièrement de celui de la Côte d'Ivoire.

Le présent livre, s'intéresse ainsi aux fondements théoriques, aux faits stylisés et leçons apprises de certains pays industrialisés, à la trajectoire de transformation de l'économie ivoirienne, aux contraintes majeures et aux actions nécessaires pour une accélération et à terme une transformation structurelle effective des économies en développement, à travers l'exemple de la Côte d'Ivoire.

Ce livre est destiné à la fois aux universitaires et aux experts (nationaux, internationaux) des questions de développement. Il met en exergue les théories de base, les indicateurs, les faits stylisés, l'expérience-pays de la Côte d'Ivoire à travers ses dynamiques sectorielles, ses forces et faiblesses, et fait ressortir les recommandations issues d'analyses documentaires, benchmark, SWOT et économétriques.

Il s'articule autour de trois (3) parties. La première porte sur les « Fondements théoriques, les mesures et faits stylisés » et se déclinent en quatre chapitres : (Chapitre 1) Fondements théoriques, les mesures de la transformation structurelle, (Chapitre 2) Les fondamentaux de la transformation structurelle, (Chapitre 3) Exemples de pays précurseurs

[1] CAPEC et INS (2020) : « Transformation structurelle de l'Économie ivoirienne », Document de Travail.

et (Chapitre 4) Sur le chemin de la transformation structurelle. La deuxième partie se focalise sur : « Dynamiques sectorielles en Côte d'Ivoire : état des lieux du processus de transformation structurelle » et comprend trois chapitres, intitulés : (Chapitre 5) Transformation structurelle de l'économie ivoirienne de 1960 à nos jours, (Chapitre 6) Capital humain, compétences et innovations et (Chapitre 7) Gouvernance, infrastructures de connexion et financement. La troisième partie s'intéresse à la question : « Comment réussir la transformation structurelle de l'économie ivoirienne ? », et se subdivise en deux chapitres relatifs à : (Chapitre 8) Analyse de la diversification du système productif ivoirien et (Chapitre 9) Relever le défi de l'innovation par le développement du capital humain.

1ère partie
FONDEMENTS THÉORIQUES - MESURES ET FAITS STYLISÉS

Chapitre 1

FONDEMENTS THEORIQUES ET MESURES DE LA TRANSFORMATION STRUCTURELLE

Pourquoi certains pays sont-ils riches tandis que d'autres sont pauvres ? Comment les nations parviennent-elles au développement économique et à l'amélioration substantielle du niveau de vie de leur population ? Telles sont les questions qui guident en permanence les économistes du développement dans leurs recherches, et les décideurs publics dans l'orientation de leurs politiques économiques.

En fonction du niveau de vie actuel, tous les pays du monde étaient pauvres au début du XVIIIe siècle. Leurs économies étaient principalement basées sur l'agriculture. Au début des années 1900, l'espérance de vie aux États Unis était de 47 ans, le revenu ajusté de l'inflation était inférieur à 500 dollars par habitant. Seulement un tiers de la population avait accès à l'eau courante, et 140 enfants sur 1000 mourraient avant leur premier anniversaire. Cette situation qui caractérisait les États-Unis en 1900 décrit aussi la situation dans plusieurs pays pauvres aujourd'hui (Mateer et Coppock, 2018). Cependant, depuis 1900, les États-Unis ont connu un changement inimaginable qui en a fait la première puissance économique mondiale. Cela a été rendu possible grâce à la croissance durable de l'économie américaine.

Une croissance économique soutenue ne peut se faire sans changements structurels (Kuznets, 1966). Ainsi, l'on peut affirmer que tous les pays qui restent pauvres n'ont pas réussi à réaliser une transformation structurelle, c'est-à-dire qu'ils n'ont pas pu se diversifier en passant de l'agriculture et de la production de biens traditionnels vers l'industrie manufacturière et d'autres activités modernes. En Afrique subsaharienne, l'agriculture continue de jouer un rôle dominant, puisqu'elle représente 63 % de la main-d'œuvre, ce qui constitue aujourd'hui le cœur du défi du développement. Des travaux empiriques confirment en effet que la majeure partie de la différence de croissance entre l'Asie et les pays en développement d'Amérique latine et d'Afrique peuvent être expliqués par la contribution des changements structurels à la productivité globale du travail (McMillan et Rodrik, 2011).

Ce chapitre vise à présenter un cadre théorique permettant d'analyser et de comprendre les caractéristiques d'un processus de transformation structurelle. A cette fin, nous proposons dans un premier temps, une série de définitions que revêt ce concept, dans la mesure où celui-ci risque parfois d'être mal interprété. Puis, nous analysons les différentes mesures de la transformation structurelle et ses déterminants. Enfin, nous présentons les principaux courants de pensée qui traitent du rôle de la transformation structurelle dans le processus de croissance et de développement économique.

1.1. Concepts et mesures de la transformation structurelle

Cette section se focalise sur la définition de la transformation structurelle, ses mesures et ses déterminants.

1.1.1. Définition

Tout au long de l'histoire de la pensée économique, la transformation structurelle, notamment vers l'industrie manufacturière, a été considérée comme le principal moteur de la croissance économique et du développement. Elle se définit comme la redistribution de l'activité économique entre les grands secteurs que sont l'agriculture, l'industrie manufacturière et les services. D'après Kuznets (1955), cette transformation s'effectue de façon séquentielle par, dans un premier temps, une migration des ressources de l'agriculture vers les autres secteurs, à savoir l'industrie et les services ; et dans un second temps, une migration des ressources de l'agriculture et de l'industrie vers le secteur des services.

La Commission Économique pour l'Afrique entend par « transformation structurelle » l'ensemble des changements fondamentaux dans les structures économiques et sociales qui favorisent un développement durable et équitable. Il s'agit d'un processus fondamental et multidimensionnel observé dans tous les pays ayant atteint des niveaux de développement élevés (CEA, 2018)

La transformation structurelle est un processus continu. Également appelée changement structurel, elle fait référence au transfert de la main-d'œuvre et d'autres ressources de production d'activités économiques peu productives vers des activités à forte productivité. La transformation structurelle se traduit par la production de biens de plus en plus perfectionnés.

Selon Syrquin (1988), la transformation structurelle fait référence à un changement de caractéristiques dans une économie. Ainsi, les caractéristiques, étant à la base d'une transformation structurelle, seraient les suivantes :

- L'augmentation des moyens financiers,
- la transition dans la productivité sectorielle de l'activité économique, c'est-à-dire le passage d'une économie à faible productivité à une économie à forte productivité,
- les changements dans l'utilisation des facteurs de production. Ces derniers engendrent une modification et une amélioration de la productivité, et par voie de conséquence, la modification de la répartition de l'emploi.

Dans le rapport sur les Perspectives Économiques en Afrique du Centre de Développement de l'OCDE de 2013, la transformation structurelle est aussi définie comme la réallocation de l'activité économique des secteurs à faible productivité vers ceux où elle est plus forte, permettant ainsi de maintenir une croissance forte, durable et inclusive. Ce processus est généralement caractérisé par au moins deux faits stylisés :

(i) l'augmentation de la part du secteur manufacturier et des services à forte valeur ajoutée dans le PIB, couplée avec une baisse soutenue de la part de l'agriculture ; et

(ii) la baisse de la part de l'emploi agricole et le transfert des travailleurs vers les autres secteurs plus productifs de l'économie (Cf. graphique 1).

La transformation structurelle peut générer des gains tant statiques que dynamiques. Le gain statique est la hausse de la productivité globale du travail, les travailleurs étant employés dans des secteurs plus productifs. Les gains dynamiques, qui apparaissent au fil du temps, découlent du perfectionnement des compétences et des externalités positives résultant de l'accès des travailleurs à de meilleures technologies et à leur accumulation de capacités.

En définitive, l'on peut retenir que la transformation structurelle se traduit par le passage d'une économie peu productive et traditionnelle (le secteur agricole), à une économie très productive et moderne (le secteur industriel et le secteur des services). Ce mouvement s'accompagnerait d'un changement de la structure de l'emploi, avec une population qui passerait ainsi de l'emploi agricole vers l'emploi industriel et l'emploi dans les services, mieux rémunéré, plus formel et à plus forte productivité. Le concept ayant été ainsi défini, il apparaît nécessaire de pouvoir le mesurer dans le temps afin d'apprécier la trajectoire d'une économie.

Graphique 1. Un modèle classique de changement structurel : emploi par secteur en proportion de l'emploi total

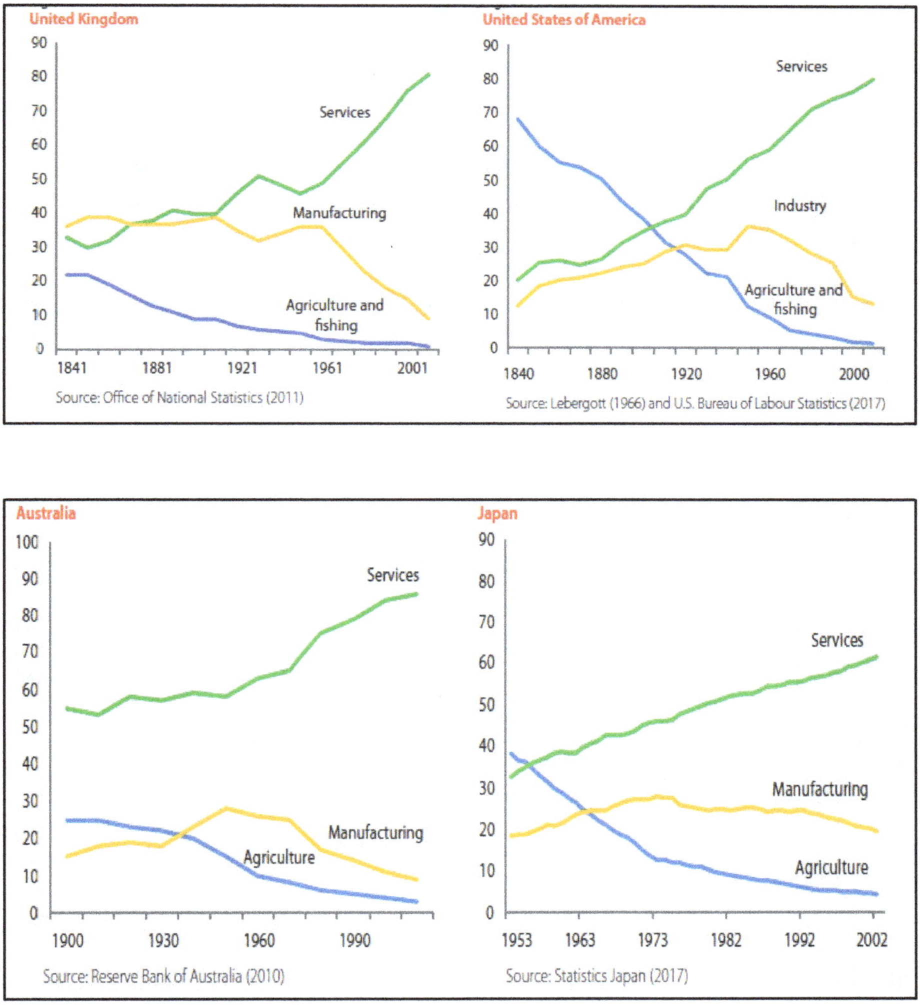

1.1.2. Mesures de la transformation structurelle

Le processus de changement structurel implique une profonde transformation économique et sociale, notamment la diversification économique et la modernisation technologique, la création d'emplois décents et productifs et un développement social équitable. La transformation de la structure économique est amenée à se manifester à trois niveaux (Syrquin, 1988) :

(i) Au niveau de la demande finale

La transformation de la composition de la demande finale est l'une des caractéristiques les plus uniformes du processus de développement. La fraction de la consommation privée dans le produit national brut (PNB) tend à diminuer avec le niveau de développement atteint, ce qui permet l'augmentation de la fraction des investissements. La diminution de la fraction de consommation découle de la chute rapide de la consommation de biens d'alimentation alors que la consommation de biens autres que l'alimentation augmente.

(ii) Au niveau du commerce

L'élément le plus variable qui influence la structure d'une économie est sa participation dans l'économie internationale. Dans les pays de petite taille comme la Côte d'Ivoire, les parts du commerce et du capital dans le PNB sont relativement élevées et la structure de production est plus concentrée que dans des pays de plus grande dimension. Le type de spécialisation des « petits » pays dépend dans une large mesure de la disponibilité des ressources naturelles et des politiques de développement adoptées.

(iii) Au niveau de la production et de l'utilisation des facteurs

Les changements qui se produisent dans la demande et le commerce ainsi que le schéma de l'accroissement de la productivité sectorielle se conjuguent pour déterminer la transformation des structures de production et d'utilisation des facteurs. Les parts des marchandises non échangeables dans le PNB et dans l'emploi augmentent de façon caractéristique à mesure que le revenu s'accroît, mais l'élément le plus typique de la transformation est le mouvement qui s'opère dans la production des marchandises, des secteurs primaires vers la production manufacturée. La part de l'agriculture dans la valeur ajoutée diminue notablement au cours de cette transition. La chute de la fraction de main-d'œuvre employée dans l'agriculture est encore plus aiguë et a d'importantes conséquences sur le schéma des productivités relatives de la main-d'œuvre entre les secteurs.

Dans les travaux traitant d'économie du développement, le changement structurel est habituellement considéré en termes de changement de la composition sectorielle de la production ou de l'emploi dans les secteurs d'activité primaire, secondaire et tertiaire sous l'effet du développement économique. De façon empirique, les deux mesures les plus utilisées de la transformation structurelle sont les parts des secteurs dans l'emploi total et dans la valeur ajoutée totale (CNUCED, 2016). Les parts en termes d'emploi sont calculées à partir du nombre de travailleurs ou d'heures travaillées par secteur. Les parts de valeur ajoutée sont généralement exprimées en prix courants (parts nominales), mais peuvent l'être aussi en prix constants (parts réelles). Les parts des exportations par secteur, exprimées en pourcentage du PIB, peuvent également être utilisées pour mesurer la transformation structurelle.

Dans les travaux empiriques d'Imbs et Wacziarg (2003) et d'Hausmann *et al* (2007), la transformation structurelle a été mise en évidence par l'existence d'une relation quadratique entre la diversification productive, mesurée par la valeur ajoutée ou l'emploi sectoriel, et le développement économique ; de même que par la sophistication des exportations. La diversification et la sophistication des exportations se sont ainsi imposées comme des indicateurs permettant de mesurer et de qualifier le processus de transformation structurelle.

Encadré 1. Quelques indicateurs de mesure de la transformation structurelle.

- **La productivité et l'emploi : Indicateurs économiques et sociaux**
  - Valeur ajoutée sectorielle et sous-sectorielle (% du PIB ou dollars constants)
  - Emploi par secteur (% de l'emploi total)
  - Croissance annuelle des secteurs ou de l'emploi par secteur (% annuel)
  - Répartition sectorielle et sous-sectorielle de la main-d'œuvre (% sur l'emploi total)
  - Productivité par travailleur : Valeur ajoutée sectorielle (dollars constants) / nombre de personnes employées dans le secteur.
- **La diversification et la sophistication des exportations : Indicateurs économiques**
  - Évolution de la balance commerciale (valeur des exportations de

Source : Morena (2019).

L'analyse du rythme de la transformation structurelle d'une économie peut également se faire en se basant sur l'indice de Roman (1969). C'est un indice simple qui permet d'apprécier l'évolution dans le temps des changements dans la structure d'une économie passant des secteurs à faible valeur ajoutée à des secteurs à forte valeur ajoutée.

Roman (1969) construit un indice simple pour mesurer le rythme auquel la transformation structurelle s'opère. Il est défini comme le rapport entre la valeur ajoutée du secteur agricole et celle du secteur industriel. L'indice de transformation structurelle (ITS) est donné par l'expression suivante :

$$ITS_t = \frac{VA_t^{agri}}{VA_t^{indus}} \quad (1)$$

La valeur de l'indice sera comparée à 1, une valeur de l'indice inférieure à 1 traduit que la valeur ajoutée du secteur agricole est inférieure à celle du secteur industriel donc le processus de transformation structurelle est en cours. Ainsi la tendance à la baisse traduit alors un processus de transformation structurelle de l'économie. L'analyse du taux de croissance de l'indice va permettre d'appréhender le rythme de la transformation structurelle de l'économie.

Afin d'étudier le processus de changement structurel, plusieurs autres indices sont proposés dans la littérature. Ces indices servent à quantifier son ampleur et permettent de résumer les changements de la composition sectorielle d'une économie entre deux points dans le temps. Dietrich (2012) a ainsi mis en évidence deux indicateurs basés sur la part sectorielle d'une variable économique ; ils sont donc appropriés pour considérer le changement structurel.

Le premier indice est la norme de valeur absolue (NVA), l'indice le plus simple pour mesurer les changements structurels.

$$NVA_{s,t} = \frac{1}{2}\sum_{i=1}^{n}\left|x_{i,s} - x_{i,t}\right| \qquad (2)$$

Avec :

$x_{i,t}$: la part du secteur $i = 1, \ldots, n$ à la date $t = 1, \ldots, T$ et $s = 2, \ldots, T$. Il en résulte une fourchette de la NVA entre zéro et l'unité, de sorte que l'interprétation soit assez simple. Cela indique que le changement structurel est exactement égal à la part de mouvement des secteurs en pourcentage de l'ensemble de l'économie. Selon Dietrich (2012) : "Si la structure reste inchangée, l'indice est égal à zéro, et si le changement dans tous les secteurs est à son plus haut niveau, ce qui signifie que l'ensemble de l'économie subit un changement total, alors l'indice est égal à l'unité".

Le deuxième indice permettant de mesurer le degré de changement structurel est l'indice Lilien modifié (MLI). Lilien (1982) a initialement introduit un indice pour mesurer l'écart-type du taux de croissance sectoriel de la demande de main-d'œuvre de la période *s* à la période *t*.

Cet indice est utilisé pour mesurer le degré de liquidité de la réaffectation des facteurs. Dietrich (2012) présente une version modifiée de l'indice Lilien en l'augmentant avec une pondération par la part des secteurs dans les deux périodes.

$$MLI_{s,t} = \sqrt{\sum_{i=1}^{n} x_{i,s} * x_{i,t} * \left(\log \frac{x_{i,s}}{x_{i,t}}\right)^2}$$

(3)

Lorsque le MLI est faible, l'évolution structurelle de l'économie est lente ; un MLI élevé signifie que le changement structurel est à un rythme élevé.

Naturellement, il existe d'autres indices pour mesurer le changement structurel. Wolff (2002) a construit un indice similaire à celui de Lilien pour deux périodes 1 et 2 qui est représenté par l'équation suivante :

$$SCI^{12} = 1 - \frac{\sum_i x_i^1 x_i^2}{\sqrt{(\sum_i x_i^1)^2 (\sum_i x_i^2)^2}} \quad (4)$$

Où x_i est la part du secteur i dans l'économie totale. La valeur est proche de 1 lorsque le changement structurel se produit à un rythme élevé. De la même façon, l'on peut calculer l'indice de changement structurel pour la valeur ajoutée et l'emploi.

1.1.3. Déterminants de la transformation structurelle

La transformation structurelle fait référence aux modifications de long terme de la composition sectorielle et spatiale du système économique (UNIDO, 2009) et aux changements des institutions ou des infrastructures qui les portent. Elle est le résultat de deux ensembles de facteurs indépendants : l'un qui influence la demande de main-d'œuvre dans les secteurs à forte productivité et l'autre qui influence l'offre de main-d'œuvre des secteurs à faible productivité. Plus la demande de main-d'œuvre dans les secteurs à forte productivité est importante et plus l'offre de main-d'œuvre des secteurs à faible productivité est moins importante. La facilité avec laquelle la main-d'œuvre des secteurs à faible productivité peut se déplacer vers les secteurs à forte productivité influence le rythme de la transformation structurelle.

La littérature identifie deux grands ensembles de déterminants de la demande et l'offre de travail. Le premier concerne les défaillances des gouvernements et le second fait référence aux défaillances du marché telles que les problèmes de coordination dans l'investissement et l'acquisition technologique (McMillan et Rodrik, 2014).

Les défaillances des gouvernements peuvent affecter à la fois la demande de main-d'œuvre des secteurs à forte productivité et l'offre de main-d'œuvre provenant des secteurs à faible productivité. Les politiques qui limitent la croissance des secteurs à forte productivité, telles que la réglementation des marchés de produits et du travail, peuvent avoir un effet négatif sur la demande de main-d'œuvre dans les secteurs à forte productivité (Dabla-Norris et al. 2013). Les politiques influençant le mouvement de la main-d'œuvre des secteurs à faible productivité vers les secteurs à forte productivité tels que les réformes agraires et les politiques migratoires affecteront l'offre de main-d'œuvre provenant des secteurs à faible productivité. Les défaillances des gouvernements peuvent entraver le fonctionnement des marchés du travail, des terres et des produits, qui peuvent tous affecter la réaffectation de la main-d'œuvre des secteurs à faible productivité vers les secteurs à forte productivité.

D'autre part, les défaillances du marché peuvent également affecter la demande des secteurs à forte productivité et l'offre de main-d'œuvre provenant des secteurs à faible productivité. Les défaillances du marché, telles que les problèmes de coordination dans les investissements qui freinent la croissance du secteur manufacturier ont un effet négatif sur la demande pour le travail dans les secteurs à haute productivité. Les imperfections du marché du crédit qui ne permettent pas aux emprunteurs des secteurs à forte productivité d'avoir accès à des fonds prêtables à des taux raisonnables peuvent également conduire à ce que le niveau d'investissement dans les secteurs à haute productivité soit inférieur à ce qui est socialement souhaitable, en inhibant la demande de main-d'œuvre dans ces secteurs. En ce qui concerne l'offre de main-d'œuvre, les défaillances du marché dans la formation de capital humain qui entraîne un faible niveau de compétences et d'éducation de la main-d'œuvre auront des répercussions sur l'offre de main-d'œuvre qualifiée nécessaire à une industrialisation rapide.

Pour les économistes pionniers du changement structurel, comme Hollis Chenery, Simon Kuznets, ou Syrquin, la politique économique est importante dans les mécanismes du développement économique. Leurs différentes approches convergeaient pour donner à l'État un rôle essentiel et proactif dans la conduite du développement économique, puisqu'en suppléant aux défaillances de marché, l'intervention publique peut favoriser le changement structurel. L'État peut ainsi à travers des politiques diverses influencer la transformation structurelle d'une économie. Dans le cas de certains pays asiatiques, à titre d'illustration, l'on peut citer :

Les politiques du travail

Deux types de politiques du travail peuvent affecter le taux de transformation structurelle. Le premier est la réglementation du marché du travail, telle que la législation sur la protection de l'emploi, la législation salariale et les règles qui régissent l'activité syndicale. Le second est la nature de la migration. Les politiques qui peuvent affecter le mouvement de la main-d'œuvre du secteur rural vers le secteur urbain.

La réglementation du marché du travail en vue de protéger les intérêts des travailleurs peut entraver le bon fonctionnement du marché du travail. La réglementation du travail crée généralement des coûts d'ajustement dans l'embauche et le licenciement de la main-d'œuvre et dans les ajustements de l'organisation de la production. Les entreprises répondent aux réglementations strictes du travail sur le marché en substituant en premier lieu le capital au travail. Si la réglementation du travail est particulièrement onéreuse, elles peuvent décider de ne pas augmenter leur taille. En outre, la réglementation du travail peut accroître le pouvoir de négociation des travailleurs, ce qui décourage l'investissement en particulier lorsque les investisseurs craignent que les travailleurs exproprient une plus grande partie des rendements

(Besley et Burgess, 2004). Le résultat net d'une réglementation du travail stricte serait de conduire à une réduction de la demande de main-d'œuvre du secteur manufacturier, tant directement que par substitution des entreprises à mesure qu'elle remplace le capital pour le travail et indirectement, car les entreprises ne font pas les investissements qu'elles auraient autrement choisi de faire pour augmenter l'échelle de leurs opérations, et en ne faisant pas d'investissements pour la croissance, la demande globale de main-d'œuvre diminue. Avec une réduction de la demande de main-d'œuvre du secteur manufacturier, le taux de passage de l'agriculture au secteur manufacturier sera lent, ce qui entravera le rythme de transformation structurelle.

Les politiques foncières

Les politiques gouvernementales en matière de transfert et d'acquisition de terres peuvent affecter la transformation structurelle pour deux raisons importantes. Premièrement, le transfert de la propriété foncière des ménages possédant de grandes propriétés foncières dans les zones rurales à ceux qui ne possèdent pas ou possèdent peu de terres peut conduire à une plus grande productivité agricole, libérant ainsi la main-d'œuvre des campagnes pour qu'elle puisse se déplacer vers des emplois manufacturiers ou de services dans les zones urbaines. En outre, une répartition égalitaire des terres qui conduit à des revenus plus importants pour les couches les plus pauvres de la population rurale peut créer un marché intérieur plus important pour les produits manufacturés, ce qui facilite l'expansion du secteur manufacturier.

La réforme agraire redistributive a joué un rôle important dans les expériences de croissance rapide de la République de Corée, de la Chine après la Seconde Guerre mondiale ainsi que dans les succès de croissance au Viêt-Nam dans les années 70 et 80 (Putzel, 2000). Premièrement, les réformes agraires ont conduit à l'augmentation des revenus des agriculteurs pauvres dans ces deux pays, qui pourraient alors investir une partie des revenus dans la scolarité de leurs enfants. Cela a conduit à la disponibilité d'une main-d'œuvre qualifiée nécessaire à une industrialisation rapide axée sur l'exportation. Deuxièmement, l'augmentation des revenus dans les zones rurales a entraîné une expansion du marché intérieur vers le secteur de la fabrication, favorisant une industrialisation rapide. Troisièmement, la répartition plus égalitaire des terres a permis un environnement politique qui a permis aux dirigeants politiques de ces deux pays de concentrer leur attention sur l'industrialisation rapide (Putzel, 2000 ; Studwell, 2013).

La réglementation du marché des produits

Les politiques et procédures gouvernementales qui augmentent le coût des produits ou créent des barrières artificielles à l'entrée des entreprises dans les secteurs à forte productivité, tels que l'industrie manufacturière et les services marchands sont susceptibles de freiner l'investissement privé dans ces secteurs et de freiner la croissance des secteurs à forte productivité (Banque mondiale, 2015). Les réformes réglementaires qui facilitent la création d'une entreprise ou la fermeture d'une entreprise non rentable sont cependant fortement associées à la réaffectation plus rapide de la main-d'œuvre des secteurs à faible productivité vers les secteurs à forte productivité.

Ainsi, pour parvenir à des niveaux de vie élevés dans un pays, il est nécessaire d'avoir un État qui garantit le bon fonctionnement de ses marchés, qui offre à ses populations une éducation en adéquation avec les besoins des entreprises, et qui facilite l'accès au crédit à ces dernières en vue d'une plus grande création d'emploi.

La nécessité d'un État « développementiste »

L'histoire des pays-développeurs d'Asie est l'un des meilleurs exemples de la manière dont certains pays ont pu réaliser une transformation socio-économique spectaculaire en une ou deux générations grâce à des États « *développementistes* ». Ce type d'État peut se définir comme un État qui déploie une idéologie hégémonique pour mobiliser la société autour d'un ensemble fondamental d'objectifs de transformation socio-économique et mobilise les ressources et les capacités étatiques et non étatiques pour concevoir et mettre en œuvre des politiques et programmes afin d'atteindre ses objectifs. Il accorde la priorité à la croissance à long terme et aux changements structurels, gère les tensions sociales et les conflits qui surgissent inévitablement au cours du processus, et s'engage dans les adaptations institutionnelles et les innovations pour atteindre ses objectifs (Woo-Cummings, 1999). L'État *développementiste* parvient efficacement à mobiliser les citoyens autour d'un programme national sur une longue période et à mobiliser de manière disciplinée les ressources et les capacités de la société pour concevoir et mettre en œuvre les politiques et programmes de croissance rapide et de transformation socio-économique.

A l'opposé de ce type d'État, l'on peut définir l'État régulateur ou l'État rationnel (Johnson, 1982). Un État régulateur s'intéresse aux formes et aux procédures de la concurrence économique, mais moins aux questions de fond. En revanche, la caractéristique dominante de l'État développementiste est précisément la fixation des objectifs sociaux et économiques fondamentaux. Il est fondé sur deux éléments conceptuels, à savoir, un changement radical de la structure de l'économie et une idéologie de développement motrice.

Le succès des États de l'Asie de l'Est a été rendu possible par leur dynamisme politique et institutionnel particulier. Trois mécanismes politiques et institutionnels ont facilité l'émergence de l'État « développementiste », à savoir, un leadership visionnaire, les capacités de la bureaucratie étatique et une solide coalition de parties prenantes en faveur de la transformation.

1.2. Fondements théoriques de la transformation structurelle

Pourquoi certains pays parviennent-ils à rattraper la frontière mondiale du développement avec succès, tandis que d'autres ne parviennent pas à échapper au piège du sous-développement et de la pauvreté ? Quels enseignements pouvons-nous tirer des théories existantes pour éclairer le sentier de transformation structurelle de la Côte d'ivoire ? Plusieurs raisons ont été mises en évidence dans la littérature pour expliquer ces divergences dans le processus de développement, à savoir l'accumulation de capital, la diffusion technologique, la qualité des institutions et les conditions géographiques. De façon générale, l'on peut admettre que les échecs reflètent l'incapacité du système économique à entreprendre les transformations qui sont au cœur du processus de développement.

Dans cette section, l'accent est mis sur le rôle de la transformation structurelle dans la croissance économique selon les structuralistes, puis selon la Nouvelle Économie Structurelle (NES). Aussi, en raison de leur importance croissante, le rôle des chaînes de valeurs mondiales dans la transformation structurelle est-il examiné.

1.2.1. L'approche structuraliste (1948-1990)

En ce qui concerne les théories du développement axées directement sur les défis économiques spécifiques posés aux pays plus pauvres et vulnérables, l'école structuraliste a été la première à proposer une analyse détaillée des liens entre les modifications de la structure de production et la croissance économique.

La contribution de l'école structuraliste à l'économie du développement a débuté dans les années 1940 et 1950. Elle s'appuie sur l'idée que le cercle vertueux du développement économique dépend de la transformation structurelle. Selon Kuznets (1979), il est impossible de parvenir à des taux élevés de croissance de la production par habitant ou par travailleur sans modifications substantielles des parts des divers secteurs. Les travaux fondateurs de Rosenstein Rodan (1943) ont ouvert la voie à un riche axe de recherche s'étendant de Nurkse (1953), Lewis (1954), Myrdal (1957) et Hirschman (1958), appelé à l'approche structuraliste du développement économique.

Cette approche repose sur les hypothèses clefs suivantes :

- La croissance économique est un processus dépendant des choix antérieurs : Les connaissances accumulées durant le processus de production engendrent des économies d'échelle dynamiques et des externalités qui renforcent elles-mêmes la croissance économique et le développement. En ce sens, les expériences initiales de production ont des effets cumulatifs sur l'économie, les entreprises apprenant à produire des biens de meilleure qualité ou à meilleurs coûts.

- Les pays en développement sont marqués par une hétérogénéité structurelle : Cela signifie que dans ces pays, des activités économiques modernes, hautement productives et utilisant des technologies de pointe, coexistent avec des activités économiques traditionnelles à faible productivité et largement informelles. Les modèles d'économies duales illustrent cette situation, les meilleurs exemples étant ceux de Lewis (1954) et Ranis et Fei (1961). Dans ces modèles, le moteur de la croissance économique est le redéploiement de la main d'œuvre employée dans les activités traditionnelles vers des activités modernes.

- Les activités économiques modernes sont généralement des activités manufacturières urbaines : La littérature considère l'industrie manufacturière comme un moteur de croissance économique. Dans ses travaux novateurs, Nicholas Kaldor (1966) a identifié certaines constantes empiriques, connues plus tard sous le nom de lois de Kaldor, relatives au développement économique et à la transformation structurelle :

- Une croissance rapide de la production manufacturière induisant un fort taux de croissance du PIB ;

- Une croissance rapide de la production manufacturière induisant un fort taux de croissance de la productivité du travail dans l'industrie manufacturière ;

- Une croissance rapide de la production manufacturière induisant un fort taux de croissance de la productivité globale du travail.

La littérature économique accorde une place prépondérante à l'industrie manufacturière dans le processus de transformation structurelle pour plusieurs raisons :

- Premièrement, l'industrie manufacturière génère des rendements d'échelle statiques et dynamiques croissants. La production de masse engendre une réduction des coûts des entreprises, la spécialisation ouvre la voie à une division plus fine du travail et, avec l'accumulation de production, les entreprises apprennent à produire plus efficacement (Kaldor, 1966 ; Verdoorn, 1949).

- Deuxièmement, l'industrie manufacturière offre des opportunités d'accumulation de capital. L'intensité capitalistique y est plus forte que dans l'agriculture et les services, ce qui rend le processus de transformation structurelle vers cette dernière particulièrement bénéfique.

- Troisièmement, l'industrie manufacturière est le creuset du progrès technologique. En raison de son intensité capitalistique plus élevée. C'est dans cette l'industrie qu'interviennent les progrès technologiques dans l'économie (Chenery et al., 1986).

- Quatrièmement, l'industrie manufacturière entretient des liens plus forts avec le reste de l'économie. Les articles manufacturés ne sont pas seulement vendus aux consommateurs finaux, ils sont aussi largement utilisés dans les autres secteurs, créant ainsi des complémentarités, ou des liens, entre divers secteurs (Hirschman, 1958 ; Nurkse, 1953 ; Rosenstein-Rodan, 1943).

- Cinquièmement, l'industrie manufacturière présente des avantages en termes d'élasticité-prix et d'élasticité-revenu. Selon la loi d'Engel (Engel, 1857), plus le revenu par habitant d'un pays est bas, plus la part de revenu consacrée aux produits agricoles est élevée. A mesure que le revenu augmente, la demande se déplace des produits agricoles vers les articles manufacturés stimulant ainsi la production manufacturière. En outre, l'élasticité-prix et l'élasticité-revenu de la demande sont relativement plus fortes dans l'industrie manufacturière que dans d'autres secteurs, conférant un avantage supplémentaire à ce secteur. L'augmentation de la demande d'articles manufacturés crée également une demande de biens intermédiaires et de biens d'équipement nécessaires à la fabrication des biens de consommation, stimulant encore davantage la production de l'industrie manufacturière. Si un pays réussit son industrialisation, l'augmentation de la demande d'articles manufacturés peut être satisfaite au plan national. Par contre, si le pays ne s'industrialise pas, il sera contraint d'importer les articles manufacturés. Compte tenu des importantes élasticité-prix et élasticité-revenu de l'industrie manufacturière, les importations de biens manufacturés peuvent entraîner des pénuries de devises étrangères et des problèmes de balance des paiements (Chenery et al., 1986).

Toutefois, le secteur du service occupe également une place importante dans le processus de transformation structurelle, car ce secteur est en connexion avec les autres secteurs. En effet, une fois qu'un produit passe par le secteur primaire, il est transformé grâce au secteur secondaire puis transporté et finalement vendu dans le secteur tertiaire. L'exode rural provoquant une augmentation de la consommation dans les villes, les activités de ventes permettent donc de répondre à cette nouvelle demande.

Le structuralisme latino-américain

Les théories latino-américaines du développement et du sous-développement ont également servi de cadre d'analyse de la transformation structurelle, et ont fortement influencé les orientations stratégiques des pays en développement en matière de politique d'industrialisation.

Elles appartiennent à deux grandes écoles de pensée : le structuralisme latino-américain (SLA) et la théorie de la dépendance. Selon la thèse principale du SLA, la structure centre-périphérie du commerce mondial se caractérise par l'exportation de matières premières et de produits primaires en échange de biens manufacturés. Cette structure se révèle nuisible pour les pays de la périphérie en raison de la structure monopolistique du commerce des biens manufacturés qui entraîne une détérioration des termes de l'échange pour les exportateurs de la périphérie. La solution à ce problème consiste à adopter une politique d'industrialisation par substitution des importations pour briser la dépendance à l'égard du secteur de la consommation et pour créer les conditions nécessaires à une croissance économique autonome. Ainsi, selon Prebisch (1950), le processus de transformation structurelle est amorcé à travers la mise en œuvre d'une stratégie de substitution des importations. De 1950 à 1980, les tenants du SLA domineront le débat qui oppose les économistes libéraux et structuralistes dans le milieu de l'économie du développement, notamment au sujet du poids relatif à accorder à l'État et au marché

L'approche structuraliste diffère non seulement des théories néoclassiques de la croissance mais aussi des théories de la croissance économique par étapes telles que postulées par Rostow (1990) et par les théoriciens de la sociologie de la modernisation pour qui les pays sous-développés sont juste à un stade inférieur ou plus précoce de leur évolution que les pays développés.

Ils postulent donc un chemin de développement pour les pays moins développés similaire à celui pris par les pays plus développés tels que la Grande-Bretagne ou les États-Unis. Pour les structuralistes, l'état de sous-développement s'inscrit dans le même processus historique global qui a conduit au développement actuel de plusieurs pays. Par conséquent, le sous-développement et la modernisation font partie du même processus de transformation globale.

Le sous-développement et le développement sont donc deux aspects d'un même processus historique mondial, car les deux processus sont historiquement simultanés et interconnectés. Dans ce contexte, la stratégie de développement des pays sous-développés devrait viser à rechercher une façon d'améliorer leur capacité à transformer leur économie et leur société dans le but de relever le niveau de vie de la majorité de la population.

La pierre angulaire du structuralisme est le paradigme « centre-périphérie » de Prebisch (1950). Selon lui, l'économie mondiale est composée d'un petit nombre de pays industrialisés, qu'il qualifie de "centre", et d'un grand nombre de pays non industrialisés plus faibles, qu'il qualifie de "périphérie". Alors que le centre exporte des produits industriels vers la périphérie, cette dernière exporte des produits primaires tels que les produits agricoles et les produits minéraux au centre. Selon la théorie classique du commerce international, une telle spécialisation dans la production et le commerce international était à l'avantage des deux pays concernés car ils exploitent leurs avantages comparatifs respectifs. En outre, selon cette théorie, les bénéfices du commerce international iraient principalement aux pays à faible revenu et donc le commerce international comblerait progressivement l'écart de revenu entre les pays développés et les pays en développement.

Cependant, Prebisch (1950) a découvert que c'était loin d'être le cas. Au contraire, les disparités de revenus entre le centre et la périphérie n'ont pas seulement été perpétuées, mais ont même été élargies par le commerce international. Cette situation s'explique en grande partie par la tendance chronique à long terme des termes de l'échange des pays producteurs primaires de la périphérie à se détériorer. Cela signifie, par exemple, qu'au fil des ans la périphérie a dû exporter une quantité croissante des produits primaires en échange du même montant de produits industriels importés. Il y a donc eu un transfert d'excédent économique, ce qui est tout à fait contraire à ce que soutenait la théorie des avantages comparatifs.

La détérioration à long terme des termes de l'échange est due aux différentes caractéristiques des marchés des produits, du travail et des capitaux au centre et à la périphérie. En outre, le progrès technique est plus intense au centre, ce qui facilite ses performances dans le secteur industriel par rapport au secteur de la production primaire. De plus, l'organisation du travail ainsi que le degré de pouvoir monopolistique ou oligopolistique des entreprises industrielles du centre signifie que le capital et le travail sont en mesure de conserver la plupart des avantages tirés de l'augmentation de la productivité grâce à des profits plus élevés et les salaires. En revanche, dans la périphérie, l'existence d'un surplus de main-d'œuvre et son faible pouvoir de négociation combinés avec un progrès technique plus limité, entrainent que la plupart de ses bénéfices sont transférés aux pays du centre qui importent ses produits primaires.

Singer (1950) est parvenu à des conclusions similaires à celles de Prebisch (1950), mais il a principalement expliqué la détérioration comme étant due à une élasticité de la demande de produits primaires plus faible en fonction du revenu par rapport à celle des produits industriels. Ainsi, comme les revenus ont augmenté dans le centre, ils ont dépensé une part décroissante de l'augmentation de leurs revenus sur les importations des produits primaires de la périphérie, tandis que dans les périphéries, une augmentation des revenus a entraîné une croissance de l'importation de produits industriels. Ceci, entre autres facteurs, a conduit à une augmentation du prix des produits industriels par rapport aux produits primaires.

Du point de vue de ces économistes, la solution à cet échange inégal entre le centre et la périphérie réside dans la mise en œuvre de politique d'industrialisation visant à substituer les importations de plus en plus accrue de produits industriels.

1.2.2. La Nouvelle Économie structurelle (1990-2008)

Les réflexions antérieures sur les changements structurels dans le contexte du développement économique sont principalement associées à Rostow (1990). En essayant de comprendre comment le développement économique se produit et quelles stratégies peuvent être adoptées pour favoriser ce processus, Rostow (op. cit.) a suggéré que les pays peuvent être placés dans l'une des cinq catégories en fonction de leur niveau de croissance :

- les sociétés traditionnelles, caractérisées par une économie de subsistance, avec une production non échangée ni même enregistrée, l'existence du troc, des niveaux élevés d'agriculture et une agriculture à forte intensité de main-d'œuvre ;

- les sociétés dont les conditions préalables à la croissance sont l'augmentation de l'utilisation du capital dans l'agriculture, le développement des industries minières et une certaine croissance de l'épargne et de l'investissement ;

- des sociétés en mode de décollage, avec des niveaux d'investissement plus élevés et l'industrialisation, l'accumulation de l'épargne et la diminution de la part de la main-d'œuvre agricole ;

- les sociétés qui mènent à la maturité et à la création de richesses, permettant d'investir davantage dans l'industrie à valeur ajoutée et le développement - la croissance devient autonome, l'industrie se diversifie, une technologie plus sophistiquée est utilisée ;

- et les sociétés de consommation de masse qui atteignent des niveaux de production élevés et où l'industrie des services domine l'économie.

Pour la Nouvelle Économie Structurelle, le développement économique d'un niveau bas à un niveau élevé est un spectre continu, et non une série mécanique de cinq niveaux distincts. Bien que l'évolution de la structure industrielle d'une économie reflète les changements de la structure de dotation de cette économie, l'évolution d'industries dans différents pays ayant une structure de dotation similaire peut être réalisée de différentes manières non linéaires.

La Nouvelle Économie Structurelle, ou NES (Lin, 2011, 2012), fondée sur l'analyse de la nature de la croissance économique moderne, propose un cadre de référence pour repenser les concepts de développement économique et de politique industrielle. Elle part du constat selon lequel l'innovation technologique, la modernisation industrielle et la diversification permanentes de l'économie sont les assises fondamentales du développement économique moderne qui permettent une hausse continue de la productivité de la main-d'œuvre et, par conséquent, du revenu par habitant.

La NES propose de démarrer l'analyse du développement économique moderne par l'examen des facteurs de dotation d'une économie, c'est-à-dire sa main-d'œuvre, son capital et ses ressources naturelles. Une économie peut détenir l'avantage de ces facteurs de dotation à toute étape particulière de son développement et la nature de ces facteurs peut varier au fil du temps. La structure industrielle optimale d'une économie, c'est-à-dire celle qui la rendra la plus compétitive sur les marchés intérieurs et internationaux à une période donnée, est endogène à ses avantages comparatifs, qui de leur côté sont déterminés par la structure de dotation spécifique de l'économie à cette période donnée. Les pays qui cherchent à s'écarter de leurs avantages comparatifs risquent d'aboutir à de piètres performances économiques.

Si les économies orientent le développement de leurs secteurs d'activités en fonction de leurs avantages comparatifs, elles seront des plus compétitives sur les marchés intérieurs et internationaux. Elles acquerront ainsi la part de marché la plus vaste possible et toutes les chances d'en retirer les plus forts excédents. Le capital investi produira lui aussi les rendements les plus optimaux. Dans ce contexte, les ménages n'en seront que plus enclins à épargner, ce qui accélérera d'autant le renforcement de la structure de dotation du pays.

Un pays en développement qui bâtit son progrès industriel en suivant ses avantages comparatifs peut également se trouver avantagé par son retard dans le processus de modernisation, qui, une fois rattrapé, lui permettra d'enregistrer une croissance plus rapide que celle des pays avancés. Les entreprises des pays en développement peuvent profiter de l'écart industriel et technologique existant entre leurs pays et les pays développés en étudiant les stratégies utilisées par ces derniers et en s'inspirant de leurs meilleures pratiques pour se doter d'outils industriels et technologiques de pointe compatibles avec leurs nouveaux avantages comparatifs.

En définitive, le cadre de la NES comporte trois volets : la compréhension des avantages comparatifs du pays, qui constituent le potentiel évolutif de sa structure de dotation ; l'utilisation du marché au titre de mécanisme le plus apte à garantir une affectation optimale des ressources à toutes les phases du développement et enfin la reconnaissance de l'État comme agent facilitateur du processus de modernisation du tissu industriel. Dans ce sens, la NES aide à comprendre les raisons de la performance économique des pays en développement les plus dynamiques.

1.2.3. Les chaînes de valeur dans le processus de transformation structurelle

Le débat sur la transformation structurelle a également été relancé par le constat que la production d'aujourd'hui est globalement fragmentée, donnant lieu à des chaînes de valeurs mondiales (CVM). Le concept de chaînes de valeurs décrit toute la gamme des activités que les entreprises et les travailleurs exécutent pour produire un article, depuis sa conception jusqu'à son utilisation finale (Gereffi and Fernandez Stark, 2011). La CVM d'un produit final peut être définie comme la valeur ajoutée de toutes les activités directement et indirectement nécessaires pour le produire (Timmer et al., 2014). L'émergence de chaînes de valeurs mondiales signifie que la fabrication intervient de plus en plus au sein de réseaux mondiaux de production, qu'elle est répartie entre plusieurs pays, et non plus réalisée dans un pays ou une entreprise unique, comme c'était le cas auparavant.

L'économie mondiale est en effet caractérisée par une fragmentation verticale de la production manufacturée en activités séparées pouvant être menées en différents lieux par des entreprises différentes. Il y a donc eu un basculement des échanges de produits, dits « trade in good » vers les échanges de tâches, dits « trade in tasks ». Les pays participent de plus en plus au commerce international en se concentrant sur une ou quelques opérations d'une chaîne de valeurs, plutôt que de se spécialiser dans la fabrication d'un produit. La maîtrise de l'ensemble du processus de production n'est plus nécessaire, il suffit que les pays maîtrisent une ou quelques étapes de la production pour intervenir dans le commerce mondial (Baldwin, 2012).

Certains pays se spécialisent dans la conception et la mise au point de prototype du produit, d'autres fabriquent des intrants et des composants, d'autres encore se consacrent à l'assemblage du produit final. Ces activités ne sont pas toutes semblables : à titre d'exemple, la conception demande davantage de compétences et de R&D, alors que l'assemblage nécessite plus de main-d'œuvre. Comme les prix des différents types de main-d'œuvre et de capital varient, les tâches dans lesquelles les pays se spécialisent définissent la part de valeur qu'ils ajoutent, et, par conséquent, le revenu et l'emploi généré grâce à elles.

Ainsi, le fait qu'un pays fournisse des composants critiques de haute technologie ou assure l'assemblage d'un produit aura un impact tout à fait différent sur la transformation structurelle et le développement (Milberg. et al., 2013). S'il est admis que l'intégration aux CVM facilite l'industrialisation des économies en développement sur des segments de production délimités, elle peut aussi être moins « porteuse » en termes d'industrialisation de long terme puisque la spécialisation dans des tâches d'assemblage peut contraindre les pays en développement à amplifier leurs avantages comparatifs dans les activités intensives en main-d'œuvre peu qualifiée (Baldwin, 2012). Cette « industrialisation importée » via les investissements directs étrangers et les CVM est susceptible de générer une « spécialisation appauvrissante » pour les économies en développement disposant de capabilités initiales peu diversifiées (Gimet et al, 2010). Les chaînes de valeurs mondiales (CVM) sont le fait d'entreprises qui optimisent leurs stratégies d'approvisionnement en séparant les stades de production. Si elle s'accompagne d'une montée en gamme, l'intégration dans les CVM pourrait accélérer la transformation structurelle.

Les chaînes de valeurs impliquent de nouveaux enjeux, autant pour le processus de transformation productive lui-même, que pour son étude. Leur impact sur la transformation structurelle des pays en développement se situe à cinq niveaux selon la CNUCED : (i) la conservation de la valeur au plan local ; (ii) la modernisation et le renforcement des capacités productives à long terme ; (iii) la diffusion de technologies et le renforcement des compétences ; (iv) l'impact social et environnemental ; et (v) la création d'emplois, la génération de revenus et la qualité de l'emploi.

La participation à une chaîne de valeur mondiale peut générer une valeur ajoutée dans les économies nationales et contribuer à l'accélération de la croissance du PIB, à condition que les pays en développement parviennent à s'élever progressivement dans la chaîne de valeur. Des craintes ont toutefois été exprimées à propos de la fréquente limitation de la contribution des CVM lorsque les contenus importés des exportations sont proportionnellement importants et lorsque la participation aux CVM est cantonnée à une faible part de la valeur de la chaîne globale ou du produit final.

Les CVM participent également à la modernisation et au renforcement des capacités de production à long terme si les entreprises locales parviennent à passer à des activités à plus forte valeur ajoutée dans ces chaînes. Certaines formes de participation aux CVM peuvent induire des dépendances à long terme à une base technologique étroite et à l'accès à des CVM régies par des sociétés transnationales et impliquant des activités à faible valeur ajoutée. La capacité des entreprises locales à éviter cette dépendance et leur potentiel d'amélioration dépendent de la chaîne de valeur dans laquelle elles sont engagées, de la nature des relations inter-entreprises, de leur capacité d'assimilation, et de l'environnement économique local. Au niveau des pays, les voies d'amélioration de la position dans la chaîne de valeur ne passent pas seulement par une participation plus importante dans les CVM, mais aussi par la création d'un surcroît de valeur ajoutée nationale et par le renforcement progressif de la participation à des CVM technologiquement plus sophistiquées.

Concernant la diffusion de la technologie et le renforcement des compétences, le transfert de connaissances des sociétés transnationales opérant dans les CVM aux entreprises locales est fonction de la complexité des connaissances concernées, de la nature des relations interentreprises, de la gouvernance de la chaine de valeur, et de la capacité d'absorption des entreprises des pays en développement. Ainsi, si les connaissances que l'entreprise nationale souhaite récupérer auprès de la société transnationale sont complexes et non codifiées (par exemple non écrites), l'acquisition et l'adaptation de ces connaissances au contexte national peuvent s'avérer difficiles. Le bon vouloir de la société transnationale à partager les connaissances pratiques ou les compétences affecte également le potentiel de diffusion de la technologie. Enfin, l'entreprise du pays en développement doit disposer des capacités internes pour utiliser ces connaissances (par exemple des ingénieurs en nombre suffisant et capables d'adapter la technologie au contexte de la société).

Cependant, les CVM peuvent également faire obstacle à l'apprentissage par les entreprises locales ou limiter les possibilités d'apprentissage à un petit nombre d'entreprises. Les entreprises locales peuvent, pour leur part, rester enfermées dans des activités à faible technologie (et faible valeur ajoutée) sans être en mesure de se moderniser.

Les CVM peuvent avoir un impact social et environnemental. Ils peuvent servir de mécanisme de transfert des meilleures pratiques internationales dans les efforts sociaux et environnementaux, par exemple grâce à l'utilisation des normes de responsabilité sociale des entreprises et d'autres normes que les entreprises sont tenues de respecter lorsqu'elles participent à des CVM. Les entreprises peuvent apprendre de ces normes et améliorer ainsi la qualité de leurs produits et procédés. Dans les entreprises fournissant des CVM, les conditions de travail et le respect des normes applicables ont été une source de préoccupation lorsque ces chaînes s'appuient sur une main-d'œuvre bon marché dans des pays dotés de cadres règlementaires relativement peu efficaces. Les effets sur les conditions de travail peuvent être positifs au sein des sociétés transnationales ou de leurs principaux contractants s'ils appliquent des pratiques harmonisées de gestion des ressources humaines, emploient des travailleurs réguliers, se conforment aux normes de responsabilité sociale des entreprises, et atténuent les risques liés aux fluctuations cycliques de la demande.

La participation aux CVM mène généralement à des créations d'emplois dans les pays en développement et à une croissance plus forte de l'emploi, même si cette participation dépend de la teneur en importations des exportations (par exemple, assemblage de produits importés en vue de l'exportation). La participation aux CVM peut entrainer une augmentation des emplois qualifiés et non qualifiés. Les niveaux de qualification générés varient en fonction de la valeur ajoutée des activités dans lesquelles les entreprises étrangères sont impliquées. La stabilité de l'emploi dans les CVM peut être relativement limitée du fait du renforcement des variations de la demande le long de ces chaînes. Cela étant, des relations solides au sein des CVM permettent aussi d'améliorer la continuité de la demande et de l'emploi.

En définitive, la théorie autour de la transformation structurelle a évolué au fil du temps. Cette notion de transformation structurelle occupait une place centrale dans la théorie pionnière du développement économique. Par la suite, elle a été reléguée au second plan des débats académiques et stratégiques qui, à partir des années quatre-vingt, ont porté leur attention sur les problématiques financières et sur l'objectif de croissance économique. La transformation productive est alors rétrogradée au statut de simple conséquence de la croissance économique et de l'accumulation de capital, alors qu'elle était jusqu'alors considérée comme son principal moteur. Récemment, elle est redevenue le thème central abordé par les institutions internationales et plusieurs lui réaffirment son rôle déterminant dans le processus de croissance économique (FMI, 2014 ; Lin, 2012 ; ONUDI, 2013).

❖

La transformation structurelle est un sujet récurrent dans le débat sur le développement économique des pays d'Afrique subsaharienne. Ce chapitre a permis de présenter le cadre conceptuel et théorique d'analyse d'un tel processus. Ainsi, nous pouvons retenir comme définition que la transformation structurelle représente le passage d'une économie peu productive et traditionnelle assimilée au secteur agricole, à une économie très productive et moderne qui est représentée par le secteur industriel et celui des services. Ce mouvement s'accompagnerait d'un changement de la structure de l'emploi, avec une population qui passerait ainsi de l'emploi agricole vers l'emploi industriel et du service, mieux rémunéré, plus formel et à plus forte productivité. Dans sa version classique, le changement structurel a fourni une théorie de la croissance économique. Cependant, la référence à la croissance économique mesurée par l'augmentation du produit intérieur brut par habitant comme indicateur du bien-être et du niveau de vie ne fait pas l'unanimité. Il lui est constamment reprochée de ne pas prendre en compte les enjeux environnementaux, tels que la pollution, l'effet de serre et l'émission de dioxyde de carbone (CO_2) ; d'où l'intérêt d'élargir le concept de changement structurel, défini comme étant le passage d'une économie primaire, peu productive à une économie sophistiquée et plus productive, à celui de changement *transformationnel* qui renferme un caractère universel car il couvre toutes les dimensions du développement durable. A cet effet, l'État a un rôle primordial à jouer. Ses interventions peuvent porter aussi bien sur l'élaboration de politiques de lutte contre la pauvreté que sur l'adoption d'une politique industrielle énergique.

Chapitre 2
LES FONDAMENTAUX DE LA TRANSFORMATION STRUCTURELLE

Il est fréquemment mentionné que le PIB par habitant des pays d'Afrique de l'Ouest tels que la Côte d'Ivoire et le Ghana au début des années 1960 était égal, voire supérieur à celui de la République de Corée (graphique 2). Toutefois, au milieu des années 1990, la Corée avait rejoint les rangs des économies à haut revenu et était devenue membre de l'OCDE en 1996. Sur la même période (1960-1990), les revenus de ces pays africains de comparaison avaient à peine progressé ; leurs efforts d'industrialisation avaient échoué et ils restaient dépendants de la production et de l'exportation de produits à base de ressources naturelles. Depuis le début du siècle présent, les performances de croissance des pays africains - à quelques exceptions près - se sont considérablement améliorées, mais l'écart entre les économies à faible revenu intermédiaire d'Afrique subsaharienne (ASS) et les pays avancés s'est à peine réduit.

Graphique 2. Évolution du PIB par habitant en Côte d'Ivoire, au Ghana, en Corée du Sud

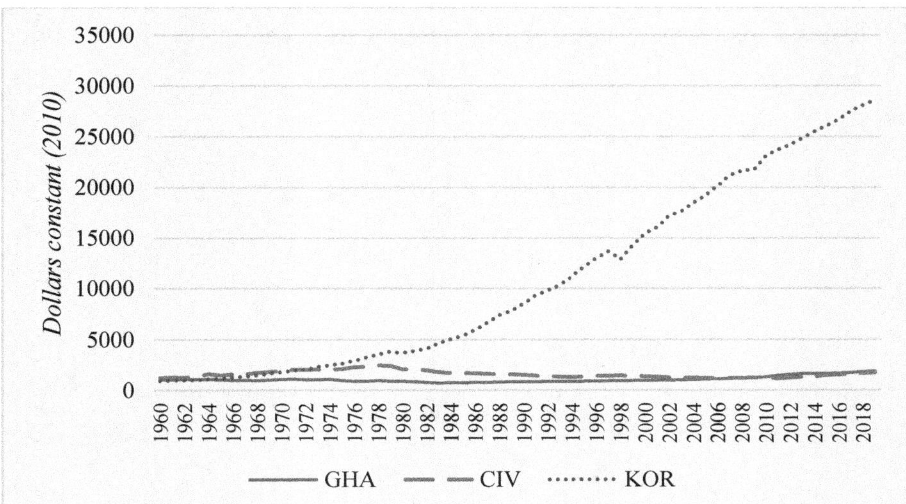

Source : Auteur à partir des données de la Banque Mondiale (2020)

Au cours des 50 dernières années, peu de pays dans le monde peuvent prétendre être passés d'une économie faible à une économie forte. La Corée, peut-être avec d'autres tigres asiatiques, a bien illustré que le développement économique est un processus de rattrapage par lequel les pays pauvres convergent vers des pays plus riches au fil du temps. Il ressort de plusieurs études que la réussite économique de la Corée repose sur des gains de productivité soutenus au fil du temps. Ces gains ont contribué à maintenir l'économie sur une trajectoire de forte croissance lorsque l'accumulation de capital a commencé à ralentir dans les années 1980 et 1990. À leur tour, les gains de productivité soutenus en Corée ont été étroitement associés à la capacité du pays à pouvoir assimiler les nouvelles technologies au fil du temps. Ainsi, les gains de productivité associés à l'effort du pays pour construire une base solide de capital physique et humain, ont été à l'origine du succès de ce pays qui lui a permis d'atteindre une croissance économique rapide et soutenue dans le temps (Acemoglu et Zilliboti, 2003).

De façon générale, les auteurs McMillan, Rodrik, Sepulveda (2017) soulignent l'importance des investissements dans les fondamentaux de la transformation structurelle. A partir du tableau 1, ils montrent que la transformation structurelle qui s'accompagne d'un investissement élevé dans les facteurs tels que le capital humain, les infrastructures et les institutions, est la source d'une croissance rapide et soutenue. Tel fût le cas dans les pays comme la Corée du sud, Taiwan et Hong Kong.

Tableau 1. Une typologie des modèles de croissance et des résultats

		Transformation structurelle (industrialisation)	
		Faible	Élevé
Investissements dans les fondamentaux (capital humain, institutions, infrastructures…)	Faible	Pas de croissance	Croissance épisodique
	Élevé	Croissance lente	Croissance rapide, soutenue (Corée du Sud, Taiwan, Hong Kong)

Auteur : McMillan, Rodrik, Sepulveda (2017)

Par ailleurs, selon les perspectives économiques en Afrique (PEA 2013), les principaux goulots d'étranglement à la transformation structurelle des économies de la région sont : (i) l'insuffisance d'infrastructures de qualité ; (ii) la faiblesse du capital humain et l'inadéquation des compétences ; (iii) une faible gouvernance et un climat des affaires défavorable ; (iv) une détérioration de la compétitivité ; et (v) l'instabilité sociopolitique. L'importance de ces contraintes varie d'un pays à un autre mais elles traduisent les défis majeurs auxquels les gouvernements de la région sont actuellement confrontés pour tirer le meilleur parti de leurs ressources naturelles.

Ce chapitre permet d'approfondir les fondamentaux de la transformation structurelle, en mettant l'accent sur l'éducation et l'innovation, puis sur les infrastructures, enfin sur la gouvernance et le financement du processus, qui ont été les facteurs clés de la croissance économique et du changement structurel de plusieurs pays aujourd'hui émergents.

2.1. Education et innovation

Cette section souligne les rôles importants que jouent l'éducation et l'innovation dans le processus de transformation structurelle.

2.1.1. Le rôle de l'éducation dans le processus de transformation structurelle

Avec une population de près de 1,308 milliard en 2019, l'Afrique est le deuxième continent le plus peuplé au monde. Elle est dépassée par l'Asie qui compte 4,601 milliards d'habitants. Selon les projections des Nations Unies, le continent devrait doubler sa population d'ici à 2050, passant d'un milliard d'habitants aujourd'hui à près de 2,4 milliards. Entre 2015 et 2050, la population africaine en âge de travailler (définie comme les 15 à 64 ans) augmentera de 902 millions de personnes, soit environ 69% de l'augmentation totale dans le monde, et dépassera les 1,5 million. D'ici 2034, l'Afrique comptera plus de citoyens en âge de travailler, que ce soit en Chine ou en Inde.

Ainsi, l'économie devra être capable de créer des millions d'emplois supplémentaires. L'accès à une éducation de qualité sera donc une condition sine qua none pour que cette jeunesse puisse trouver un emploi décent car de nombreux jeunes africains n'ont pas les compétences techniques et managériales nécessaires pour réussir sur le marché du travail.

L'éducation peut faciliter la transformation économique d'au moins deux façons. Premièrement, l'éducation peut être un intrant important dans la production, en augmentant la productivité des travailleurs dans une activité donnée. Ainsi, des niveaux d'éducation plus élevés devraient permettre à une économie de s'engager plus facilement dans de nouvelles activités. Deuxièmement, elle peut agir comme un catalyseur du changement en donnant aux entrepreneurs les moyens de développer ou d'adopter de nouvelles technologies, ou d'introduire de nouvelles activités économiques.

Comment l'éducation participe-t-elle à la transformation structurelle d'une économie ?

La place du facteur humain et de son appropriation collective dans la production constitue le cœur des apports des modèles de croissance endogène à la macro-économie. Le progrès technique y est endogène, car expliqué par le comportement d'épargne des agents. L'on considère que la productivité des salariés est améliorée par la plus grande qualité du facteur travail. Soit parce que "l'intelligence" des hommes permet de produire des machines plus performantes, soit parce que dans le système de production même, le capital humain agit directement sur la quantité et la qualité de la production.

Les modèles précurseurs ont mis l'accent sur deux modes d'accumulation du capital humain : l'accumulation hors processus de production - l'individu effectue une répartition de son temps entre formation et production (Lucas, 1988), et l'accumulation au sein même du processus de production - le fait même de produire permet une accumulation de connaissances (Romer, 1986, 1990). On retrouve, ici, la distinction traditionnelle de Becker (1964) entre deux composantes du capital humain, la formation (« schooling ») et l'apprentissage sur le tas (« on the job training »). Ces modèles de croissance endogène s'inscrivent dans la continuité des analyses micro-économiques du facteur humain, facteur indispensable de la transformation et de la compétitivité de l'économie, le capital humain devant répondre aux besoins actuels et futurs de l'économie. Le capital humain est un facteur accumulable qui accroît la productivité globale des facteurs. Ce surcroît d'efficacité permet de compenser les rendements décroissants du capital et donc de soutenir la croissance à long terme. Ainsi, l'accumulation du capital humain a un effet positif sur la croissance économique. Une autre conception du capital humain suggère plutôt une dimension technologique du capital humain. Cette dimension s'avère déterminante pour l'imitation ou l'adaptation technologique, l'innovation, et le progrès technologique (Nelson et Phelps, 1966), qui représentent les moteurs des transformations structurelles, et de la croissance de la productivité.

Toutefois, l'innovation et l'adaptation technologiques restent fortement tributaires de la composition du capital humain du pays. En effet, tous les niveaux de capital humain n'ont pas la même influence sur la recherche et développement (R&D), source de l'innovation. Les niveaux d'éducation supérieurs sont plus déterminants pour la R&D que les niveaux d'éducation inférieurs qui, en revanche, seront plus utiles pour l'imitation ou l'adoption de technologies développées ailleurs. Le capital humain, à travers son niveau et sa qualité ou structure, permet à l'économie de s'adapter plus ou moins rapidement au changement technologique qui est le facteur clé des transformations structurelles.

Les théories modernes de la croissance économique expliquent le niveau global de capital humain atteint grâce à l'éducation et au développement des compétences comme un déterminant essentiel de la croissance économique à long terme (Lucas, 1988 ; Mankiw, Romer et Weil, 1992). Une réserve de travailleurs bien éduqués et qualifiés renforce la capacité de la nation à absorber et à adapter les technologies existantes, et augmente finalement ses capacités à innover ou à développer de nouvelles technologies (Romer, 1990). En outre, le niveau de capital humain a une forte incidence positive sur les résultats sociaux et politiques, tels que la fécondité, l'éducation des enfants, la démocratie et l'État de droit, qui sont des déterminants majeurs des performances économiques à long terme (Barro et Lee, 2015).

De même, la littérature empirique soutient l'importance du capital humain pour la croissance économique. De nombreuses études empiriques ont souligné que l'accumulation de capital humain est l'un des facteurs importants pour une croissance forte et soutenue. Quant à la mesure du capital humain au niveau national, certaines études ont utilisé le nombre total d'années de scolarité comme mesure et ont présenté l'impact positif du capital humain sur la croissance économique (Barro et Lee, 1994 ; Cohen et Soto, 2007 ; Barro et Lee, 2015). En outre, des études récentes ont tenté de rendre compte de la différence de qualité de l'éducation entre les pays et au fil du temps (Bils et Klenow, 2000 ; Manuelli et Seshadri, 2014 ; Hendricks et Schoellman, 2014). Certaines études se sont concentrées sur les différences de qualité du travail avec une mesure directe des compétences des adultes (Hanushek et al. 2015). Un nombre croissant de documents empiriques montrent que l'amélioration du capital humain - par l'éducation et la formation - est importante pour la croissance de la productivité et le progrès technologique, ainsi que pour la transformation structurelle de l'économie (Borensztein et al., 1998, Dutz et O'Connell, 2013 ; Lee et Malin, 2013 ; Konings et Vanormelingen, 2015).

L'expérience de la Corée du Sud

Depuis la création de la République de Corée en 1948, l'éducation a été l'une des principales priorités de toute son administration. La Corée a développé son système éducatif étape par étape, de l'enseignement primaire universel à l'enseignement supérieur, ainsi que de l'expansion quantitative à l'amélioration de la qualité. Les réalisations dans le domaine de l'éducation en Corée ont visé un double objectif, celui de la quantité et de la qualité. Tout au long de sa période d'industrialisation, la Corée a réalisé des progrès remarquables en matière d'éducation.

Les premiers investissements de la Corée dans l'éducation après la guerre de Corée ont contribué à constituer un stock important de ressources humaines. Grâce à un investissement précoce dans l'éducation primaire, le taux brut de scolarisation primaire en Corée était déjà élevé, aux alentours de 105 % en 1971. Son taux brut de scolarisation dans le secondaire a rapidement augmenté, passant de 39,7 % en 1971 à 103,6 % en 1996, et s'est depuis maintenu à un niveau d'environ 95 %. La Corée a également connu une croissance rapide du taux brut de scolarisation dans l'enseignement supérieur au cours des 35 dernières années. Le taux brut de scolarisation est passé de 7,2 % en 1971 à 93,1 % en 2015 (Lee, 1997).

En tant que partie prenante du système éducatif, le gouvernement a soutenu les investissements éducatifs dans la société. En Corée, la demande de la population en matière d'éducation était également élevée en raison d'un fort désir de mobilité sociale. La société coréenne étant ethniquement et culturellement homogène, l'éducation était considérée comme un modus operandi pour obtenir des niveaux sociaux plus élevés. Le désir de mobilité sociale était également étroitement associé à la motivation économique. Les personnes ayant un niveau d'éducation plus élevé avaient beaucoup plus de possibilités de travailler dans les professions qui promettaient des avantages économiques et un statut social (Lee, 1997). L'explosion de la demande privée d'éducation n'est pas le seul facteur qui explique l'extraordinaire croissance de l'éducation que la Corée a connue. Le gouvernement a joué un rôle actif en soutenant la passion de la population pour l'éducation des enfants et en développant le capital humain pour le développement national.

En ce qui concerne la qualité de l'éducation, les bons résultats de la Corée sont dus à de nombreux facteurs scolaires et non scolaires. La littérature suggère que les performances académiques des étudiants sont largement influencées par les apports des écoles, des familles et des communautés (Barro et Lee, 2015). Un pan de littérature rapporte que le milieu familial est un facteur majeur qui affecte les performances des étudiants (Hanushek, 1986). Les parents dont les revenus et la scolarité sont plus élevés ont tendance à avoir une plus forte demande en matière d'éducation, et donc à fournir plus de ressources et un meilleur environnement d'apprentissage à leurs enfants. La forte croissance économique et l'expansion de l'éducation ont continué à pousser les ménages à investir dans l'éducation des enfants en Corée. La demande d'éducation est également élevée en raison d'une répartition relativement égale des revenus et d'un fort désir de mobilité sociale.

En plus des apports familiaux, les ressources scolaires sont importantes pour la réussite des élèves. Ces ressources scolaires peuvent être mesurées par divers facteurs, tels que les dépenses d'éducation par élève, le rapport élèves-enseignant, la qualité des enseignants, la disponibilité du matériel pédagogique et le temps d'instruction (Barro et Lee, 1996). L'efficacité des établissements d'enseignement est également considérée comme un déterminant important des résultats d'apprentissage des élèves. Les caractéristiques institutionnelles ayant un effet significatif sur la qualité de l'éducation comprennent la centralisation du système éducatif, le financement et l'offre publics par rapport aux privés, la responsabilité et le suivi et l'évaluation externes.

Le système de formation professionnelle, l'un des piliers du système coréen, a été introduit avec la promulgation de la loi sur la formation professionnelle en 1967. Avant la promulgation de cette loi, il existait des apprentissages à petite échelle et d'autres dispositifs d'orientation professionnelle, mais ils étaient insuffisants pour répondre à la demande croissante de main-d'œuvre qualifiée pour l'industrialisation, tant en termes de quantité que de qualité. L'économie coréenne connaissait déjà une pénurie de main-d'œuvre qualifiée et l'on prévoyait une demande croissante de main-d'œuvre qualifiée. Il fallait donc mettre en place un système de formation professionnelle conforme aux plans nationaux de développement. Il ciblait les travailleurs salariés et les demandeurs d'emploi qui pouvaient immédiatement appliquer leurs compétences sur les lieux de travail et les développer pour en faire des techniciens, tandis que l'enseignement professionnel visait à former des lycéens pour en faire des ingénieurs ayant des connaissances plus théoriques. Depuis sa création, les politiques concernant le développement des compétences professionnelles ont été révisées pour répondre à l'évolution de la demande de main-d'œuvre qualifiée sur le marché du travail, malgré les nouveaux défis (Lee, 2008).

2.1.2. Le rôle de l'innovation dans le processus de transformation structurelle

Selon McMillan et Rodrik (2011), la transformation structurelle comporte deux éléments :

(i) La montée en puissance de nouvelles activités plus productives et ;

(ii) Le transfert des ressources des activités traditionnelles en direction de ces activités nouvelles ; ce qui relève la productivité globale.

En l'absence du premier élément, les moyens de décollage de l'économie sont insuffisants. En l'absence du second, les gains de productivité des secteurs porteurs ne se diffusent pas au reste de l'économie. Il en ressort que les principaux vecteurs de la transformation structurelle sont l'innovation et la réallocation des facteurs en faveur des secteurs à forte valeur ajoutée.

L'innovation apparaît comme moteur des transformations structurelles selon Joseph Schumpeter. L'innovation et le progrès technique à travers le phénomène de « destruction créatrice » est une source de gain de productivité. Les activités novatrices concernent autant la production de nouveaux biens et services que la mise au point de nouvelles méthodes de production, l'ouverture de nouveaux marchés, l'accès à de nouvelles sources de matières premières et la création de nouveaux modes organisationnels. La vision de Schumpeter de l'innovation implique un déséquilibre continu qui est mené par des entrepreneurs transformant une industrie avec des effets sur l'ensemble de l'économie.

Pour permettre à ces entrepreneurs d'innover, Schumpeter a souligné l'importance du crédit dans un système capitaliste. Les meilleurs exemples de la notion Schumpetérienne d'innovation et de croissance économique se trouvent dans les économies d'Asie de l'Est, qui ont connu leur miracle de croissance au milieu du XXe siècle, à savoir le Japon, la Corée, Taïwan et Singapour. Dans ces pays, les décideurs politiques ont mis l'accent sur l'épargne et l'investissement, et ont activement promu un large éventail d'innovations dans de nombreuses industries. C'est ainsi qu'un grand nombre de multinationales japonaises telles que Sony, Sanyo et Honda devinrent mondialement compétitives. Pendant la période allant de 1960 à 1980, le Japon atteint les niveaux les plus élevés de croissance économique et devient la seconde économie mondiale. Les entreprises innovantes du Japon ont été le moteur de la remarquable croissance économique du Japon.

Les études récentes sur la relation innovation-productivité retiennent généralement quatre types d'innovations: (i) l'innovation en produit (nouveau produit ou amélioration significative de biens et services existants), (ii) l'innovation en procédé (changement dans les méthodes de production ou de distribution), (iii) l'innovation en organisation (changement dans les stratégies managériales, l'organisation du travail ou les relations extérieurs) et (iv) l'innovation en marketing (changement dans la conception du produit, l'emballage, le placement ou la politique de prix).

Par le passé, l'on comprenait la transformation structurelle comme une transition de l'agriculture vers l'industrie manufacturière.

Toutefois, les principaux secteurs économiques que sont l'agriculture, l'industrie et les services peuvent cacher de grandes différences de productivité d'une activité à l'autre. De plus en plus, l'on considère que la transformation structurelle implique une transition, aussi bien au niveau intersectoriel que dans chaque secteur, vers des activités à plus forte intensité de connaissances et à plus forte valeur ajoutée. Dans cette définition plus large de la transformation structurelle, les nouvelles technologies et l'innovation sont les principaux moteurs du développement de nouveaux produits, procédés, méthodes d'organisation et marchés. Ces produits plus complexes peuvent se trouver dans tous les secteurs (par exemple, ceux de l'agriculture et des services), et pas seulement dans l'industrie manufacturière. De ce point de vue, les changements structurels sont essentiels tant pour les pays en développement que pour les pays développés, car ils permettent aux premiers de rattraper leur retard et aux seconds de rester à la pointe de la technologie.

L'exemple de la Corée du Sud

Après la période d'extrême pauvreté (de 1953 à 1960) qui a suivi la guerre de Corée où le pays dépendait à plus de 70 % de l'aide internationale pour couvrir ses importations, l'arrivée au pouvoir du président Park Chung-hee va ouvrir la voie au développement rapide du pays. Un premier plan quinquennal de développement économique accorde la priorité aux industries légères orientées vers l'export avec une politique de substitution aux importations. Ce plan incluait déjà des stratégies pour le développement de la science et la technologie. Cette politique de substitution aux importations basée sur une main-d'œuvre bon marché demandait des usines et du personnel qualifié. La Corée, qui ne possédait ni l'un ni l'autre, a dû acquérir des usines clefs en main et assimiler rapidement des technologies. Il a fallu créer des institutions scientifiques. La première fut le Korea Institute for Science and Technology (KIST) en 1967. L'année suivante un ministère de la Science et de la Technologie fut établi. Depuis le début de l'histoire du développement économique coréen, la politique scientifique et technologique (S&T) du pays a toujours fonctionné de concert avec les politiques économiques et industrielles.

On peut distinguer dans l'histoire du développement scientifique coréen une première phase de construction, ex nihilo, d'institutions pour les besoins d'un système national d'innovation tout au long des années 1960 et 1970. Dans les deux décennies suivantes, de 1980 à 2000, les politiques de la S&T coréennes vont se fixer pour cap de se mettre à niveau pour les technologies les plus avancées, soit une politique très volontariste de rattrapage. Au cours de cette phase les pays industriels avancés sont de plus en plus réticents à procéder à des transferts de technologies vers un pays que l'on perçoit comme un concurrent agressif à l'international. La Corée n'a plus d'autre choix que de développer ses propres technologies et de promouvoir le processus par des programmes de recherche et développement (R&D) nationaux. Au tournant du siècle, elle change de paradigme scientifique et technologique en étant à la pointe dans certains domaines technologiques comme les semi-conducteurs et les télécommunications. Depuis 2000, les politiques scientifiques se sont consacrées à l'amélioration des capacités à produire une innovation locale et à conforter une position de leadership international en science et technologie dans une palette de domaines scientifiques de plus en plus large.

Une particularité industrielle de la Corée est l'existence de grands conglomérats (chaebol), établis pendant la période du président Park, dans les années soixante, sur le modèle des zaibatsu japonais d'avant-guerre. Les chaebol ont un poids important dans l'économie coréenne et une envergure internationale incontestable. Ils sont le résultat d'une action gouvernementale qui a misé sur un certain nombre de technologies clés dont les STIC (Science and Technology Innovation Council) et électronique grand public (Samsung et LG), l'énergie (Hyundai Heavy Industries, GS Fuel et Pure Cell Power), les transports (Rotem, HFG, Hyundai Engineering) et la biosanté (Celltrion, Isuabxis, Dong-A). Les entreprises disposent d'instituts de recherche entièrement financés sur fonds propres, qui jouent un rôle important dans la R&D nationale. Les dépenses en R&D de la Corée proviennent en effet à 76 % du secteur privé ; celles de Samsung représentent à elles seules les trois quarts de ces financements. Le principal institut privé de recherche est le Samsung Advanced Institute of Technology (SAIT).

Certaines universités bénéficient du financement des conglomérats (généralement via une fondation) : POSCO (3e mondial de l'acier) finance POSTECH, Hyundai (4e mondial dans l'automobile) la Yonsei University, et Samsung la Sungkyunkwan University. Tout en restant indépendantes quant à leur stratégie, ces universités mettent à profit ces financements considérables pour avancer, ce qui explique en partie leur progression dans les classements internationaux. Enfin, l'osmose entre secteurs public et privé demeure très étroite ; il est même parfois difficile de savoir quels financements sont publics ou privés. Le gouvernement n'investit dans des projets d'envergure qu'en contrepartie d'un investissement privé conséquent (3-4 wons du privé pour 1 won du public). En revanche, ces entreprises bénéficieront d'un accès privilégié aux appels d'offre et aux marchés qui en découleront. À l'image de leurs homologues japonais, les PME coréennes sous-traitent très souvent pour les conglomérats et n'ont pas les ressources permettant de mener des activités de R&D. Le système coréen se présente en effet comme très vertical : le fournisseur n'a aucune marge de manœuvre par rapport à son client, appliquant en cela le modèle confucéen du parrain unique. Les PME sous-traitantes sont souvent créées par des seniors (50 ans et plus) que les grandes entreprises ont incité à le faire, ce qui garantit une grande fidélité des sous-traitants vis-à-vis de l'entreprise cliente.

Cette collaboration entre le secteur public et privé a conduit à hisser le pays au rang des nations les plus innovantes. La Corée est classée 5e en termes de dépôts de brevets par million d'habitants par le Forum Économique Mondial (derrière le Japon, la Suisse, la Suède et les États-Unis). En 2009, l'Office coréen de la propriété intellectuelle (Korean Intellectual Property Office, KIPO) était le 4e office le plus important avec 364 990 dépôts de brevets derrière la Chine, les États-Unis et le Japon. Cette position est la même pour les brevets triadiques (déposés aux États-Unis, en Europe et au Japon). La part des brevets déposés par les résidents est de 84,5 %. Par ailleurs, la proportion de brevets détenus par le secteur privé est de 67 %, soit un niveau comparable à celui de la France laissant une place au secteur public. La Corée du Sud est aussi le pays qui dépose le plus de demandes de brevet par milliard d'USD de PIB (99,8 contre 73,7 pour le Japon et 7,7 pour la France). En Europe, elle dépose plus de brevets que la France. Samsung est l'une des trois premières entreprises en Europe à déposer des brevets avec

Siemens et Philips. Elle occupe le 3e rang et LG le 5e en Europe. Sur le plan de l'innovation, une étude de Thomson Reuters (2012) sur les 100 premiers contributeurs mondiaux classait la Corée au 4e rang derrière les États-Unis, le Japon et la France, avec 7 % d'organismes classés, dont deux universités.

2.2. Infrastructures et transformation structurelle

Cette section se focalise sur le lien entre les infrastructures et la transformation structurelle puis sur les types d'infrastructures favorables à son accélération.

2.2.1. L'impact des infrastructures sur la transformation structurelle

L'impact positif des infrastructures sur la transformation structurelle et la croissance économique est bien établi par les chercheurs de différentes disciplines des sciences sociales. Les infrastructures ont une incidence directe sur la productivité et le rendement dans le cadre de la formation du PIB. Elles participent aussi à la fonction de production des autres secteurs. Ainsi, à travers une action indirecte, les infrastructures permettent une réduction des transactions et autres coûts et, de ce fait, un usage plus efficace des facteurs de production conventionnels. À titre d'exemple, une énergie de mauvaise qualité peut handicaper une entreprise en lui imposant des coûts supplémentaires qui se traduisent par des travailleurs peu productifs, des pertes de production ou des équipements endommagés. Les réseaux de transport modernes pourraient accroître la compétitivité du secteur manufacturier, rapidement et à bas prix, en acheminant les matières premières vers les producteurs et les produits manufacturiers vers les consommateurs.

A l'origine, le concept d'infrastructure a été utilisé dans le domaine du génie civil, puis dans l'urbanisme. Il se définit comme l'ensemble des travaux relatifs à un ouvrage, ou comme l'ensemble des installations nécessaires à la vie courante et à l'activité économique (Oulmakki, 2015). A la suite des travaux d'Hirschman (1958) et Hansen

(1965), les infrastructures sont définies comme des biens et services qui rendent possible l'activité productive au sein d'une économie donnée. De ce fait, une distinction est établie entre les infrastructures sociales dont le rôle est de protéger et développer le capital humain (éducation, santé, services sociaux) et les infrastructures économiques qui concernent directement le processus économique productif.

Les infrastructures ne se limitent pas selon Hirschman (1958) aux seules installations de type (routes, ports, gares…) mais englobent l'ensemble des services publics (comme les services administratifs, scolaires, universitaires, …). Certaines institutions internationales comme la Banque Mondiale ont repris cette classification en distinguant les infrastructures « économiques » des infrastructures « sociales ». Hirschman (1958) met l'accent sur le caractère productif des infrastructures, il se base sur la possibilité de les considérer comme des facteurs de croissance économique. Perroux (1964) définit les infrastructures comme étant un capital fixe pouvant avoir des effets en amont et en aval en termes d'activité économique et d'aménagement du territoire. Quant aux travaux de Hansen (1965), ils considèrent les infrastructures comme des facteurs directs ou indirects dans l'activité productive et dans la circulation des biens et des personnes.

Le rôle des dépenses d'infrastructures sur la croissance à long terme est souligné par les théories de la croissance endogène. Le modèle de Barro (1990) a été l'un des pionniers dans le domaine. Il a justifié les effets des dépenses publiques sur la croissance économique où le rôle de l'État est la fourniture de services publics en termes d'infrastructures qui contribuent à l'amélioration de la productivité du secteur privé. L'un de ses arguments cruciaux est que les dépenses gouvernementales génèrent des externalités qui induisent des rendements d'échelle croissants. Le modèle a permis de conclure qu'il y a un impact positif des dépenses publiques sur le taux de croissance d'équilibre.

Par la suite, le rôle déterminant des infrastructures a été repris par la littérature économique, notamment au niveau des théories de la convergence conditionnelle. Un certain nombre de travaux ont permis de faire apparaître un impact positif de l'investissement public sur la croissance comme ceux de Barro (1991) et de Barro et Sala-I-Martin (1995). Les recherches de Barro ont porté sur les déterminants favorables à la croissance économique à savoir : la garantie des droits de propriété et de la règle de droit, un commerce libre tant sur le marché domestique que vis-à-vis du reste du monde, des investissements dans certaines infrastructures publiques (transports et communications), l'éducation et la santé ; autant d'éléments qui permettent d'améliorer l'efficacité des facteurs et d'auto-entretenir la croissance. Il a par ailleurs développé avec Sala-i-Martin (1995) l'idée de convergence à terme des différentes régions d'un pays vers le même niveau de vie.

2.2.2. Quels types d'infrastructures pour accélérer la transformation structurelle ?

Le déficit en matière d'infrastructures est l'un des facteurs clés qui empêchent l'Afrique de réaliser son plein potentiel de croissance économique, son pouvoir concurrentiel sur les marchés mondiaux et l'atteinte de ses objectifs de développement, notamment la réduction de la pauvreté. L'étude diagnostique des infrastructures par pays sur le continent, indique que les besoins en infrastructures de l'Afrique subsaharienne dépasseraient les 93 milliards de dollars américains par an au cours des dix prochaines années.

En comparaison avec les autres parties du monde, l'Afrique est en retard en ce qui concerne les routes revêtues, les lignes téléphoniques et la production d'énergie. Dans ces trois domaines, l'Afrique a développé son parc d'infrastructures beaucoup plus lentement que d'autres régions en développement. Et si rien ne change, l'écart va continuer à se creuser. Non seulement les réseaux d'infrastructures d'Afrique sont déficients, mais le prix des services fournis est très élevé par rapport aux normes mondiales. Que ce soit pour l'énergie, l'eau, le transport routier, la téléphonie mobile ou les services Internet, les tarifs africains sont plusieurs fois supérieurs à ceux pratiqués dans les autres parties du monde en développement. L'explication de ces prix plus élevés réside parfois dans des coûts réellement supérieurs et d'autres fois dans des profits élevés. Les prix élevés du transport routier en Afrique sont plus dus à de grosses marges bénéficiaires qu'à des coûts importants (Teravaninthorn et Raballand, 2009)

Le même constat se fait en ce qui concerne les infrastructures énergétiques. Le diagnostic par pays des infrastructures en Afrique, révèle que les 48 pays de l'Afrique subsaharienne (800 millions d'habitants) génèrent plus ou moins la même quantité d'électricité que l'Espagne (45 millions d'habitants). Avec 124 kilowattheures par habitant et par an, actuellement en baisse, la consommation d'électricité n'atteint que 10 % de celle que l'on trouve ailleurs dans le monde en développement, soit à peine assez pour alimenter une ampoule de 100 watts par personne pendant trois heures par jour. Plus de 30 pays d'Afrique connaissent des pénuries d'énergie et des coupures régulières de courant. Parmi les causes de cette situation, l'on peut citer l'incapacité de s'adapter à la demande issue de la croissance économique, les sècheresses réduisant la production d'hydroélectricité en Afrique de l'Est, la hausse des prix pétroliers pesant sur les importations de diesel de beaucoup de pays d'Afrique de l'Ouest, et la destruction de l'infrastructure énergétique suite à des conflits dans les États fragiles (Foster et al, 2010).

Il apparait ainsi clairement que les pays africains, notamment la Côte d'Ivoire, devront intensifier les efforts dans les domaines des infrastructures routières et énergétiques, qui sont importantes pour un développement industriel harmonieux. Sur le plan industriel, bien que l'industrie manufacturière soit historiquement reconnue pour être le secteur sur lequel historiquement les économies ont compté au début du processus de transformation structurelle, l'expérience africaine pourrait être différente. L'évolution des coûts de transport et des technologies de l'information et de la communication fait apparaître de nouveaux besoins plus intenses. Il serait donc judicieux que les pays Africains investissent davantage dans ce type d'industries qui pourraient conduire au rattrapage technologique (De Vries et al., 2013).

Les TIC ont le potentiel de réduire les distances, de permettre des communications instantanées dans le monde entier à un coût quasi nul, et d'améliorer de façon inimaginable l'accès à l'information. Ils facilitent la création, la diffusion et l'utilisation de nouvelles idées et des produits. Les technologies génériques, notamment les TIC, contribuent de façon majeure à promouvoir l'innovation. Aujourd'hui, les réseaux de communication à haut débit favorisent l'innovation dans l'ensemble de l'économie, comme l'électricité et les réseaux de transport l'ont fait dans le passé. Les gouvernements devraient promouvoir les technologies de l'information et des communications (TIC) en tant que plates-formes génériques pour l'innovation et le partage des connaissances. D'autres secteurs pourront ainsi tirer parti de ces infrastructures pour développer d'autres plateformes, comme l'enseignement à distance et la télémédecine, et permettre le développement de contenus numériques, et notamment de contenus locaux. Ces investissements devront être accompagnés par des cadres réglementaires qui favorisent l'accès ouvert aux réseaux et la concurrence sur le marché.

2.3. Gouvernance et financement du processus de transformation structurelle

L'accent est mis ici sur l'importance des institutions et de la bonne gouvernance dans le processus de transformation structurelle et sur les défis de financement de ce processus.

2.3.1. La place des institutions et de la bonne gouvernance

Dès le XIXème siècle, les économistes ont identifié le rôle des facteurs de production que sont le capital et le travail dans la croissance. Les modèles économiques élaborés ultérieurement expliquent en partie la croissance à long terme par la mobilisation de ces facteurs. Mais en partie seulement. Il reste un large facteur inexpliqué, que les économistes ont associé au progrès technique et à la façon dont les facteurs sont combinés entre eux.

L'économie institutionnelle est alors intervenue, notamment dans le dernier quart du XXème siècle, qui a ouvert des voies nouvelles. Si l'augmentation des quantités de capital et de travail a un impact positif sur la croissance, qu'est-ce qui permet (ou non) la mobilisation de ces facteurs de production ? En outre, il ne suffit pas de mobiliser massivement ces facteurs pour assurer une croissance durable : qu'est-ce qui rend cette mobilisation efficace dans la durée ?

Douglas North apporte réponse à ces questions : ce sont les règles du jeu en vigueur dans les sociétés, reliant l'ensemble des acteurs sociaux, y compris l'État, qui modèlent les comportements et les anticipations et concourent (ou non) à la croissance. Ces règles du jeu, ce système d'incitations, ce sont les institutions, qu'elles soient formelles ou informelles.

Ces règles créent, à des degrés divers et selon de multiples modalités, le cadre essentiel qui permet à un agent de nouer (ou non) une transaction avec autrui, de s'engager (ou non) dans un projet à long terme (investir, éduquer ses enfants), actes qui sont au cœur de la création de richesse et de son extension, la croissance économique. Ce cadre procure (ou non) l'élément fondamental du processus de création de richesse : la réduction de l'incertitude. Cette réduction de l'incertitude, c'est la confiance que les individus ont dans le respect des règles au niveau de l'ensemble de la société. C'est elle qui sécurise les transactions et les anticipations des acteurs.

Les institutions sont donc les règles du jeu et les contraintes formelles et informelles qui définissent comment « le jeu est joué ». Les organisations correspondent aux « joueurs » (North, 2005). Pour North (2005), les organisations sont les entreprises, les syndicats, les coopératives (organisations économiques), mais également les partis politiques, le parlement ou encore les organismes réglementaires (organisations politiques). Les institutions correspondent aux règles du jeu régissant les relations entre les différentes organisations.

La gouvernance, quant à elle, est une question à laquelle se sont intéressés les chercheurs de différents domaines allant des sciences sociales, aux sciences politiques en passant par les législateurs et les institutions internationales comme la Banque Mondiale et le FMI. Du point de vue de la Commission Économique pour l'Afrique (CEA), la bonne gouvernance intègre les dimensions suivantes : représentativité politique, efficacité institutionnelle et solide gestion économique. La première dimension a trait aux aspects qualitatifs et quantitatifs de la représentation ; la deuxième implique la capacité et l'efficacité institutionnelles et la dernière concerne l'efficience et la crédibilité des systèmes économiques (Adejumobi, 2002). Selon la Banque mondiale (Kaufmann, Kraay et Mastruzzi, 2010, p. 4), la gouvernance a trait aux traditions et institutions par le biais desquelles l'autorité est exercée dans un pays pour le bien commun. Ce qui inclut le processus par lequel les gouvernements sont choisis, contrôlés et remplacés ; la capacité des pouvoirs publics à gérer efficacement leurs ressources et à mettre en œuvre des politiques rationnelles, ainsi que le respect des citoyens et de l'État envers les institutions régissant leurs interactions économiques et sociales. La Banque africaine de développement (2014), dans son Cadre stratégique de gouvernance 2014–2018, définit la gouvernance en ces termes « des institutions et des gouvernements réceptifs, responsables et capables d'impulser une croissance inclusive et durable ». La gouvernance, au bout du compte, a trait à la façon dont les institutions publiques conduisent les affaires publiques en prenant des décisions et, ce faisant, à la manière dont elles gèrent les ressources.

L'application et la mise en pratique des principes de bonne gouvernance sont nécessaires à la transformation structurelle, car ils déterminent les relations réciproques entre les acteurs du secteur public et ceux d'autres secteurs. Un pays où règne une bonne gouvernance est transparent, responsable et garantit la primauté du droit tout en veillant à ce que les préoccupations des plus démunis figurent en bonne place dans les processus de prise de décision de l'État (CEA, 2017).

L'exemple du Botswana

L'extraordinaire croissance du Botswana a été alimentée par les minéraux, en particulier les diamants. Au moment de l'indépendance, la viande de bœuf, principale exportation du pays et secteur le plus important, représentait 39 % du PIB. De l'indépendance jusqu'aux années 1970, l'aide internationale a dominé le budget du gouvernement et a été la principale source de devises étrangères. À cette époque, le secteur minéral, principalement les diamants, a commencé à prendre son envol et est rapidement devenu le secteur dominant. La croissance des revenus et la croissance du secteur minier s'est accélérée en tandem à partir de 1974/75 environ jusqu'à récemment.

Dans le cas du Botswana, la découverte de diamants ainsi que d'autres minéraux importants - était clairement un élément du succès, contrairement aux prédictions de la « malédiction des ressources naturelles » observée dans bien de pays tels que la Zambie, le Nigeria, la République démocratique du Congo, la Sierra Leone (Collier, P., and A. Hoeffler, 2004). Les ingrédients clés de la recette du succès du Botswana ont été la bonne gouvernance et la bonne gestion économique.

Le Botswana a évité les catastrophes d'origine humaine. Une partie de son succès peut être due à la répartition ethnique au sein de la population, qui est relativement homogène. Elle a donc moins de potentiel de polarisation ethnique, ce qui, combiné aux rentes minières, aurait été particulièrement source de tensions. Le gouvernement a instauré le respect des droits de propriété et de l'État de droit. Il a maintenu un haut degré de transparence, qui a été renforcé par la poursuite de la tradition tribale tswana de consultation. Ces institutions consultatives, connues sous le nom de kgotla, ont créé un degré de confiance dans le gouvernement, le sentiment que le gouvernement existe pour servir le peuple et promouvoir le développement et qu'il n'est pas l'instrument d'un groupe ou d'individus dans le but de s'emparer des richesses. La tradition tswana respectait également la propriété privée ; le fait que nombre des chefs tribaux qui ont contribué à l'instauration du gouvernement moderne étaient également de grands propriétaires de bétail a peut-être renforcé ce respect.

Acemoglu et Robinson (2000) soulignent que les droits de propriété et l'État de droit sont les facteurs clés qui expliquent le succès du développement. Ils soulignent également l'importance du régime colonial d'avant l'indépendance pour déterminer l'adoption de ces institutions après l'indépendance. Certaines anciennes colonies ont eu tendance à mettre en place des institutions pour maintenir l'État de droit et faire respecter les droits de propriété ; tandis que dans d'autres, les régimes coloniaux ont eu tendance à être plus "extractifs" ou "exploiteurs", sans contrainte de droit et de respect de la propriété. Le Botswana était un protectorat britannique, la puissance coloniale y ayant été "invitée". Comme le pays n'a pas été colonisé pour des raisons économiques ou d'avantage stratégique, les dirigeants coloniaux, n'ont pas imposé le régime de type extractif que l'on trouve souvent dans d'autres zones. Ainsi, le régime qui a évolué après l'indépendance respectait la loi et la propriété et se consacrait au développement.

Le Botswana a maintenu ainsi une démocratie parlementaire depuis son indépendance. Certes, sa démocratie n'est pas parfaite : le pays est dirigé par un parti unique depuis l'indépendance, la représentation des femmes est limitée et certaines critiques ont été formulées sur le fait que les minorités (en particulier le peuple San) ne sont pas traitées de manière égale. Néanmoins, le gouvernement fonctionne de manière démocratique, les élections sont "libres et équitables", et le gouvernement est à l'écoute de l'électorat et transparent dans ses transactions.

Très peu, voire aucun, de pays riches en minéraux en Afrique ont été gouvernés de manière aussi pacifique et productive que le Botswana ; il est difficile d'échapper à la conclusion que les institutions démocratiques établies à l'indépendance sont une partie importante de l'explication. Dans le cas du Botswana, le rôle joué par son premier président, Seretse Khama, a peut-être été crucial, en particulier dans les domaines de l'exploitation minière et des droits de l'État par rapport à ceux des tribus. Le Botswana, pays enclavé, semble avoir ainsi défié les probabilités en créant une économie prospère. La pauvreté a été réduite, l'éducation s'est généralisée et les indicateurs de santé se sont améliorés avant que l'épidémie de VIH/sida ne vienne réduire à néant une partie de ces progrès. Les vastes ressources naturelles du pays ont joué un rôle clé dans cette réussite, mais la simple dotation de ressources n'est évidemment pas tout. Dans le cas du Botswana, la clé d'une exploitation réussie des ressources naturelles réside dans la bonne gouvernance et les bonnes politiques.

2.3.2. Comment financer le processus de transformation structurelle ?

Plusieurs pays en développement ont expérimenté de nombreux mécanismes pour le financement du développement. Il s'agit principalement de l'aide publique au développement, de la dette publique extérieure et de l'investissement direct étranger. Toutefois, ces modes de financement connaissent des limites en raison du ralentissement de la croissance mondiale. En effet, l'aide devient davantage imprévisible, et l'investissement direct étranger semble essoufflé en plus d'une polarisation sectorielle prononcée. Dans le même temps, la dette emprunte une tendance haussière et tend à être insoutenable à moyen et long terme.

L'aide publique au développement (APD) est une forme de financement basée sur des accords bilatéraux ou multilatéraux n'incluant pas, en général, de remboursement ou de taux d'intérêt exorbitant. Les pays d'Afrique subsaharienne reçoivent la part la plus importante de l'APD mondiale. Cependant, l'APD est en perpétuelle baisse dans la plupart des pays. Les investissements directs étrangers (IDE) correspondent aux différentes opérations financières destinées à agir sur le fonctionnement et la gestion d'entreprises implantées dans un pays différent de celui de la maison mère (multinationale). Ainsi, les IDE désignent un transfert d'actifs corporels et incorporels d'un pays à un autre, à des fins de production de richesse sous le contrôle total ou partiel du propriétaire des actifs. Selon la CNUCED, l'investissement est considéré direct et étranger lorsqu'un investisseur basé dans un pays (le pays d'origine) acquiert un actif dans un autre pays (pays d'accueil) avec l'intention de le gérer. Sous cet angle, on peut distinguer trois types d'IDE : la participation au capital (fusions, acquisitions) et les créations de nouvelles installations (dites green fields), le réinvestissement des bénéfices et autres flux de capitaux (emprunts et prêts à court ou long terme réalisés entre la société mère et sa filiale). Dans le cas de la participation au capital, la contribution au capital devra être au minimum de 10 % pour que l'on puisse parler d'IDE.

Pour les pays en développement, les économies émergentes et les pays en transition, les IDE sont devenus une source de plus en plus importante de développement économique. Ce recours de financement présenterait beaucoup d'avantages. En effet, les IDE seraient une alternative viable au marché des capitaux dans la mesure où ils sont une source d'investissement international moins volatile pour les pays hôtes que les autres formes d'investissement. Par ailleurs, le réinvestissement des bénéfices des IDE dans le pays d'accueil apporte de nouveaux modes de gestion, de nouvelles compétences en matière d'organisation et d'accès au marché international. Il procure une gamme variée de produits aux résidents. Les IDE accroissent également la productivité et ceci constitue un bénéfice pour les autres acteurs du système productif national et certains agents économiques dans la mesure où il n'est pas totalement approprié pour l'investisseur étranger. Les travailleurs domestiques en bénéficieront en termes de salaires réels plus élevés ; les ménages domestiques, en termes de prix plus faibles et le gouvernement, en termes de revenus fiscaux plus élevés.

Les IDE sont de véritables agents de transformation structurelle lorsqu'ils contribuent à l'amélioration des capacités productives du pays auquel ils sont destinés. En effet, ils favorisent le transfert de technologies de production. Les IDE soutiennent généralement la création d'emplois, l'amélioration de la productivité et les transferts de compétence et de technologie. À terme, ils poussent indirectement à l'élévation des salaires. Ils favorisent aussi l'essor des exportations. En outre, les IDE génèrent des recettes fiscales et, à travers elles, peuvent contribuer à la mise en œuvre de politique sociale en faveur des catégories de populations absentes du marché de la consommation. Les IDE permettent enfin aux pays concernés d'intégrer davantage l'économie mondiale à travers un gain de compétitivité dans les produits fournis.

Dans la plupart des pays Africains, les flux d'IDE sont principalement affectés aux secteurs des ressources naturelles (pétrole et gaz, or, minerai de fer, magnésium, bois) et à destination des pays riches en ces ressources. Outre les secteurs traditionnels comme le pétrole, les IDE sont désormais orientés vers les secteurs des services (nouvelles technologies, vente de détail) et l'agro-industrie. Au Ghana, par exemple, les IDE sont principalement alloués aux technologies de l'information et de la communication et à la vente de détail (FMI, 2014). Les capitaux chinois sont investis dans les secteurs du transport, de la construction et de l'habillement.

Les nouvelles tendances en matière de financement du développement en Afrique vont de l'incitation à l'investissement direct par le secteur privé, aussi bien étranger que local, à la promotion des diverses formes de partenariat public-privé, ainsi que le développement des formes innovantes de mobilisation de ressources, y compris les émissions d'emprunts obligataires sur le marché financier national, régional et international, la mobilisation des fonds d'investissement et le recours aux banques de développement.

D'autre part, les transferts officiels des fonds des migrants restent une des principales sources d'apports financiers internationaux à l'Afrique. Au regard du volume important des transferts de fonds des migrants et son usage, les pays pourraient mettre en place des mécanismes afin d'attirer plus de ressources des migrants. Une approche consiste à émettre des obligations destinées à la diaspora. Une autre option de mobilisation de la diaspora est la mise en œuvre d'opérations de titrisation. Les opérations de titrisation permettront aux pays de la CEDEAO d'accéder aux marchés internationaux des capitaux à moindre coût et de réduire, entre autres, les risques de change (CEA, 2017).

Par ailleurs, il convient de mentionner les partenariats public-privé car de plus en plus, les investissements dans les infrastructures se font sous la forme de partenariat public-privé (PPP). Selon la BAD, le partenariat public-privé consiste principalement à confier à un tiers, par un contrat de longue durée, une mission globale relative au financement, à la construction, à la maintenance, à l'exploitation ou à la gestion de biens nécessaires au service public. Des pays africains l'expérimentent déjà ; on peut citer comme exemple la construction des autoroutes et ponts à péage de Dakar et d'Abidjan, les concessions des terminaux à conteneur de Dakar et Abidjan, les concessions de distribution d'eau, d'électricité, etc.

En dehors des mécanismes mentionnés plus haut, il est possible d'avoir recours à la finance islamique notamment au Sukuk, qui est l'équivalent islamique des obligations (selon la Banque islamique de développement). À l'opposé des obligations conventionnelles qui confèrent simplement la propriété d'une dette, le Sukuk accorde à l'investisseur une part d'un actif, ainsi que des flux de trésorerie et des risques proportionnés. En tant que tels, les titres Sukuk respectent les lois islamiques parfois appelées principes de la Charia, qui interdisent la facturation ou le paiement d'intérêts.

En définitive, l'on peut encourager la mise en place des fonds d'investissement, qu'il soit privé ou public. Un fonds d'investissement est une entreprise publique ou privée, qui investit du capital dans des projets d'entreprises correspondant à ses spécialités. Ces fonds sont initiés pour faire face à l'insuffisance du financement dans des secteurs d'activités clés ou pour le financement des infrastructures en général.

❖

Durant les deux dernières décennies, l'on a assisté à un rebond de croissance en Afrique Subsaharienne. Cela a représenté une rupture drastique avec la performance des trente années précédentes, et a réduit substantiellement l'incidence de la pauvreté sur le continent. Cependant, la réduction de la pauvreté et l'expansion de la classe moyenne n'ont pas réussi à amoindrir les effets du chômage sur le marché du travail. D'où la nécessité d'accélérer le processus de transformation structurelle des économies africaines.

Bien que les expériences en termes de développement soient différentes d'un pays à un autre, il existe cependant un point commun concernant les facteurs qui déterminent la transformation structurelle, et partant la croissance économique. Il s'agit de la définition d'une vision claire et précise du sentier de développement, assortie d'une stratégie opérationnelle. Parmi ces fondamentaux, se trouvent également l'investissement dans le capital humain et les infrastructures, l'innovation, les réformes institutionnelles et les stratégies de financement.

Chapitre 3
SUR LE CHEMIN DE LA TRANSFORMATION STRUCTURELLE

Sur le chemin de la transformation structurelle, il existe des leviers sur lesquels l'on doit investir. Il s'agit entre autres du capital humain en lien avec l'innovation, les infrastructures économiques, le financement et la gouvernance. Ce chapitre vise à faire ressortir les socles de la transformation structurelle dans des pays précurseurs, puis à identifier les principaux composants de ces leviers qui conduisent à la transformation structurelle et enfin à procéder à une analyse en termes de bonnes pratiques. La première section décrit les caractéristiques structurelles des pays à revenu élevé. La deuxième discute du positionnement de la Côte d'Ivoire dans son groupe d'appartenance et par rapport aux pays les moins avancés. La troisième analyse les facteurs discriminants dans le processus de transformation structurelle.

3.1. Exemples de quelques pays précurseurs

3.1.1. Contexte et contraintes de la transformation structurelle en Angleterre

L'Angleterre, durant des années, n'était pas le pays le plus développé avec un PIB réel par tête de 1 591 dollars US. Il était moins en avance par rapport à certains pays d'Europe tels que la Belgique, l'Espagne et la Suède qui, en 1700, avaient respectivement des PIB réels par tête de 1 720 dollars, 1 730 et 1 687 dollars. Mais contre toute attente, l'Angleterre est arrivée à surpasser ces pays européens à partir de l'année 1750. Son PIB réel par tête passe à 1 782 dollars contre 1703, 1665 et 1310 dollars respectivement pour la Belgique, l'Espagne et la Suède en 1750 (tableau A1 en annexe).

La transformation structurelle en Angleterre s'est appuyée sur les marchés créés par les conquêtes coloniales et le souci de dépassement de la bourgeoisie qui a toujours cherché à produire plus afin d'augmenter ses profits. Cette recherche croissante de profit va encourager, de façon continue, la nécessité de trouver des moyens pour atteindre cet objectif ; conduisant ainsi à l'innovation pour surmonter les blocages à l'augmentation croissante des profits de la bourgeoisie britannique.

C'est dans un contexte d'ouverture à des marchés plus larges dû aux conquêtes coloniales et aux succès en politique extérieure, ainsi qu'au régime politique laissant champ libre à la bourgeoisie, que la révolution industrielle démarre en Angleterre au milieu du XVIIIe siècle avec un vaste développement des activités nées du textile, du fer et du charbon.

Dans un contexte de baisse continue et de faible niveau des prix du coton, qui est une matière première importée et non-produite par les agricultures locales au détriment des autres besoins de la consommation humaine contrairement à la laine et au lin, la production textile de coton va s'accroître sans autres limites que celles des débouchés. Tant en Angleterre qu'à l'exportation, ces débouchés s'élargissaient considérablement pour le linge de corps car il s'agit d'une fibre textile qui peut être bouillie. Cette fibre, par sa résistance, se prête mieux au travail mécanique que le lin ou la laine. Ceci a amené les industriels britanniques à se tourner vers le coton. Ainsi, la quantité de coton consommée par l'industrie britannique double entre 1695 et 1741, la quantité consommée de laine, quant à elle, passe de 20 millions de kilogrammes à 28,5 millions sur la même période ; soit une hausse de 42,5% (tableau 2).

Tableau 2. Consommation de laine et de coton par l'industrie textile

Années	Laine brute	Coton brut
1695	20	0,5
1741	28,5	1
1772	42,5	1,5
1799	49	25
1805	51	30
1840	130	215
1860	205	475

Source : Carsalade (2002)

Cette tendance va créer peu à peu des déséquilibres au sein de l'économie britannique. Ainsi, confrontées à cette concurrence, les corporations de l'industrie lainière tentent de freiner l'essor du coton en faisant voter une loi sur l'apprentissage. La rareté de la main-d'œuvre est encore accentuée par les « *poor laws* » qui font obligation aux chômeurs, assimilés aux mendiants, de rester ou de retourner dans leur paroisse d'origine. Pour lutter contre l'insuffisance de travailleurs, des recherches techniques sont menées. La première innovation apparaît avec la « navette volante » inventée par John Kay[2] en 1735 qui permet de doubler la production par ouvrier. Mais une « disette de fil » apparaît ; ce qui ralentit la progression de la consommation de laine (avec un taux de croissance de 42,5% en fin 1741).

En 1763, Thomas Highs[3] invente une machine à filer qui permet la production simultanée de plusieurs fils par un seul ouvrier. Trois ans plus tard, James Hargreaves[4] perfectionne cet instrument qui comble en partie le retard de la filature sur le tissage. En 1768, Richard Arkwright[5] crée avec la « *water frame* » les premières filatures mécaniques, faisant passer la croissance de la consommation de la laine à 49%.

Ces inventions ont conduit au débordement des tisserands qui se sont installés aux abords des cours d'eau pour alimenter leur métier à tisser. Le métier automatique de George Cartwright, inventé en 1784, dont le battant n'est plus actionné à la main mais par une courroie de commande, a permis la mécanisation de l'industrie britannique qui se

---

[2] **John Kay** (né le 17 juin 1704 à Bury et mort en 1780) est l'inventeur de la **navette volante**, qui a contribué de façon essentielle à la révolution industrielle.

[3] Thomas Highs est un luthier britannique né dans la région du Lancashire, près de Manchester, en 1718, qui inventa en 1764 une machine textile très proche de la Spinning Jenny, dont James Hargreaves, sera l'inventeur officiel, l'année suivante dans la même région.

[4] **James Hargreaves**, né en 1720 et mort le 22 avril 1778, était un tisserand et un charpentier du Lancashire en Angleterre. Il est principalement connu pour avoir inventé la **Spinning Jenny** en 1764, une machine à filer.

[5] Richard Arkwright, né à Preston le 23 décembre 1732 et mort à Cromford le 3 août 1792, est un ingénieur et industriel britannique surtout connu pour les machines qu'il a inventées et qui ont, sinon permis, du moins accéléré à partir de Nottingham, la révolution industrielle.

concentrera par la suite dans de grandes fabriques, notamment dans la région de Leeds et de Bradford.

Pour mettre en mouvement ces nombreuses machines, la force humaine et le courant des rivières devenaient de de plus en plus insuffisants. Il fallait donc recourir à une force motrice plus puissante adaptée à ces nouveaux besoins. La machine à vapeur de James Watt de 1775 était donc le candidat idéal. Cependant, pour l'alimenter, il faut du charbon. Ceci a conduit à l'extraction du charbon. Plus la nécessité de filer s'imposait, plus, il était important d'extraire beaucoup plus de charbon. Ceci suppose de pénétrer plus en profondeur dans le sous-sol avec la quasi-certitude d'être confronté à des mines inondées. Face à cette contrainte, la pompe à vapeur vit le jour et permit de tarir l'eau des mines et, par la suite, de développer rapidement l'extraction. De plus, les nouveaux métiers battent plus vite. Il donc fallu remplacer le traditionnel châssis de bois, devenu trop fragile par un cadre métallique. Ceci a fait appel à la métallurgie du fer.

Le traitement du minerai de fer s'effectue avec du charbon de bois car, lorsqu'on emploie de la houille à l'état naturel les vapeurs sulfureuses qui se dégagent ne donnent que des fontes très cassantes qu'il est impossible de travailler au marteau. Les hauts fourneaux virent ainsi le jour et se sont vus installés à proximité des forêts, mais leur production bute sur des contraintes de disponibilité en bois. Ainsi, jusqu'à la fin du XVIIIe siècle, la pénurie de bois bride le développement de la sidérurgie. La production du fer en Angleterre passe de 12 000 tonnes en 1700 à 80 000 tonnes en 1790 ; soit une représentativité dans la production européenne qui passe de 6,67% à 13,34% sur la même période.

Cette faible proportion de fer anglais dans la production totale européenne se justifie par le fait que la reine Élisabeth I avait été amené à en interdire le développement, car la fabrication de la fonte et du fer se fait au charbon de bois et entraînait un prélèvement forestier plus rapide que le renouvellement naturel.

Tableau 3. Production européenne de fer (en tonnes)

Années	Europe	Angleterre	Représentativité de l'Angleterre (%)
1700	180 000	12 000	6,67
1790	600 000	80 000	13,34
1840	2 800 000	1 400 000	50

Source : Carsalade (2002).

Cette limitation de l'exploitation forestière, a amené l'Angleterre à importer son fer. Constatant l'accroissement de besoins en fer pour les pompes à feu dans les mines de charbon, de multiples inventeurs se mirent à la tâche. Ce n'est qu'en 1735, que le grillage du charbon, inventé par Abraham Darby, permit d'utiliser le coke dans la fabrication de la fonte. Cependant, il a fallu attendre 1784 pour l'utiliser dans la fabrication du fer grâce au puddlage[6] mise au point par Henry Cort[7]. Avec le puddlage, commence alors la concentration des industries sidérurgiques, surtout lorsque la découverte du laminage et l'invention de la presse hydraulique par Joseph Bramah, en 1796, permettent la production de masse.

Quant aux mines de charbon, le problème de l'élimination de l'eau avec des techniques de pompage aux performances se posait toujours.

Le charbon était devenu l'une des principales matières premières en Angleterre et sa production devrait augmenter au fil du temps afin de répondre à la demande dans le secteur du textile qui trouvait de plus en plus de débouchés grâce, en partie, aux colonies britanniques dont la population est passée de 1 million à 260 millions entre 1700 et 1860. Cette population coloniale qui ne représentait que 11% de la population

---

[6] Le **puddlage** est un ancien procédé d'affinage de la fonte, consistant à la décarburer dans un four à l'aide de scories oxydantes pour obtenir du fer puddlé à partir de fonte. Le mot **puddlage** vient du verbe anglais to puddle qui signifie « brasser ».

[7] **Henry Cort** (né en 1740 à Lancaster, mort le 23 mai 1800) est un maître de forges anglais, **inventeur** du puddlage. Au XVIII [e] siècle, l'utilisation du coke dans les hauts fourneaux, dans un contexte de progrès de l'industrie minière et des transports, permet la production de grandes quantités de fonte.

britannique en 1700, représente, en 1860, 10 fois la population de l'Angleterre.

Tableau 4. Évolution de la population de l'empire britannique (million d'habitants)

Années	Royaume-Uni	Colonie britannique	Population du Royaume-Uni % de celle de la colonie
1700	9	1	11,11
1750	10	2	20
1800	16	75	468,75
1860	29	260	896,55

Source : Carsalade (2002).

Cette opportunité qu'offre désormais la population coloniale britannique va conduire à l'extraction du charbon en grandes quantités qui posera par la suite, le problème de transport. Pour pallier un tel problème, les rails furent inventés, d'abord en bois, puis en fer sur lesquels les wagonnets étaient poussés.

Les rails font, ainsi, leur apparition en Angleterre où l'extraction minière les utilise pour faciliter le roulement de véhicules, les « wagons », soit à l'intérieur des galeries, soit entre les puits d'extraction et les quais d'embarquement du charbon. La traction est d'abord animale. Les premiers rails sont en bois, puis en fonte à partir de 1767 et enfin en fer en 1805. Cependant, ce mode de transport n'est efficace qu'à partir du moment où une traction forte est utilisée. Ainsi, la locomotive à vapeur voit le jour.

Au total, en voulant produire suffisamment dans l'industrie du textile, le métier à tisser, par le biais de la pompe à vapeur, a permis aussi de développer l'extraction des minerais de fer, de cuivre et d'étain. Tous ces métaux étaient fortement utilisés dans la construction des rails ou de nouvelles machines. Ainsi, la transformation technique d'une branche de la production s'est répercutée rapidement sur d'autres, qui à leur tour ont réagi sur la première. Ainsi naquit la révolution industrielle en Angleterre et par voie de conséquence, la transformation structurelle. En effet, l'interaction continue entre les principales branches de l'économie britannique a eu pour effet de bouleverser sans cesse les conditions de la production. Avec l'apparition des machines, des caractères nouveaux apparaissent et vont commander l'évolution pour une longue période[8]. Le succès de l'Angleterre a reposé sur des perspectives de profits énormes et sur un tissu industriel bien imbriqué, avec en filigrane une innovation technologique perpétuelle.

3.1.1. Transformation structurelle dans les pays émergents

3.1.2. Le Brésil

La transformation structurelle dans les pays émergents ne s'est pas faite de la même façon qu'en Angleterre. Cependant, l'un des dénominateurs communs à ces expériences demeure le bénéfice de l'opportunité qui leur a été offerte. Le bénéfice de ces opportunités a permis à chacun de ces pays, d'accroître son poids économique mondial. Selon les données de la banque Mondiale (Tableau A3), le poids économique du Brésil est passé de 2,17% en 1960 pour s'établir à 2,76% en 2019 contre 1,12% en Chine en 1960 et 13,58% en 2019. Le poids économique de la Corée s'est multiplié par 5 pour passer à 1,74% en 2019 avec un poids économique initial de 0,2% en 1960. Le poids économique de l'Inde quant à lui, est passé de 1,3% en 1960 pour atteindre 3,49% en 2019.

Dans le cas du Brésil, le facteur déclencheur des initiatives en matière de transformation structurelle a été conditionné par la dépression mondiale des années 1930 qui a conduit à un recul important des exportations agricoles. De plus, la seconde guerre mondiale a amené les pays européens à reprendre leurs achats de matières premières et cesser leurs exportations de produits manufacturés qui devenaient de plus en plus sophistiqués. Dans un tel contexte, le Brésil a vu limiter ses importations en provenance, notamment, des pays occidentaux qui étaient les économies les plus avancées à cette époque. Le Brésil devrait, dans cette situation, pouvoir compter sur lui-même pour produire les biens et services importés jadis de l'extérieur afin de

---

[8] Baby J. (1949), « Economie Politique : Principes fondamentaux », Editions sociales.

satisfaire sa population. Mais dans le même moment, il fait face à une main-d'œuvre moins qualifiée. Le Brésil se trouve donc confronté à une inadaptation de la technologie importée à son marché de travail.

Le Brésil a mis en place une planification fondamentalement opportuniste. Cette stratégie fut la plus opportuniste parmi le groupe de pays dits émergents. Du fait du repliement des principaux pays pourvoyeurs de biens et services du Brésil, les autorités dudit pays ont mis en place une incitation des petits industriels à substituer les produits importés par les produits locaux. Des crédits subventionnés ont donc été initiés. Pour protéger cette industrie naissante les autorités brésiliennes vont imposer des restrictions aux importations : il s'agit de tarifs douaniers démesurés par rapport aux besoins de protection réelle des industries brésiliennes. L'importation de technologie sera également initiée par le biais d'appel aux capitaux étrangers. Ces politiques ont abouti de façon générale à des recettes extérieures qui sont désormais inférieures de 37% à celles de 1927 du fait de la montée du protectionnisme. L'on a une croissance tirée par la demande intérieure car désormais le principal débouché des entreprises d'exportations brésiliennes est le marché intérieur. Comme conséquences, les importations de biens baissent de façon générale, mais pas de manière proportionnelle selon le type de bien importé. Ainsi, la part de l'importation de biens de consommation non durables dans les importations totales passe de 4% en 1949 à 65% en 1945 et à 2% en 1964 et celle des biens d'équipement passe de 64% à 10% entre 1945 et 1964. Cette tendance montre que le Brésil a su répondre aux besoins des populations face à cette rupture créée par les fournisseurs initiaux.

Par ailleurs, la part de l'industrie est passée de 26% en 1950 à 32,2% en 1960 et celle de l'agriculture est passée de 24,9% en 1950 à 19,2% en 1960 ; preuve du déclenchement du processus de transformation structurelle au Brésil depuis 1960.

Au-delà de cette performance, les industries exportatrices restent handicapées par les restrictions d'importations dues à la montée du protectionnisme dans les principaux pays partenaires du Brésil. De même, la protection douanière maintient un prix intérieur supérieur au prix international. Cette politique a permis de faire progresser l'industrie brésilienne (tableau ci-dessous). Les années antérieures à 1957 ont connu un taux de croissance moyen moindre de la production industrielle au Brésil. Le taux de croissance moyen annuel du secteur industriel est passé de 9,6% entre 1947 et 1961 à 12,7% sur la période 1957-1961. Ceci traduit une montée en puissance de l'industrie brésilienne sur cette période, et par conséquent une amorce de sa transformation structurelle lorsque l'on observe un fort taux moyen de croissance du PIB en corrélation avec celui de l'industrie.

Tableau 5. Taux de croissance annuel moyen sectoriel et du PIB au Brésil

Période	Pourcentages annuels de croissance		
	Production agricole	Production industrielle	PIB
1947-1961	4,6	9,6	6,1
1957-1961	4,8	12,7	9,0

Source : Furtado (1966).

Le PIB par tête quant à lui, passe de 1 549 dollars US en parité de pouvoir d'achat (constant 2011) en 1950 à 2 667 dollars en 1960 (annexe); soit un taux de croissance moyen de 9,1% en termes d'amélioration du niveau de vie des populations *toutes choses égales par ailleurs*.

Au final, dans des conditions défavorables au commerce international du fait de la montée du protectionnisme, le Brésil a su être résilient en profitant de cette situation pour développer son industrie loin de toute concurrence des pays industrialisés.

3.1.3. La Corée

En Corée, la transformation structurelle s'est opérée dans un contexte de recul de la présence militaire américaine en Asie en 1970. Cette situation s'est empirée avec la montée en puissance du protectionnisme aux Etats-Unis et au Japon dans les années 1970. La Corée se doit alors de se protéger elle-même de ses ennemis, surtout la

Corée du Nord. De plus, les produits coréens se devaient de chercher d'autres débouchés et être plus compétitifs. Heureusement qu'à cette époque l'inflation n'entamait pas encore suffisamment la compétitivité des exportations coréennes. Bien que l'inflation se soit située à 14,42% en 1970 et 21,2%[9] en 1979, le prix relatif des exportations par rapport à celui des Etats-Unis a certes évolué à la hausse, mais est resté en deçà de de ce dernier. Il est passé de 0,167 en 1970 à 0,346[10] en 1979. Cette situation de forte inflation est compensée par les bas salaires qui y sont pratiqués. La population est peu rémunérée et accepte des durées de travail de 55 à 60 heures par semaine. Ceci a joué positivement dans l'attraction des nouvelles technologies du fait que les grandes firmes multinationales cherchaient à délocaliser les activités fortement utilisatrices de main d'œuvre vers les pays de bas salaires. La Corée se positionne ainsi, et attire plus d'activités venues de l'extérieur. La Corée a longtemps bénéficié du soutien financier exceptionnel des occidentaux de par sa position dans la région.

La montée en puissance de la Corée a démarré dans les années 1980. Ce démarrage trouve ses racines dans les politiques qui ont été mises en place avant cette date. En effet, la Corée est partie d'une économie de planification centralisée, appuyée sur des études économiques et sur un appareil statistique performant. Avant l'entame de son processus de transformation structurelle, la Corée amené une réforme agraire en 1960. L'État intervient directement dans la production et redistribue des terres aux paysans.

Juste après cette date (en 1961), la priorité fut donnée aux industries légères tournées vers l'exportation (textile, habillement, activités d'assemblage : radios, téléviseurs, etc.) favorisée par l'accès à la technologie japonaise dans les années 1960. Cette industrie va se développer sur l'absorption de technologie enfouie dans les produits importés du Japon notamment et sur une politique appuyée sur une main d'œuvre bon marché. Cette démarche a été appuyée par la politique de l'argent facile qui a permis aux entreprises coréennes de se faire financer à plus de 70% par des crédits bancaires (Généreux, 1988).

---

[9] https://fr.global-rates.com/statistiques-economiques/inflation/1970.aspx
[10] Penn World Table 9.1

Après cette première étape, c'est au tour de l'industrie lourde d'être priorisée à partir de 1970, car la Corée pour se protéger de son ennemi du nord, va s'engager dans le développement d'une industrie de l'armement dans les années 1970 (sidérurgie, la pétrochimie, la construction navale, l'électronique). Ainsi, se met en place une politique de diversification basée à la fois sur la nature et la destination des exportations coréennes dans les années 1970.

Cette politique d'industrialisation en deux étapes a eu pour résultats un accroissement de la production industrielle de 15% par an durant le premier plan quinquennal (1962-66). Au cours du second plan quinquennal (1967-1971) la production industrielle a cru de 21,1%.

Tableau 6. Taux de croissance annuels moyens de la production industrielle

Année	Taux de croissance moyen (%)
1962-1966	15
1967-1971	21,1
1966-1979	17,9

Source : Auteur, à partir de Généreux (1988) et FMI consulté à partir de Barjot (2011).

Cette performance de l'industrie coréenne a fortement influencé sa structure économique et le niveau de vie des populations. En effet, le secteur agricole perd sa place de leader en termes de représentativité dans le PIB. Sa part dans le PIB passe de 39,9% en 1960 à 14,6% en 1980. Pendant ce temps, la part de l'industrie passe de 17,9% à 39,3% ; soit une hausse de +22 points de pourcentage contre -25,3 points de pourcentage pour l'agriculture. Le taux de croissance économique quant à lui passe à deux chiffres selon les données de la Banque mondiale.

Tableau 7. Évolution de la structure de la production (% du total aux prix courants)

Secteur	1960	1970	1980
Agriculture	39,9	31,1	14,6
Industrie	17,9	26,8	39,3
dont :			
- Mines	2,3	1,3	1,4
- Industrie manufacturière	12,1	19,1	29,6
- Construction	3,5	6,4	2,1

Source : Auteur à partir des données de Samsung consulté dans Barjot (2011).

Cette forte croissance propulsée par l'industrialisation rapide de la Corée, a permis au Gouvernement d'améliorer les équipements des villages (sanitaires, chauffage, électrification), l'habitat, la conservation des sols et leur irrigation (Barjot, 2011). Ces infrastructures ont permis d'accroître le niveau de vie moyen des populations avec une réduction des inégalités et un revenu par tête multiplié par 20 sur la période. La coordination entre les deux types d'industries (légère et lourde) a permis les remontées des filières qui rendent plus dense le tissu industriel comme ce fut le cas en Angleterre dans les années 1700.

La politique rigoureuse et cohérente appliquée par la Corée a contribué à l'indépendance dans l'approvisionnement des industries mises en place, instaurant ainsi un tissu industriel très diversifié.

En somme, tout comme le Brésil, la Corée a su prendre conscience dès le début de sa situation de dépendance à l'égard des pays développés, et a dû se rendre indépendant en se fixant des objectifs chiffrés dans des plans quinquennaux minutieusement suivis à la loupe.

3.1.4. La Chine

Avant son émergence, la Chine a été amenée à axer sa politique sur l'industrie, l'agriculture, la recherche scientifique et la défense. Elle semble suivre le chemin suivi par la Corée. C'est tout comme. Mais en réalité, dans un monde bipolaire et de plus en plus concurrentiel, la

Chine a dû mener plusieurs réformes dans le domaine de la fiscalité, de la gestion des cadres, la natalité et bien d'autres.

La Chine commence à mettre en place sa stratégie par l'innovation technologique. Ainsi, pour encourager les inventions, elle reconnaît et protège dès 1979 les droits de propriété intellectuelle. A partir de 1984, elle reforme le système de gestion des cadres mise en place progressivement. Une réforme fiscale est faite en 1994 et a permis de séparer les comptes de l'État central et ceux des collectivités locales afin de favoriser le développement simultané des régions. Au niveau du commerce extérieur, la Chine se fonde sur une stratégie de développement basée sur des avantages comparatifs et tirant profit du retard technologique accumulé. Une politique de contrôle de naissance drastique sauf pour les ethnies minoritaires est également initiée.

De façon pratique, les mesures de mise en application de ces réformes se sont principalement focalisées sur les compétences et la mobilisation des ressources financières à travers l'attraction des capitaux. En ce qui concerne les compétences, des mesures sur la décentralisation, la gestion des cadres et de la formation ont été prises. Le volume des IDE nets entrants en pourcentage du PIB est passé de 0,03% en 1980 pour atteindre 3,45%[11] en 2000.

Les compétences

La décentralisation

Les compétences des deux administrations fiscales sont différentes selon les catégories d'impôts, et elles sont toutes deux sous le contrôle de l'État central.

Les administrations fiscales locales peuvent gérer des impôts décidés par l'autorité locale, et les gouvernements populaires locaux pilotent les politiques publiques de l'économie, de l'éducation, de la science, de la culture, de la santé, du sport, des affaires civiles, de la sécurité publique, de la justice, de la planification familiale et des affaires fiscales. Par exemple, sur la période 1990-2000, des ressources financières ont été

[11] World Development Indicators (WDI).

octroyées aux collectivités locales urbaines pour multiplier des zones de développement économique et de logements.

L'impôt sur le revenu des entreprises étatiques va entièrement à l'État central de même que les impôts qui concernent les secteurs principaux de l'économie chinoise que sont l'énergie, le transport, la métallurgie (Jin, 2011). Cette manière de décentraliser les ressources et les dépenses de l'État, permet un développement équilibré des régions. Le système politique a montré une tendance à la déconcentration depuis cette réforme.

La gestion des cadres

Pour l'évaluation des cadres locaux, la mise en œuvre du système a commencé à combiner des audits réguliers annuels et certains qui sont exceptionnels permettant de rendre l'administration publique plus efficace au même titre que le secteur privé. Après 1988, la mise en œuvre d'un dispositif plus systématique d'évaluation annuelle des performances s'est développée, en tenant compte du rythme d'urbanisation et de croissance du PIB local, afin de déterminer les promotions, le maintien en poste, la retraite, voire le licenciement. Les promotions et les primes (Fan, 2008) ou des « Alliances stratégiques » (Zhou, 2011) ont été initiés dans ce sens. Ainsi, en fonction des résultats, les dirigeants et les employés pourraient toucher ces primes.

La formation

En ce qui concerne la politique relative à la formation, elle a consisté à l'envoi de nombreux étudiants et chercheurs dans les universités occidentales, afin d'acquérir les connaissances scientifiques et technologiques les plus avancées. L'on observe que cette période, le nombre de brevets détenus par les locaux est passé de 4 065 en 1985 à 25 346 en 2000.

La mobilisation des ressources financières

La Chine attirait d'abord les capitaux étrangers dans les secteurs à forte main d'œuvre où elle avait un avantage comparatif évident. De même, des zones économiques spéciales dotées des conditions très favorables pour les IDE avaient été mises en place.

Pour accroître sa production, elle importe des technologies et des savoir-faire et exporte les produits demandés par le reste du monde. Toutes ces réformes ont permis d'atteindre des résultats probants. Ainsi, les revenus de l'État central ne représentent que 22% des revenus fiscaux totaux, tandis que les collectivités locales reçoivent 80% des revenus de l'État et engagent environ 60% des dépenses financières (Zhang et Zou, 1998). L'on observe également une croissance rapide des zones locales de développement, non seulement dans les grandes métropoles, mais aussi dans les villes moyennes et petites.

Innovation et commerce

Dans le commerce avec l'extérieur, notamment les pays développés, la Chine échangeait les biens de consommation et les matières premières contre des biens d'équipement et des technologies plus avancées afin de les imiter et de les exporter à leur tour. Sur la période 1997-1999, les importations de la Chine en produits semi-finis représentait 6% du total, 57% pour les pièces détachées et composantes et de 37% pour les biens d'équipement. La part de ces mêmes produits dans les exportations est aussi élevée. Ces produits à l'exportation représentent respectivement 19%, 42% et 33%. Par contre les biens de consommation représentent 5% des exportations alors qu'à l'importation ils ne représentent que 1%.

Tableau 8. Structure par stade des échanges de produits de haute technologie (moyenne 1997-1999) (en %)

Produits	Importation	Exportation
Produits semi-finis	6	19
Pièces détachées et composantes	57	42
Biens d'équipement	37	33
Biens de consommation	1	5
Total	100	100

Source : Lemoine et Ünal-Kesenci (2002)

Les exportations chinoises ne cessaient de monter en gamme, et passaient de simples jouets, produits textiles et autres biens bon marché dans les années 1980 et 1990 vers des biens à valeur élevée tels des machines-outils technologiquement sophistiquées et des produits de l'information et de la communication dans les années 2000. Ces réformes technologiques ont permis à la Chine d'être l'atelier du monde surtout avec le niveau très bas des salaires.

L'échange avec l'Occident a beaucoup aidé la Chine à rattraper rapidement les retards scientifiques et technologiques et a fourni des talents pour les entreprises tournées vers l'international.

3.1.5. L'Inde

Tout comme la Chine, l'Inde base sa politique de transformation structurelle sur la natalité, l'ouverture commerciale et financière afin d'attirer plus de capitaux. Elle booste son agriculture en facilitant l'accès au crédit dans ce secteur (Ministry of Finance, 2013). Des politiques sociales sont mises en place par le biais de programmes sociaux de grande ampleur. En plus de cela, le National Rural Employment Guarantee Act en 2005, garantit 100 jours de travail par an à tout ménage rural sur des chantiers d'intérêt public (construction de routes, réservoirs, etc.) afin de contribuer à la réduction de la pauvreté et à accroître l'effet multiplicateur des investissements publics.

Il y a aussi une politique de la forte baisse des taux d'intérêt réels indiens qui passent de 12 % à la fin des années 1990 à 3 % en 2008. Par ailleurs, l'ouverture commerciale et financière, en forte progression sur la décennie 2000 a permis à l'Inde de capter un volume important d'IDE sur la période 2000-2016 (13). De fortes entrées de capitaux, qui atteignent un pic en 2007-2008, soit près de 9 % du PIB, sont tirées par les flux d'investissements directs étrangers (IDE) et d'investissements de portefeuille. Les investissements des entreprises privées grimpent et permettent de booster le taux d'investissement global qui est passé de 24 % en 2002 à plus de 30 % en 2005.

Il est observé le recul du secteur agricole au profit de services traditionnels (commerce, hôtels-restaurants, services sociaux) et « modernes » (communication, banque-assurances, services immobiliers et aux entreprises). Un des facteurs essentiels du succès de l'Inde est le bénéfice du dividende démographique, cet avantage économique procuré par la transition démographique lorsque la part de la population en âge de travailler s'accroît. Depuis les années 1990, le ratio de dépendance (population âgée de moins de 15 ans + population âgée de plus de 64 ans / population âgée de 15-64 ans) se réduit en effet rapidement : de plus de 8 points de pourcentage sur la décennie 2000. Ce dividende démographique semble avoir opéré (Aiyar et Mody, 2011) *via* des canaux directs (accroissement de la main-d'œuvre disponible), mais surtout indirects (hausse de l'épargne et donc de l'investissement, mais aussi de l'éducation et donc du capital humain).

Cette expérience indienne témoigne de l'importance du dividende démographique et surtout de la baisse du taux de fécondité et de la hausse du niveau de l'épargne qui pourraient être des préalables à la transformation structurelle.

3.2. Caractéristiques structurelles des pays à revenu élevé

Les pays à revenu élevé sont caractérisés par un fort accès à l'électricité, un niveau élevé de crédit accordé au secteur privé par les banques, un faible taux de fécondité, un faible niveau de valeur ajoutée agricole. Cependant, le taux d'épargne global, la valeur ajoutée des manufactures, de l'industrie et des services sont sensiblement les mêmes avec les autres groupes de revenu en 1997 et 2017. En principe, les prêts accordés par les banques ont pour fondement les dépôts issus de l'épargne. Ceci suppose que les pays industrialisés ayant les mêmes niveaux d'épargne globale avec les autres groupes de revenu, l'on devrait s'attendre au même niveau de crédit accordé au secteur privé ; ce qui n'est pas le cas. En effet, le crédit intérieur accordé au secteur privé par les banques en pourcentage du PIB dans les pays industrialisés est passé de 89,27% en 1997 à 81,69% en 2017, alors que dans les pays à revenu intermédiaire tranche inférieure, ce taux est passé de 24,88% en 1997 à 42,98% en 2017. Le niveau de crédit intérieur est passé de 11,90% en 1997 à 28,36% en 2017 dans les pays les moins avancés. En Côte d'Ivoire, ce taux est passé de 16,77% en 1997 à 19,56% en 2017 (cf. Tableau 9).

Ces statistiques montrent que le système de financement du secteur privé est moins développé dans les pays non industrialisés. En effet, avec le même niveau d'épargne relative, les pays industrialisés arrivent à financer fortement le secteur privé. Par ailleurs, l'on observe qu'un niveau de revenu élevé coïncide avec un niveau de crédit intérieur supérieur accordé au secteur privé.

Une autre grande différence entre les pays industrialisés et les autres groupes de pays, est le nombre de personnes ayant accès à l'électricité. En 1997, dans les pays à revenu élevé, 99,87% de la population avait accès à l'électricité. Ce taux est de 100% en 2017 contre 84,57% dans les pays à revenu intermédiaire tranche inférieure et 51,05% dans les pays les moins avancés. Il est de 65,60% en 2017 en Côte d'Ivoire (cf. Tableau 9). Le constat également à ce niveau est que plus le niveau de revenu est élevé, plus l'accès des populations à l'électricité est élevé.

Les infrastructures économiques sont aussi importantes dans l'aspiration à la transformation structurelle des pays en retard tel que la Côte d'Ivoire car elles participent non seulement à la production, mais également à l'épanouissement des populations dans l'utilisation des nouvelles technologies.

Une autre remarque est que dans les pays dont le niveau de revenu est élevé, l'on observe un faible taux de fécondité. En effet, le taux de fécondité dans ces pays est demeuré en deçà de 2 enfants par femme en âge de procréer en 1997 et 2017. Dans les pays à revenu intermédiaire bas, ce taux se situe autour de 3 et de 4 enfants dans les pays les moins avancés. Il se situe autour de 5 enfants en Côte d'Ivoire. Au regard de ce constat, l'on remarque que la transition démographique est un facteur pertinent dans l'amorce de la transformation structurelle.

Au niveau de la structure économique des groupes de pays, l'on observe que, plus le niveau de revenu est élevé, plus la contribution à la richesse du secteur agricole est très faible. Dans les pays à revenu élevé, la part du secteur agricole dans la richesse créée se situe autour de 2% alors qu'il est à peu près de 15% dans les pays à revenu intermédiaire bas et d'environ 20% dans les pays les moins avancés tout comme en Côte d'Ivoire. Dans une telle dynamique tout porte à croire que l'augmentation de la richesse générée ne passe pas principalement par le secteur agricole qui est moins productif que les autres secteurs d'activités. Ainsi, une amorce de la transformation structurelle doit se faire en modifiant la structure économique.

Tableau 9. Évolution comparée de la structure économique par niveau de revenu

	1997				2017			
	Pays à revenu très élevé	Pays à revenu interm édiaire bas	Pays les moins avancé s	Côte d'Ivoire	Pays à reven u très élevé	Pays à revenu intermé diaire bas	Pays les moins avanc és	Côte d'Ivoir e
Accès à l'électricité (% de la population)	99,87	52,40		44,46	100,0 0	84,57	51,05	65,60
Crédit intérieur accordé au secteur privé par les banques (% du PIB)	89,27	24,88	11,90	16,77	81,69	42,98	28,36	19,56
Epargne brute intérieure (% du PIB)	24,37	22,23		21,68	23,07	23,03	21,88	21,42
Taux de fécondité global (naissances par femme)	1,69	3,81	5,42	6,08	1,63	2,79	4,06	4,70
Valeur ajoutée de la Manufacture (% du PIB)	17,55	16,63	9,28	17,28	14,11	14,76	11,78	10,11
Valeur ajoutée de l'Agriculture, foresterie, et pêche (% du PIB)	2,06	22,57	29,68	23,32	1,33	15,71	19,64	18,74
Valeur ajoutée de l'Industrie (incluant la construction) (% du PIB)	26,84	28,68	26,25	23,65	22,69	27,40	29,09	20,46
Valeur ajoutée des Services (% du PIB)	64,92	41,86	39,08	53,03	69,77	49,83	44,70	53,36

Source : auteur, à partir de WDI.

L'analyse de ce tableau 9 renseigne sur le fait que la transformation structurelle doit s'observer à travers une amélioration à l'accès aux infrastructures économiques, à un système bancaire principalement pourvoyeur de fonds aux entreprises privées, à une réelle transition démographique et à un changement de la structure économique en faveur des secteurs secondaires et tertiaires.

3.3. Processus de transformation structurelle : les facteurs discriminants

Dans le processus de transformation structurelle, il existe une phase intermédiaire appelée émergence économique traduisant un saut qualitatif au sens de Rostow. Dans cette phase, des leviers plus précis ont été identifiés comme facteurs discriminants.

Il existe deux types de leviers dans l'atteinte de la transformation structurelle. Des leviers intermédiaires et des leviers au niveau supérieur. Les leviers intermédiaires sont ceux qui conduisent à l'émergence économique et les leviers au niveau supérieur sont ceux permettent d'aboutir à un niveau de vie élevé.

3.3.1. Capital humain et innovation

Dans la première phase (émergence économique) vers la transformation structurelle, et au niveau du capital humain et de l'innovation, les leviers qui ont fait leur preuve sont la qualité de l'éducation, la disponibilité de la dernière technologie et la qualité des institutions de recherche scientifique (cf. tableau 10).

Tableau 10. Analyse comparée des composantes du capital humain et de l'innovation entre les pays à faible revenu et les pays à revenu supérieur

Variable	Différence de moyenne	Ecart-type	Statistique t	p-value
Système éducatif	-0,0779	0,0497	-1,5678	0,1171
Qualité de l'éducation	-0,1093**	0,0526	-2,0771	0,0379
Capacité d'innovation	-0,0863	0,0544	-1,5864	0,1128
Disponibilité de la dernière technologie	-0,1298**	0,0620	-2,0935	0,0364
Collaboration entre universités et industries	-0,0848*	0,0469	-1,8060	0,0711
Disponibilité des scientifiques et ingénieurs dans l'économie	-0,0830	0,0519	-1,6002	0,1097
Qualité des institutions de recherche scientifique	-0,1267**	0,0568	-2,2308	0,0258
IDE et transfert de technologique	-0,0894	0,0557	-1,6034	0,1090

Source : Auteur, à partir de *Global Competitiveness Index.*
Note : *, ** et *** indiquent des seuils de significativité respectivement de 10%, 5% et 1%. La statistique t est celle de la loi de Student.

Les principaux leviers concernant le capital humain et l'innovation montrent que le chemin vers la première phase de la transformation structurelle nécessite un personnel bien formé disposant des nouvelles technologies et travaillant dans des centres de recherche scientifique dont les résultats participent au développement économique.

Pour ce qui est de la phase supérieure, c'est-à-dire entre l'émergence économique et le développement économique à proprement parlé, les leviers identifiés dans les faits sont le système éducatif, la qualité de l'éducation, la disponibilité de dernière technologie, la collaboration université-industrie et la qualité des institutions de recherche scientifique (cf. tableau 11).

Tableau 11. Analyse comparée des composantes du capital humain et l'innovation entre les trois autres groupes de revenu et les pays à revenu très élevé

Variable	Différence de moyenne	Ecart-type	Statistique t	p-value
Système éducatif	-0,1100**	0,0515	-20,1381	0,0326
Qualité de l'éducation	-0,1391**	0,0545	-20,5524	0,0108
Capacité d'innovation	-0,1029*	0,0563	-10,8270	0,0679
Disponibilité de la dernière technologie	-0,1567**	0,0642	-20,4412	0,0147
Collaboration entre universités et industries	-0,1052**	0,0486	-20,1631	0,0307
Disponibilité des scientifiques et ingénieurs dans l'économie	-0,0991*	0,0538	-1,8433	0,0655
Qualité des institutions de recherche scientifique	-0,1564***	0,0588	-2,6615	0,0079
IDE et transfert de technologique	-0,0894	0,0557	-1,6034	0,1090

Source : auteur, sur stata 14 à partir de *Global Competitiveness Index.*
Note : *, ** et *** indiquent des seuils de significativité respectivement de 10%, 5% et 1%. La statistique t est celle de la loi de student.

Dans cette phase, il est nécessaire de maintenir les acquis ayant conduit à l'émergence tout en intégrant dans le système de formation et de la recherche scientifique les priorités du secteur privé. C'est le cas par exemple des Programmes d'INJAZ en Jordanie où de la 7ème à la 11ème année scolaire, les formations sur l'éducation financière et sociale, les affaires et l'entrepreneuriat ainsi que l'orientation professionnelle sont pris en compte dans les programmes de cours qui sont dispensés.

Ces programmes sont importants du moment où l'acquisition des compétences requises doit se faire à travers une action théorique-pratique, c'est-à-dire, par une systématisation théorique articulée avec la pratique et par une pratique qui s'articule avec la réflexion (Brésil-Ch.-II, 2001, p. 29). Ainsi, l'une des problématiques les plus complètes et les plus complexes de l'éducation est la formation des enseignants, qui englobe de nombreuses questions telles que la professionnalisation, l'identité et l'autonomie du métier, ainsi que la compréhension du processus d'enseignement et d'apprentissage. Le rôle de tous les éducateurs n'est pas seulement de transmettre le patrimoine culturel, mais aussi de participer à la formation de l'homme et du citoyen (Aranha, 1996, p. 21).

Dans une réflexion efficace sur la pratique de l'enseignement, qui perçoit la nécessité d'articuler l'axe théorie/pratique avec la réalité contextuelle, Freire (1987) incite à réfléchir sur la pratique éducative, ainsi que sur l'apprendre à enseigner, puisque lorsque l'on enseigne, il y a une réciprocité entre l'enseignement et la réception de cet enseignement.

Pour Pimenta (1990), c'est au stade de la formation initiale des enseignants que le futur enseignant est formé, avec une base théorique et technique solide, et suivant un processus de formation des futurs enseignants qui a besoin de politiques publiques qui envisagent et opérationnalisent des actions efficaces pour une éducation moins ségrégative et plus universelle, car il n'y a pas d'éducation de qualité, pas de réforme éducative, pas d'innovation pédagogique sans formation adéquate des enseignants. Par conséquent, la formation des enseignants est un facteur très important dans le processus de démocratisation d'une nation (Pimenta, 1990, p. 9).

C'est dans cet esprit que les établissements d'enseignement supérieur devraient encourager la formation pédagogique, en combinant la théorie et la pratique, par l'interaction avec les écoles primaires, comme dans les Directives Curriculaires Nationales Générales pour l'Éducation de Base au Brésil, selon la Résolution n° 04/201050, avec une relation entre la formation initiale et la formation continue des enseignants et en insistant sur : (i) la connaissance de l'école en tant qu'organisation complexe ayant pour fonction de promouvoir l'éducation et la citoyenneté ; (ii) la recherche, l'analyse et l'application des résultats d'enquêtes intéressant le domaine de l'éducation ; (iii) la participation à la gestion des processus éducatifs et à l'organisation et au fonctionnement des systèmes et des institutions éducatifs ; (iv) le thème de la gestion démocratique, en insistant sur la construction du projet politico-pédagogique, à travers un travail collectif dont sont responsables tous ceux qui composent la communauté scolaire (Brésil-Ch.-II, 2010). Ainsi, la formation des enseignants devrait être analysée dans un contexte social plus large, en tenant compte à la fois du sens de la professionnalisation des enseignants et de l'amélioration de la qualité de l'Éducation de Base.

Les exemples du Brésil, de l'île Maurice, de l'Egypte, de la Tunisie, de la Tanzanie et du Togo sont édifiants à ce titre.

Encadré 2. Exemple du système éducatif brésilien lors de l'amorce de son industrialisation

La période entre 1934 et 1945 correspond à l'expansion de la production industrielle caractérisée, par divers économistes, en termes de « substitution des importations ». C'est l'époque de la création de grandes entreprises étatiques dans le secteur de la sidérurgie ou de la métallurgie. Cette période voit également la création d'un État centralisé organisant l'appareil étatique au niveau fédéral mais aussi dans chaque État de la fédération et dans les grandes villes. C'est l'apparition de la bureaucratie au sens webérien - création d'un corps de fonctionnaires, recrutés par concours, ayant une carrière bien définie et bénéficiant du statut de la fonction publique - qui entraîne la formation de techniciens, à la fois de production et d'administration ou de gestion. L'école devient ainsi un instrument important pour fournir des connaissances de base afin d'assurer ces transformations et de former de nouveaux professionnels. Ces derniers néanmoins devaient recevoir des formations de type professionnel, éloignées du modèle scolaire, pour épouser celui de l'apprentissage. C'est la création des écoles techniques de niveau moyen et supérieur, des écoles d'ingénieurs et des écoles de formation de cadres administratifs et de hauts fonctionnaires. L'enseignement industriel pour les personnels d'exécution est élaboré par l'État, dès 1937, avec le Service national de l'apprentissage industriel (senai), et devient effectif en 1942. Cette politique volontariste de l'État l'amène à créer un enseignement professionnel moyen et supérieur en dehors du système scolaire et oblige la Confédération nationale des industries à participer à son financement et à sa gestion. Cette orientation perdure jusqu'à nos jours.

Source : Drosila V. M. (2001).

Cette expérience brésilienne montre que le système éducatif et de formation a été guidé par l'ambition de devenir un pays industrialisé. Alors que le cas de l'île Maurice se situe dans un contexte d'amélioration de sa compétitivité au niveau mondial.

Encadré 3. Le système éducatif de l'Ile Maurice : entre globalisation et amélioration de la qualité de l'éducation

L'île Maurice, dès les premiers pas de son indépendance (1968), s'est très vite orientée vers un maintien du système éducatif britannique, sous une forme que l'on peut qualifier de « transfert de modèle plaqué » (Perez & Anne, 2003), eu égard à la nouvelle donne sociopolitique que cette jeune République avait conquise. Ce transfert s'est accompagné d'une interprétation partagée de la nécessité de s'intégrer à la compétition économique – condition de survie d'une démocratie qui se veut autonome – sous forme d'une adaptation permanente aux exigences de la globalisation économique (centration sur la fabrication textile, puis développement accéléré du tourisme, puis encore, développement de l'assemblage d'unités informatiques… et tout ceci dans des espace-temps très contraints). Cette course adaptative s'est accompagnée de choix tournant le dos aux politiques sociales, avec une focalisation quasiment unique sur les objectifs de compétitivité dans un environnement géographique traversé par la problématique du faible coût de la main-d'œuvre.

Source : Tupin (2010)

Les technopoles par principe se basent en partie sur la collaboration université-industrie. Les pays du Maghreb l'ont si bien compris en les initiant. Ceci a donné des résultats probants (cf. encadré 3).

Encadré 4. les technopoles comme moteurs de développement en Egypte et en Tunisie

La technopole phare de l'Egypte, Smart Village, ouverte en 2003 aux portes du Caire, a fait progresser le chiffre d'affaires du secteur des TIC de 14,6% en 2009, contribuant largement au maintien de la croissance égyptienne en dépit de la crise mondiale (+ 4,7 %). Smart Village comptait, en 2010, 35 000 employés sur site et 174 entités (organisations publiques, instances gouvernementales, laboratoires de recherche et entreprises privées des télécommunications, de l'IT, de l'éducation, de l'*offshoring* ou de la santé).

La Tunisie avec El Ghazala Technopark, vitrine technologique du pays spécialisée dans les TIC et la microélectronique, a pu tirer avantage de son grand nombre d'ingénieurs diplômés en informatique. Cette émulation conduit chaque pays à se spécialiser sur des secteurs porteurs ou des niches, tout en offrant des prestations différenciantes pour les entreprises.

Source : Huet, Viennois, Striffling et Khediri (2012).

Pour réaliser leur transformation, les pays émergents ont à leur portée plusieurs leviers. Ils ont la possibilité d'acquérir des technologies de plus en plus « smart », des technologies intelligentes qui permettent notamment de mieux piloter les réseaux (électricité, énergie, eau).

Encadré 5. Les exemples de la Tanzanie et du Togo dans l'édification d'une culture de la qualité

En Tanzanie, l'ONUDI a élaboré un support didactique et de formation en vue d'intégrer les aspects de sécurité/qualité alimentaire dans les cours de science et de technologie alimentaire actuels pour les élèves du secondaire. L'idée était d'obtenir des effets sur une prise de conscience de la qualité plus générale chez les futurs professionnels. Alors que le matériel a été utilisé avec succès dans une école donnée, son intégration dans les programmes nationaux officiels et son déploiement à d'autres écoles ont échoué parce que l'activité n'a pas été suffisamment coordonnée avec le ministère de l'Education. L'ONUDI a aidé l'Université nationale du Togo à introduire un programme de la qualité pour les étudiants de troisième cycle en sciences et en ingénierie ainsi que des stages de courte durée pour les praticiens de l'industrie. L'augmentation de la disponibilité de l'expertise pour les entreprises a eu pour objectif de renforcer l'exigence de la qualité dans le secteur privé et a finalement conduit à une meilleure compétitivité de l'économie.

Source : Kellermann M. et Daniel P. Keller D. P. (2014)

Les exemples de la Tanzanie et du Togo montrent clairement qu'une politique reliant la formation à la vie des entreprises doit prendre en compte les acteurs du système éducatif et doit être à même de combler des gaps existants chez les apprenants.

3.3.2. Infrastructures économiques

Au niveau des infrastructures économiques, l'on note que toutes les composantes sont toutes pertinentes dans l'atteinte de la première phase de la transformation structurelle qui est l'émergence économique (cf. tableau 12). Ainsi, l'on pourrait résumer cette situation comme la résultante d'une forte utilisation de l'électricité et de l'internet à faible coût contribuant à une forte production qui, à son tour, est acheminée vers le monde extérieur à travers des ports de qualité.

Tableau 12. Analyse comparée des composantes des infrastructures économiques entre les pays à faible revenu et les pays à revenu supérieur

Variable	Différence de moyenne	Ecart-type	Statistique t	p-value
Accès à l'électricité	35,7922***	3,1060	11,5234	0,0000
Consommation de l'électricité	5181,6370***	990,3699	5,2320	0,0000
Perte d'électricité dans la distribution et la transmission	-8,4967***	2,0031	-4,2418	0,0000
Abonnement internet haut débit	16,8465***	1,5915	10,5855	0,0000
Abonnement téléphone fixe	23,1818***	2,2907	10,1199	0,0000
Qualité des infrastructures du port	1,2739***	0,1807	7,0497	0,0000
Kilomètre de rail	4331,5600	6732,6040	0,6434	0,5222

Source : auteur, sur stata 14 à partir de *Global Competitiveness Index*.
Note : *, ** et *** indiquent des seuils de significativité respectivement de 10%, 5% et 1%. La statistique t est celle de la loi de student.

Ce sont les mêmes facteurs discriminants que l'on rencontre dans la phase supérieure de l'atteinte de la transformation structurelle (cf. tableau 13).

Tableau 13. Analyse comparée des composantes des infrastructures économiques entre les trois autres groupes de revenu et les pays à revenu très élevé

Variable	Différence de moyenne	Ecart-type	Statistique t	p-value
Accès à l'électricité	22,2024***	3,4946	6,3533	0,0000
Consommation de l'électricité	6882,6170***	847,6615	8,1195	0,0000
Perte d'électricité dans la distribution et la transmission	-9,6272***	1,8371	-5,2405	0,0000
Abonnement internet haut débit	19,5687***	1,3321	14,6898	0,0000

Abonnement téléphone fixe	25,3356***	2,0579	12,3115	0,0000
Qualité des infrastructures du port	1,5791***	0,1595	9,9018	0,0000
Kilomètre de rail	6699,332	5646,71	1,1864	0,2396

Source : auteur, sur stata 14 à partir de *Global Competitiveness Index.*
Note : *, ** et *** indiquent des seuils de significativité respectivement de 10%, 5% et 1%. La statistique t est celle de la loi de student.

Au-delà de ces aspects infrastructurels, une Politique Qualité bien élaborée peut avoir un impact positif sur le développement industriel et, de ce fait, aura un effet considérable sur le commerce. Il incombe à tout gouvernement dès lors d'élaborer la Politique Qualité avec soin, en cherchant à l'adapter aux réalités du pays (par exemple, les contraintes de ressources, les structures politiques, l'environnement des entreprises, etc.), les demandes du marché, les bonnes pratiques internationales et les accords formels.

Il est également important que la politique fasse l'objet d'un examen régulier (par exemple, dans un cycle de 5 ans), car le champ de la normalisation et de la réglementation technique est très dynamique en ce moment, et que les règles du jeu peuvent changer considérablement et dans une période assez courte. L'expérience de la Malaisie en matière de norme est un exemple patent.

Encadré 6. L'expérience des normes de la Malaisie

La Malaisie a commencé à développer son Infrastructure Qualité (IQ) dans les années 1960 pendant qu'elle passait d'une économie agricole à une économie industrielle, et le gouvernement a créé l'Institution de Normalisation de la Malaisie (SIM) en 1966. La SIM a élaboré des normes nationales et mis en place des installations pour les essais et la certification de produits. En 1975 la SIM a fusionné avec l'Institut national de la recherche scientifique et industrielle (NISIR) comme l'Institut de normalisation et de recherche industrielle de la Malaisie (SIRIM), créant une synergie entre la normalisation et le développement technologique pour soutenir le développement économique.

En 1993 le SIRIM a été autorisé à effectuer des opérations commerciales à travers la formation de coentreprises ou de filiales en propriété exclusive, ce qu'elle a fait pour l'évaluation de la conformité. Le Conseil de 24 membres du SIRIM a été remplacé par un plus petit Conseil de 13 membres du SIRIM dont six du secteur public et sept du secteur privé. La nouvelle structure du Conseil a favorisé une plus grande responsabilisation et une plus grande efficacité et a renforcé davantage les liens entre le SIRIM et l'industrie.

En 1996, la Loi de 1975 sur le SIRIM a été remplacée par la Loi de 1996 sur les Normes de la Malaisie. Le SIRIM a été constitué en société et le Département des normes de la Malaisie a été mis en place, un nouvel organisme au sein du gouvernement. Le SIRIM constitué en société se charge des activités de métrologie, d'inspection, d'essais et de certification en plus de son travail de recherche et de développement. Avec ces évolutions, l'évaluation de la conformité est devenue totalement commercialisée/privatisée en Malaisie même si certaines structures d'évaluation de la conformité appartiennent au gouvernement.

Le Département des Normes de la Malaisie (DSM) a repris son rôle statutaire dans la normalisation et est chargé de l'accréditation en Malaisie. En 2006, le DSM a été renommé Normes de la Malaisie, l'identité sous laquelle il est établi aujourd'hui. Les Normes de la Malaisie publie, promulgue et encourage l'utilisation des Normes de la Malaisie (MS) et gère les systèmes nationaux d'accréditation en conformité avec les pratiques internationales. Les Normes de la Malaisie n'élabore pas de normes, et désigne le SIRIM et d'autres comme ses Organismes d'élaboration de normes : L'élaboration des normes est donc désormais entièrement décentralisée en Malaisie, alors que la publication des normes est légalement le seul mandat des Normes de la Malaisie.

Source : Trade Related Technical Assistance Project (TRTA II) Pakistan, février 2013.

Pour une stabilité et continuité durable dans l'accumulation des infrastructures économiques, le cas de la Grande Bretagne peut servir de référence (Cf. encadré 7).

Encadré 7. La commission Britannique nationale sur les infrastructures

Les pays luttent souvent pour mettre en œuvre des projets d'infrastructures en dépit des cycles électoraux et pour les dissocier d'autres intérêts nationaux et privés. Lancée en 2015, la commission nationale sur les infrastructures a pour objectif de répondre à ces défis. « La commission est toujours organisée selon des processus politiques et démocratiques, mais son objectif est de dissocier la politique des investissements à long terme dans les infrastructures », explique Mark Harvey, responsable des infrastructures au ministère britannique du Développement international.

La commission fournit au gouvernement des conseils techniques et impartiaux sur les principaux défis à long terme dans le domaine des infrastructures. Elle évalue les atouts et les faiblesses des infrastructures nationales du Royaume-Uni ainsi que l'évolution des technologies. Tous les cinq ans, au début de chaque mandat parlementaire, la commission produit un rapport avec des recommandations concernant les priorités en matière d'infrastructures.

Source : Gouvernement du Royaume Uni, « Infrastructure at heart of Spending Review as Chancellor launches National Infrastructure Commission », 30 octobre 2015, https://www.gov.uk/government/ news/infrastructure-at-heart-ofspending-review-as-chancellor launches-national infrastructure commission

3.3.3. Financement et gouvernance

Dans la première phase de l'atteinte de la transformation structurelle, les principaux leviers qui ont fait leur preuve au niveau du financement sont la monnaie banque centrale en pourcentage du PIB, le crédit octroyé au secteur privé notamment le financement de l'investissement et du capital par le système bancaire et le niveau de l'épargne (Cf. tableau 6).

En clair une économie liquide qui finance les entreprises tant dans leur début que lors de la phase d'expansion en se basant principalement sur le niveau de l'épargne est sur la bonne voie qui mène à la ransformation structurelle, car elle contribue à l'atteinte de l'émergence économique.

Tableau 14. Analyse comparée des composantes du financement de l'économie et la gouvernance entre pays à revenu supérieur et les pays à faible revenu

Variable	Différence de moyenne	Ecart-type	Statistique t	p-value
Prêt non performant	0,3937	1,441395	0,2731	0,7852
Monnaie banque centrale (% PIB)	32,6712***	6,618621	4,9363	0,0000
Crédit octroyé par le système financier	39,2127**	18,90136	2,0746	0,0445
Crédit au secteur privé	43,8382***	6,080382	7,2098	0,0000
Crédit octroyé au secteur privé par le système financier	40,5651***	5,571969	7,2802	0,0000
Entreprises utilisant le financement des banques pour investir	10,8488***	3,214063	3,3754	0,0015
Entreprises utilisant le financement des banques pour investir dans le capital	13,8653***	3,494902	3,9673	0,0002
IDE net entrant	13,3956	16,52292	0,8107	0,4185
Epargne	17,0426***	2,709578	6,2898	0,0000

Régulation de l'environnement des affaires	0,3690**	0,1811594	2,0370	0,0450
Mobilisation des ressources financières	0,24862*	0,1438968	1,7278	0,0879
Utilisation équitable des ressources publiques	-0,0551	0,1667761	-0,3307	0,7418
Réglementation financière	-0,0060	0,1533384	-0,0390	0,9690
Politique fiscale	-0,18704	0,1894195	-0,9874	0,3264
Equité du genre	0,2914*	0,1749	1,6654	0,0998
Politiques macroéconomiques	-0,1094	0,1743	-0,6275	0,5321
Politiques d'inclusion sociale	0,1563	0,1344	1,1631	0,2483
Droit de propriété	0,4835***	0,1639	2,9502	0,0042
Transparence, redevabilité et corruption	0,5188***	0,1797	2,8867	0,0050

Source : auteur, sur stata 14 à partir de *Global Competitiveness Index.*
Note : *, ** et *** indiquent des seuils de significativité respectivement de 10%, 5% et 1%. La statistique t est celle de la loi de student

Des exemples de financement existent dans le cas de la construction des technopoles par exemple (voir Encadré 8).

Encadré 8. Des exemples de financement des Technopoles

De façon assez classique, le financement public prend en charge les phases de conception et de construction, tandis que les opérateurs privés réalisent les investissements dans les opérations et dans la production. Le plus souvent le modèle *build-operate-transfer* (BOT) permet de financer ces projets dans des logiques de partenariats public-privé. Des agences de financement spécialisées peuvent également apporter des financements complémentaires, pour la construction initiale des technopoles, comme pour inciter les entreprises à s'y implanter. Ces agences sont souvent en relation avec des organismes publics ou internationaux. Ces structures particulières peuvent octroyer des facilités de crédit particulièrement adaptées à la promotion de l'innovation au service du développement régional (conditions de prêt plus favorables, prise de risque plus élevée que dans les banques commerciales, etc).

Source : Huet, Viennois, Striffling et Khediri (2012).

Un autre exemple dans le cas du financement vert est mis en évidence en Indonésie (Cf. encadré 9).

Encadré 9. Mécanisme de financement vert en Indonésie

Le financement d'infrastructures durables requiert souvent une coopération intersectorielle. C'est le cas en Indonésie, où un mécanisme de financement réunit plusieurs acteurs internationaux des secteurs public et privé afin d'encourager les investissements dans les énergies renouvelables, une meilleure gestion des forêts et de la biodiversité ainsi que la restauration des écosystèmes. Le Tropical Landscapes Finance Facility, dont le coup d'envoi a été donné en octobre 2016 par le gouvernement indonésien, est un partenariat entre l'ONU Environnement, le Centre mondial d'agroforesterie, ADM Capital et BNP Paribas. Avec deux sources de capitaux (une plateforme de prêts gérée par ADM Capital et BNP Paribas ainsi qu'un fonds de subventions géré par l'ONU Environnement et le Centre mondial d'agroforesterie), ce mécanisme apporte un soutien technique et cofinance les premières étapes de l'élaboration de projets en aidant les donateurs et les fondations à attirer les investissements du secteur privé.

Source : TLFF, http://tlffindonesia.org/about-us

Au niveau de la gouvernance, les leviers les plus pertinents dans la première phase de l'amorce de la transformation structurelle sont la régulation de l'environnement des affaires, les droits de propriété et le triptyque transparence, redevabilité et corruption.

Ces résultats témoignent du fait qu'un bon soutien au développement du système bancaire et/ou financier pourrait passer par le fait que les entreprises évoluent dans leurs activités sans contrainte majeure en termes d'accessibilité aux moyens de production et aux entraves à leurs activités en termes de corruption. Par ailleurs, les prêts bancaires peuvent être facilement garantis par les droits de propriété.

Pour ce qui est de la phase supérieure conduisant au développement, les principaux leviers sont la monnaie banque centrale, le crédit octroyé au secteur privé pour son investissement et le niveau de l'épargne (Cf. tableau 15).

Dans cette étape, les entreprises sont arrivées à maturité et toute entreprise désirant participer au marché doit se mettre à niveau en démarrant avec un capital social conséquent. Seul le motif d'investissement est pris en compte. A cette étape, le volume de l'épargne est élevé et la réglementation financière est souple dans un contexte d'une économie qui demeure liquide.

Tableau 15. Analyse comparée des composantes du financement de l'économie et la gouvernance entre pays à revenu très élevé et les trois autres groupes de revenu

Variable	Différence de moyenne	Ecart-type	Statistique t	p-value
Prêt non performant	0,8155	1,4131	0,5771	0,5649
Monnaie banque centrale (% PIB)	36,7950***	7,5312	4,8857	0,0000
Crédit octroyé par le système financier	80,7396***	22,55913	3,5790	0,0009
Crédit au secteur privé	48,4242***	6,2017	7,8082	0,0000
Crédit octroyé au secteur privé par le système financier	47,3761***	5,5209	8,5813	0,0000
Entreprises utilisant le financement des banques pour investir	9,6376**	3,8980	2,4725	0,0171
Entreprises utilisant le financement des banques pour investir dans le capital	5,6606	4,5969	1,2314	0,2243
IDE net entrant	24,4918	16,7668	1,4607	0,1457
Epargne	15,6900***	2,7760	5,6520	0,0000
Régulation de l'environnement des affaires	-0,3590	0,3987	-0,9003	0,3707
Mobilisation des ressources financières	0,2244	0,3151	0,7121	0,4785
Utilisation équitable des ressources publiques	-0,2692	0,3586	-0,7508	0,4550
Réglementation financière	-0,6667**	0,3220**	-2,0702	0,0417

Politique fiscale	-0,4487	0,4078	-1,1002	0,2746
Equité du genre	-0,0256	0,3838	-0,0668	0,9469
Politiques macroéconomiques	-0,4359	0,3735	-1,1669	0,2468
Politiques d'inclusion sociale	-0,1731	0,2917	-0,5934	0,5546
Droit de propriété	-0,2244	0,3715	-0,6040	0,5476
Transparence, redevabilité et corruption	-0,2564	0,4065	-0,6308	0,5300

Source : Auteur, à partir de *Global Competitiveness Index*. *, ** et *** respectivement significatif au seuil de 10%, 5% et 1%. La statistique t est celle de la loi de student.

Au niveau de la gouvernance, le principal levier pour l'atteinte de la dernière étape sur le chemin de la transformation structurelle est l'allégement de la réglementation financière afin de permettre au système bancaire de fonctionner avec une certaine fluidité et accorder plus de crédit au secteur privé. Dans le cas où la réglementation contribuerait à la stabilité financière, alors d'autres alternatives peuvent être utilisées comme c'est le cas dans la construction des technopoles (Cf. encadré 8).

❖

Ce chapitre nous enseigne que le levier à prioriser dans un premier temps dans le processus de transformation structurelle, pour un pays tel que la Côte d'Ivoire, est l'infrastructure économique, suivie de l'amélioration du système financier qui doit avoir pour principale vocation dans une première étape de soutenir les entreprises lors de leur création et de leur expansion. Au même moment, le système éducatif et de formation doit être reformé en vue de prendre en compte les réalités de la société et du monde de l'entreprise. Le financement de ces formations doit se faire avec le secteur privé qui est le moteur du processus de développement.

Tableau 16. Synthèse des mécanismes de transformation structurelle dans des pays émergents

Pays	Mécanisme de financement du développement	Politique commerciale	Régime de change
Brésil	*recours aux capitaux extérieurs	*Système commercial multilatéral *Elimination des barrières commerciales pour les produits agricoles[12]. *Intégration dans les chaînes de valeurs mondiales et l'accroissement de la compétitivité des produits nationaux. *Développement technologique, *Protection de certains producteurs nationaux de la concurrence extérieure, *promotion des investissements et de la diversification des exportations *recours à des mesures correctives commerciales, en particulier des mesures antidumping[13].	*du régime de change fixe entre 1973-1977, l'on est passé au régime de change flexible à partir de 1998. A cette époque la part de la valeur ajoutée agricole est passée de 11,5% à 5,74%.
Chine	*financement basé sur l'Epargne mais avec un système financier moins dynamique *recours aux IDE	*Système commercial multilatéral *orientation des IDE vers certains secteurs de production jugés clés *application de mesures antidumping *financement public à l'exportation *assurance-crédit à l'exportation	*du régime de change fixe entre 1973-1977, la Chine a opté pour un régime de change intermédiaire à partir de 1993. A cette époque la part de la valeur ajoutée agricole est passée de 31,89% à 19,10%.
Corée	*système financier principalement focalisé sur les PME	*Système commercial multilatéral *système de libre-échange	*du régime de change fixe entre 1973-1977, l'on est passé au régime de change

[12] https://ceim.uqam.ca/?politique-commerciale-bresilienne
[13] https://www.wto.org/french/tratop_f/tpr_f/s358_sum_f.pdf

			flexible à partir de 1978. A cette époque la part de la valeur ajoutée agricole est passée de 23,48% à 5,26%.
Inde	*attraction de banques privées *orientation des prêts vers l'agriculture *promotion de microfinance *l'utilisation poussée de la téléphonie dans le système bancaire	*suppression progressive de toutes les restrictions quantitatives *Mesures anti-dumping	*du régime de change fixe entre 1973, l'Inde est passée à un régime de change flexible à partir de 1993. A cette époque la part de la valeur ajoutée agricole est passée de 36,50% à 25,47%.
Synthèse	**mobilisation de l'épargne nationale* **développement de l'intermédiation financière*	**Système commercial multilatéral* **Mesures anti-dumping*	**les pays émergents quittent le régime de change fixe lorsque la part du secteur agricole dans le PIB commence à diminuer.*

Source : Auteur

2e partie
DYNAMIQUES SECTORIELLES EN COTE D'IVOIRE : ETAT DES LIEUX DU PROCESSUS DE TRANSFORMATION STRUCTURELLE

Chapitre 4
TRANSFORMATION STRUCTURELLE DE L'ECONOMIE IVOIRIENNE DE 1960 A NOS JOURS

De 1960 à 1980, la Côte d'Ivoire s'est signalée par une croissance économique d'une ampleur et d'une régularité remarquables. Sa réussite à cette époque, est attribuée à une base agricole solide, à la stabilité politique, à une politique financière saine, aux encouragements prodigués quant à l'initiative et à l'investissement privés et à un large recours à l'aide technique et financière de l'étranger. L'administration ivoirienne est, dans l'ensemble, efficace et bien dotée en personnel. De nombreux services tels que le Ministère en charge de la planification et les institutions financières comptent une proportion élevée d'assistants techniques étrangers. La Côte d'Ivoire se dote de trois plans de développement entre 1960 et 1980 (les perspectives décennales 1960-1970 et les plans quinquennaux de développement économique, social et culturel 1971-1975 ; 1976-1980). La planification est relativement bien élaborée et son influence sur le développement économique est perceptible et significative.

Dans le domaine agricole, le pays bénéficie d'instituts de recherche performants. Pour un certain nombre de produits, les activités de promotion, d'orientation et de commercialisation sont entre les mains de sociétés semi publiques.

En 1965, le PIB par habitant s'élève à presque 230 dollars (au taux de change officiel) pour l'ensemble de la population contre 200 dollars pour la population africaine. Les recettes d'exportation progressent d'environ 17% en moyenne par an sur la période 1960 à 1980 principalement sous l'effet de l'augmentation rapide du volume des ventes des quatre principaux produits d'exportation - le café, le bois, le cacao et les bananes.

L'économie croit de façon spectaculaire. Le produit réel augmente de 7,2% en moyenne par an

.

Graphique 3. Croissance du PIB réel de la Côte d'Ivoire de 1961-2017 et évènements socioéconomiques majeurs

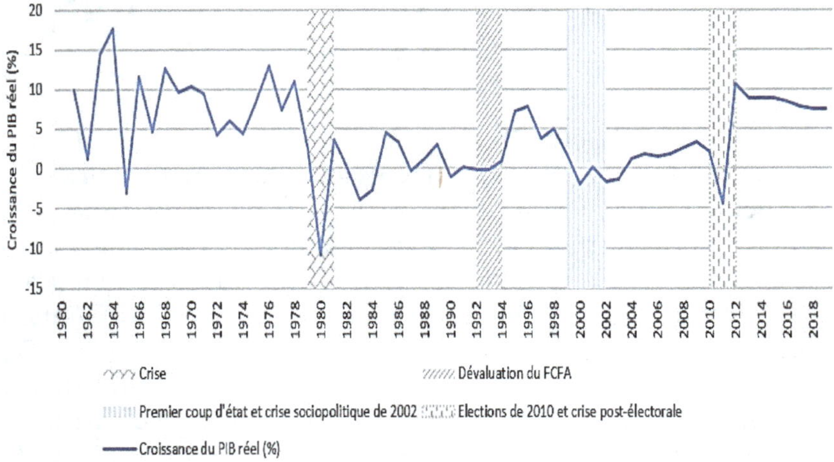

Source : Auteur à partir des données de la Banque Mondiale (indicateurs de développement dans le monde)

Ces performances économiques extraordinaires permettent à la Côte d'Ivoire de réaliser d'importants investissements dans les secteurs sociaux et dans les infrastructures économiques destinés à soutenir la diversification progressive de l'économie.

Toutefois, elles commencent à s'effriter à partir des années 1980, notamment avec la chute des cours des principales matières premières exportées par le pays. L'économie entre en récession. Le taux de croissance du produit réel chute de façon vertigineuse, d'environ 11% (graphique 3).

Le pays connaît à partir de cette période une longue phase de difficultés économiques qui ont des conséquences négatives majeures sur la santé de ses finances publiques. La Côte d'Ivoire est sujette à des problèmes de solvabilité. Elle est alors soumise entre 1980 et 1994 à divers programmes d'ajustements qui visent, dans un premier temps, à assainir ses finances publiques et à restaurer sa solvabilité, puis à relancer l'activité économique en berne depuis 1991. Ils aboutissent en 1994 à la dévaluation du franc CFA, la monnaie nationale. Celle-ci doit permettre de faire chuter le taux de change effectif réel et contribuer à relancer les exportations et à freiner les importations. Les premiers résultats économiques des programmes d'ajustement deviennent visibles à partir de 1995. La Côte d'Ivoire enregistre en 1995 et en 1996, des taux de croissance jamais égalés depuis 1980 (7,1 et 7,7% respectivement).

Mais si ces programmes semblent produire des résultats appréciables au plan économique, leurs répercussions au niveau social sont catastrophiques. Les investissements économiques et sociaux sont quasiment interrompus. Ils suscitent plusieurs vagues de contestations à partir des années 1990 qui constituent un terreau fertile pour l'instabilité. Le pays qui jouit jusque-là, d'une relative stabilité politique connait son premier coup d'état militaire en 1999. Puis s'enchaînent une série de troubles politiques qui aboutissent à une rébellion armée en 2002. Cette rébellion consacre l'occupation de la zone nord du pays par des milices armées qui en ont le contrôle. Le gouvernement peine à rétablir la souveraineté de l'État.

Ces évènements politiques majeurs annihilent les progrès obtenus dans le cadre de la relance économique amorcée et aggravent, en tous points, les difficultés du pays qui enregistre des taux de croissance nuls à négatifs entre 1999 et 2004.

A la suite de la signature d'accords de paix divers, le pays renoue de façon relativement brève (entre 2005 et 2010) avec la croissance économique. Mais il est à nouveau frappé par des troubles politiques en 2010, liés à des élections présidentielles conflictuelles. Ceux-ci débouchent sur une guerre civile sanglante en 2011 qui fait replonger l'activité économique à son niveau le plus bas jamais atteint depuis 1980. Le taux de croissance économique s'affiche à -4,4%.

A la fin de la crise postélectorale, le pays renoue une fois de plus avec la croissance, avec un taux de croissance moyen annuel de 8,6% sur la période 2012-2019. La planification du développement est à nouveau privilégiée avec la mise en œuvre des Plans Nationaux de Développement (PND : 2012-2015 ; 2016-2020). Ces deux instruments de planification visent en priorité à une transformation structurelle de l'économie avec des performances économiques remarquables et soutenues par la mise en œuvre de réformes structurelles, notamment dans la gestion des ressources publiques, la modernisation de l'administration publique ainsi que le climat des affaires.

L'objectif de ce chapitre est d'analyser les changements intervenus dans la structure de production de la Côte d'Ivoire depuis la période des indépendances en mettant en évidence leurs principaux déterminants.

4.1. Évolution de la structure de production en Côte d'Ivoire de 1960 à 2016

Les changements intervenus dans les structures économiques de la Côte d'Ivoire sont, au-delà de l'empreinte laissée par la colonisation, le résultat de politiques volontaristes impulsées par les autorités ou de politiques subies par celles-ci en raison d'évènements économiques ou sociaux non maîtrisés. L'atmosphère, qu'elles suscitent, influence les incitations des agents économiques, de même que le dynamisme des activités économiques. Trois grandes sous périodes peuvent être distinguées.

4.1.1. Période 1960-1979 : un modèle économique fortement étatisé

La période 1960-1979 jette les bases de la transformation progressive de l'économie de la Côte d'Ivoire nouvellement indépendante. Au lendemain des indépendances, la Côte d'Ivoire dispose d'un tissu industriel peu développé. Le secteur primaire, et en particulier, l'agriculture est le moteur de l'activité économique. Fruit de l'héritage colonial, elle croît à un rythme moyen de 10% par an de 1950 à 1964 et de 7,4% de 1965 à 1973. Elle est extensive et repose essentiellement sur le café et le cacao qui jouent un grand rôle dans l'accumulation de devises.

Les cours favorables des produits agricoles exportés et les ressources engrangées grâce à la vente du café et du cacao et aux mécanismes de stabilisation, offrent à l'État une manne considérable de ressources. Il les emploie à bon escient au développement de la recherche, agricole notamment, et au financement d'infrastructures économiques et sociales d'envergure destinées à soutenir la diversification progressive de l'économie.

Après son premier port en eau profonde, construit en 1950, la Côte d'Ivoire se dote d'infrastructures routières et d'un équipement social et culturel des plus importants et modernes en Afrique de l'ouest. En 1975, les investissements opérés dans le secteur de l'éducation permettent au pays d'atteindre le chiffre surprenant de 1,3 million d'apprenants, dont dix mille dans l'enseignement supérieur.

Entre 1974 et 1978, le montant des investissements publics triple. Ils restent sans incidence négative majeure sur la santé des finances publiques. L'endettement extérieur reste particulièrement bas, avec un ratio du stock de la dette extérieure par rapport aux exportations qui ne dépasse guère 55% en 1978.

Parallèlement à l'essor agricole et infrastructurel, l'État entreprend d'industrialiser le pays. Divers projets d'industrialisation sont alors mis en œuvre dans les secteurs de l'agro-alimentaire, du tabac, du textile, etc. La politique industrielle vise initialement à réduire la dépendance du pays aux importations de biens de grande consommation. Elle est donc principalement orientée vers le marché intérieur, protégé.

A partir de 1970, une nouvelle orientation lui est donnée. Elle privilégie désormais le développement d'industries d'exportation assises sur l'intensification de la valorisation des ressources locales.

Les efforts d'industrialisation sont soutenus par la création de structures de financement, d'encadrement et de promotion du secteur telles que la caisse autonome d'Amortissement (1959), le fonds national d'investissement (1962), la banque ivoirienne de développement industriel (1965), le crédit de la cote d'ivoire (1959), le fond de garantie des crédits aux entreprises ivoiriennes (1968), le Bureau de Développement Industriel ou l'Office de Promotion de l'Entreprise Ivoirienne (1972), le BNETD (1978) et l'I2T (1979).

Si cet environnement contribue à modifier de façon importante, les contributions relatives des secteurs primaire et tertiaire à la création de la richesse nationale, il influence moins l'essor du secteur secondaire, tout au moins, du début des indépendances à la fin des années 1970. Quand bien même les investissements bruts réalisés dans le secteur secondaire croissent, pis doublent quasiment entre 1968 et 1972, la contribution de ce secteur à la création de richesse ne progresse que de façon marginale, de 16% du PIB en 1960-69 à 17% du PIB en 1970-79[14].Au contraire, le poids du secteur tertiaire dans la création de la richesse nationale s'élève substantiellement, passant d'une contribution de 44% du PIB sur la décennie 1960-69 à 55% sur la décennie 1970-79. Celui du secteur primaire recule presque du même montant, de 40% du PIB environ sur la décennie 1960-69 à 28% sur la période 1970-79.

La faible contribution du secteur industriel à la création de richesse trouve principalement son explication dans la faible compétitivité du secteur liée principalement aux choix stratégiques opérés à l'époque par les décideurs.

D'une part, l'orientation donnée à la politique industrielle jusqu'au début des années 1970 et l'implication prépondérante de l'État dans le financement et la gestion de ce secteur considéré hautement stratégique, pour limiter l'influence étrangère, génèrent des problèmes d'efficacité et concourent à inhiber les efforts entrepris par la plupart des firmes pour améliorer leur compétitivité.

Et d'autre part, le boom des matières premières et les flux financiers entrant importants qu'ils génèrent exercent une pression à la hausse sur la demande intérieure, les prix des produits locaux et les salaires payés dans l'ensemble des secteurs sans liens nécessaires avec la croissance de la productivité (Baumol disease). Par exemple, alors que de toute évidence la population de la Côte d'Ivoire est moins qualifiée à cette époque que celle de la Malaisie (les taux d'alphabétisation respectifs des adultes étant de 20% et de 60% en 1979), les coûts de la main d'œuvre industrielle sont 75% plus élevés en Côte d'Ivoire qu'en Malaisie[15].

---

[14] Pour atteindre 329 millions de dollars à la fin de l'année 1972 contre 178 million de dollars en 1968.

[15] Selon les chiffres de 1984.

Entre 1971 et 1977, le taux de change effectif réel s'apprécie de 51% sous l'impulsion de la hausse des prix intérieurs, la compétitivité du secteur industriel se dégrade et l'industrie ivoirienne parvient peu à conquérir les marchés extérieurs comme envisagé dans le cadre de la nouvelle orientation donnée à la politique industrielle sur la période 1970 à 1980.

Graphique 4. Évolution du taux de change effectif réel en Côte d'Ivoire de 1963 à 1996

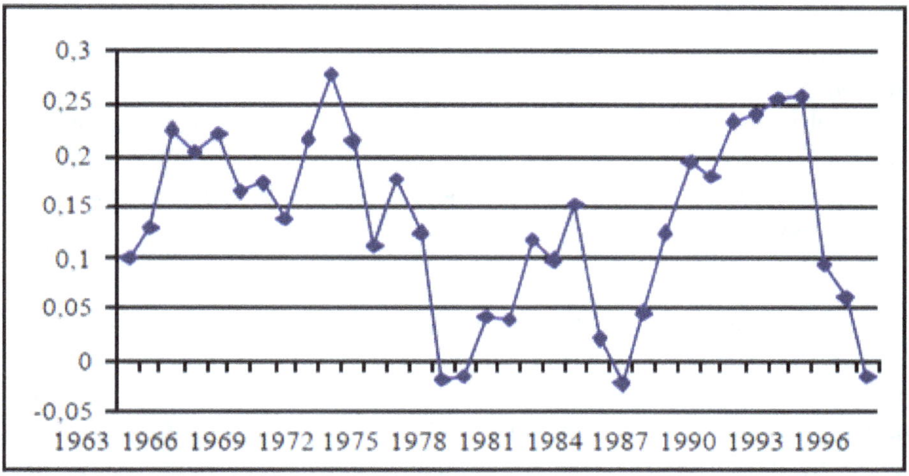

Source : Sekkat et Varoukadis (1998)

Comme corollaire, le taux de croissance des exportations manufacturières en volume se ralentit, passant de 14,7 pour cent à 5,1 pour cent en moyenne par an (Nowak, 1994). Les efforts entrepris par les gouvernants se muent donc en des résultats moins probants s'agissant de la volonté de hisser la Côte d'Ivoire au rang de puissance industrielle.

4.1.2. Période 1980 – 2009 : crises, ajustements et régulation croissante par le marché

La Côte d'Ivoire aborde les années 1980 surendettée avec une balance des paiements et des finances publiques profondément déséquilibrées en raison de la chute des cours du café et du cacao à partir de 1978 et du recours peu contrôlé du gouvernement à l'endettement extérieur pour éviter d'interrompre sa politique d'investissement.

En proie à cette crise profonde, les autorités sont contraintes de se conformer aux programmes d'ajustement proposés par les bailleurs de fonds, bien de fois au détriment des programmes prévus dans les plans de développement.

Ainsi, l'économie ivoirienne enregistre-t-elle deux ajustements majeurs liés à la crise des années 1980 ; un ajustement réel de 1981 à 1993 qui se traduit par la mise en œuvre des programmes structurels et de stabilisation économique, et un ajustement monétaire en 1994, qui débouche sur la dévaluation du franc CFA, de commun accord avec les autres pays membres de la zone franc.

Les programmes d'ajustement consacrent une diminution significative du rôle de l'État dans la sphère économique et sociale par rapport aux deux décennies qui ont suivies les indépendances. Selon leurs modalités, ils influencent la dynamique des activités économiques. Certains de leurs aspects produisent en particulier des effets positifs sur le développement du secteur secondaire.

Par exemple, la libéralisation de l'économie, la réduction de la protection accordée aux entreprises nationales, ou encore les vagues de privatisation opérées à partir des années 1990 contribuent à accroître l'efficacité des entreprises du secteur industriel qui utilisent de mieux en mieux leurs capacités de production. Le taux d'utilisation des capacités de production dans l'industrie passe de 76% en 1993 à 87% en 1997.

De même, la dévaluation du franc CFA intervenue en 1994, contribue à élever leur compétitivité par le truchement de dépréciation du taux de change réel[16]. En conséquence, le poids des exportations manufacturières dans les exportations totales du pays augmente. Il

[16] Globalement, le taux d'investissement chute de 24,1% du PIB sur la décennie 1970-79 à 16,5% sur la décennie suivante 1980-89 sous l'impulsion de la crise des années 1980 et des PAS.

passe d'une moyenne de 9,9% sur la période 1980-85 à une moyenne de 16% sur la période 1995- 2009.

Tableau 17. Taux d'utilisation des capacités de production dans l'industrie de 1993 à 1997

Branche	1993	1994	1995	1996	1997
Agroalimentaire	80	80	86	86	87
Textile et cuir	72	83	87	83	78
Bois	82	82	84	83	81
Chimie	72	77	80	82	90
Matériaux de construction	30	37	64	81	80
Transport, mécanique, électricité	72	78	83	82	85
Industries diverses	73	77	83	86	86
Énergie, Eau	85	90	91	88	92
Total industrie hors extraction	76	81	85	85	85

Source : Institut National des Statistiques

La part du secteur industriel dans la formation du PIB s'élève également presque du même montant (de 6 points de pourcentage entre 1970-79 et 1990-99). Elle s'établit à 23% en 1990-99 contre 17% en 1970-79. Les moteurs de l'expansion du secteur industriel sont les branches de l'agro-alimentaire, du textile et du BTP.

L'industrie agro-alimentaire, qui représente environ un quart de l'activité industrielle de la Côte d'Ivoire, profite de la hausse de la demande intérieure alimentée par la croissance démographique d'une part et du dynamisme de certains produits à l'export, telle que l'huile de palme, d'autre part. Le pôle textile et chaussure qui contribue pour près du tiers à la croissance industrielle de 1998, double son activité à partir de 1995. Le BTP profite du boom immobilier à Abidjan, la capitale économique qui abrite le siège de nombreuses d'institutions internationales et plusieurs grandes banques commerciales (BNP, Société Générale, Crédit Lyonnais ou Paribas). Son chiffre d'affaires passe de 83 milliards de F CFA en 1994 à 215 milliards en 1998.

L'industrie du bois progresse de 23% en 1998 après quatre années de déclin.

Toutefois, le poids du secteur industriel dans le PIB stagne entre les décennies 1990-99 et 2000-09, certainement en raison des crises socio-politiques répétées intervenues à partir de 1999 qui affectent négativement l'environnement des affaires, de même que les investissements. Le taux d'investissement atteint son plus bas niveau sur la décennie 2000-09 (10,8% du PIB)[17].

Le secteur tertiaire reste prédominant quoiqu'en repli. Il représente 53% du PIB sur la décennie 2000-09 contre de 55% du PIB sur la décennie 1970-79. Il a cru à un taux négatif (-3,1%) sur la période 1980-89 (figure 4). Il est principalement alimenté par les activités de transport avec les trafics du port d'Abidjan, les transports aérien, urbain et interurbain et les activités de commerce et de distribution qui connaissent une forte progression en particulier en 1997 (+10,5%) et en 1998 (+7,1%).

Le poids du secteur primaire dans le PIB chute quant à lui de près de 4 points de pourcentage entre les décennies1970-79 et 2000-09, passant de 28% du PIB sur la décennie 1970-79 à 24% sur la décennie 2000-09, en partie en raison de la chute des cours des principaux produits agricoles exportés par la Côte d'Ivoire, à partir des années 1978[18]. Globalement ce secteur recule de 17 points de pourcentage au profit des secteurs tertiaire et secondaire, suggérant une diversification progressive de l'économie.

4.1.3. Période de 2010 à nos jours : relance post-crise

Depuis 2012, l'économie de la Côte d'Ivoire est sur un sentier de croissance soutenue et affiche de solides perspectives à moyen terme. Le pays enregistre un taux de croissance annuel moyen de plus de 8%, largement supérieur à la moyenne sous régionale (6,35%) et

[17] Figure 5.
[18] Entre 1978 et 1986, les cours du cacao chutent en effet d'environ 40%.

continentale au sud du Sahara (3,6%) sur la période 2012-2019 (FMI, 2020). Cette performance économique s'explique par la mise en œuvre des plans nationaux de développement 2012-2015 et 2016-2020 qui ont permis la réalisation de nombreux investissements publics, notamment dans le domaine des infrastructures économiques. De même, l'amélioration du climat des affaires a favorisé des investissements privés considérables dont le taux a plus que doublé passant de 7 points en 2012 à plus 15 points du PIB en 2019. L'importance des investissements privés fait de ce secteur le principal moteur de la croissance. Ces investissements ont porté sur l'ensemble des secteurs mais se sont plus concentrés dans les secteurs de télécommunications, d'agroalimentaire et de bâtiment-travaux publics (BTP).

Au niveau structurel, le secteur tertiaire reste le secteur prédominant. Il s'est montré toutefois moins dynamique que le secteur secondaire sur la période 2010-2016. Il a cru sur cette période de 4,6% contre 6,9 pour le secteur secondaire.

Il représente 49 % de la richesse totale sur la période, en recul de 3 points de pourcentage par rapport à la décennie précédente (graphique 5). Il est principalement dominé par la branche du « Commerce » représentant environ 9,4% de la valeur ajoutée du secteur, suivi des branches de télécommunications (4,8%) et du transport (2,7%) sur la même période.

Le secteur secondaire est, après le secteur tertiaire, celui qui détient désormais le plus fort poids dans du produit brut global du pays. Il représente 28 % du PIB sur la période 2010-2016 contre 23% sur la décennie précédente. Son dynamisme est porté par la branche des industries agro-alimentaires et autres industries manufacturières et celle des industries extractives et énergétiques représentant respectivement 13% et 8,3% de la valeur ajoutée du secteur et qui connaissent des croissances vigoureuses sur la période récente (11% et 33% respectivement entre 2011 et 2019). Quant à la branche des Bâtiments et Travaux Publics (BTP), sa part de la valeur ajoutée du secteur est évaluée à 4%.

Même si sa part dans la valeur ajoutée globale est de plus en plus faible (23% du PIB sur la période 2010-2016), le secteur primaire continue d'être un secteur clé pour l'économie ivoirienne. Il fournit en effet près de la moitié des emplois à l'économie et génère environ 40% des recettes d'exportation. Il reste dominé par l'agriculture dont la contribution au produit intérieur brut s'est établit 21,5% sur la période 2011-2019.

Le recul des poids du secteur primaire et du secteur tertiaire au profit du secteur secondaire, plus productif, révèle une amorce de transformation structurelle en Côte d'Ivoire. Mais celle-ci reste encore embryonnaire en raison de la faible modernisation de l'appareil productif dans son ensemble et dans les secteurs primaire et tertiaire en particulier. Les écarts de productivité entre secteurs restent très importants.

Les expériences des pays développés ont montré que la transformation de leur structure de production s'est opérée par le transfert de ressources du secteur primaire aux secteurs secondaire et tertiaire. Le constat dans les pays en développement, surtout dans les pays d'Afrique subsaharienne (ASS) est une trajectoire très différente de ce modèle classique. On observe certes, une tendance à la baisse du secteur agricole mais celle-ci intervient au profit du secteur tertiaire en contournant le secteur secondaire.

Les secteurs primaire et secondaire restent essentiellement déconnectés. Le secteur secondaire ne constitue pas le premier débouché du secteur primaire, ni ne lui offre les intrants et équipements agricoles qui doivent contribuer en retour à sa modernisation.

Graphique 5.Contribution des secteurs primaire, secondaire et tertiaire à la formation du PIB (1960-2019, %)

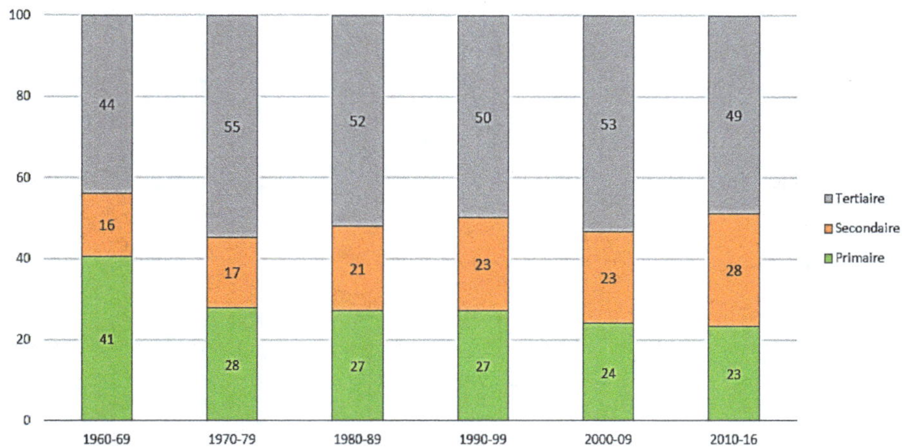

Source : Auteur à partir des données de la Banque mondiale (indicateurs de développement dans le monde)

Graphique 6. croissance sectorielle (%)

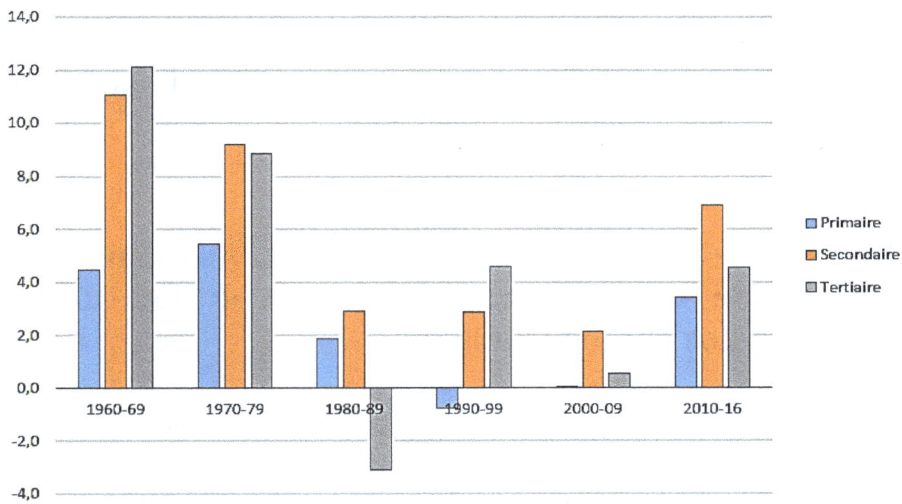

Source : Auteur, calculs et estimations à partir des données de la Banque mondiale (indicateurs de développement dans le monde)

Graphique 7. Evolution des agrégats de la demande (%)

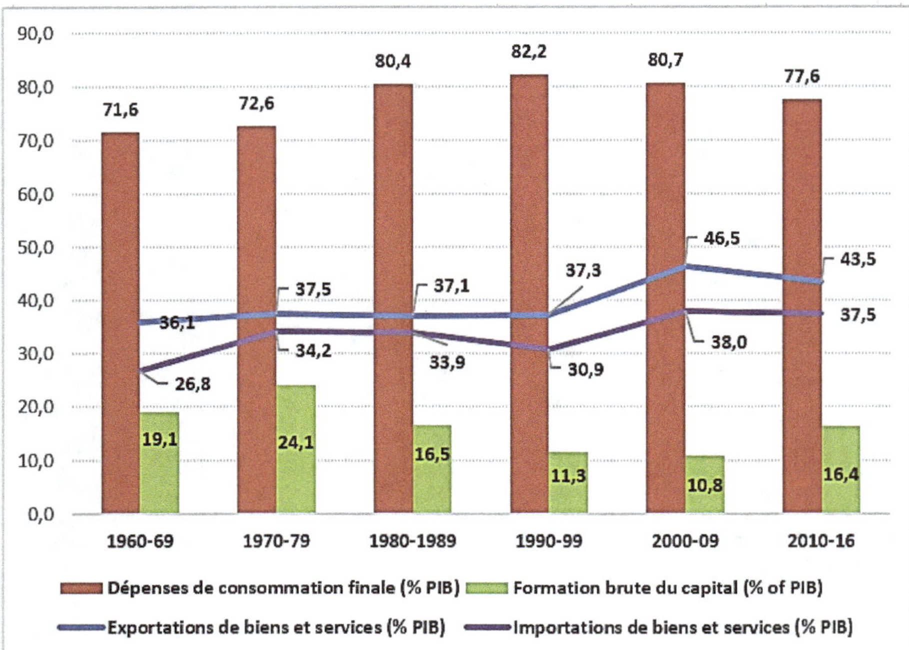

Source : Auteur à partir des données de la Banque mondiale (indicateurs de développement dans le monde)

Les évolutions sectorielles de la production se traduisent-elle par une modification du positionnement de la Côte d'Ivoire dans les chaînes de valeur mondiales et de la structure ses exportations ?

4.2. Positionnement de la Côte d'Ivoire dans les chaînes de valeur mondiales et évolution de la structure des exportations

Les chaînes de valeurs mondiales offrent aux pays en développement, des opportunités intéressantes de transformation structurelle. Elles peuvent stimuler dans ces pays, le développement d'activités nouvelles beaucoup plus productives que les activités traditionnelles et susciter la transformation progressive des structures économiques. De plus en plus, il arrive que les entreprises transnationales en quête de meilleure rentabilité pour leurs investissements décident de fragmenter leur processus de production et d'externaliser des pans entiers de leurs activités pour tirer parti des avantages comparatifs réalisés ailleurs, créant ainsi une division du travail à l'échelle mondiale. Cette attitude crée des opportunités pour les firmes des divers pays qui peuvent ainsi se positionner selon leurs avantages comparatifs sur les segments abandonnés par ces grosses firmes et parvenir, compte tenu de leur positionnement dans la chaîne de production, à capter une part plus ou moins importante de la valeur du produit final. Quel est le degré et la nature de l'intégration de la Côte d'Ivoire dans les chaînes de valeurs mondiales et comment se positionnement affecte-t-il la structure de ses exportations ?

4.2.1. La Côte d'Ivoire dans les chaînes de valeur mondiales

Les données sur les échanges en valeur ajoutée laissent découvrir que la Côte d'Ivoire s'intègre de mieux en mieux aux chaînes des valeurs mondiales même si sa participation à ces chaînes de valeurs reste faible comparé à des pays tels que la Malaisie ou l'Ile Maurice (graphique 8). Son indice de participation aux chaînes de valeurs mondiales a évolué graduellement à la hausse. Il s'établit à 45,7% sur la période 2010-2018 contre 42,6% et 37,2% respectivement sur les décennies 2009-2010 et 1990-99.

Graphique 8. Indices de participation de la Côte d'Ivoire, de la Malaisie et de Maurice

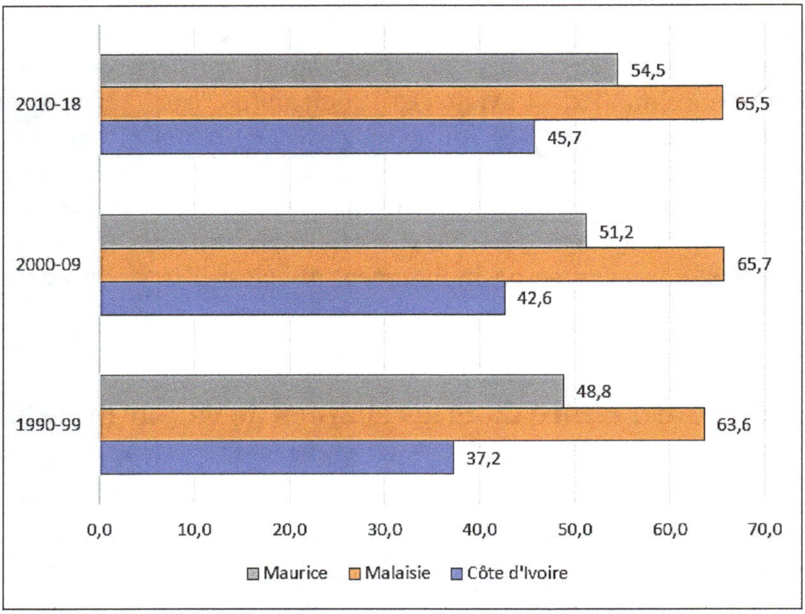

Source : Auteur à partir des données de la CNUCED-EORA

Toutefois, cette intégration aux chaînes de valeur mondiales semble produire peu d'effets sur la transformation structurelle de l'économie ivoirienne. En effet, l'intégration de la Côte d'Ivoire aux chaînes de valeurs mondiales intervient davantage en aval de ces chaînes de valeurs qu'en amont de celles-ci. La Côte d'Ivoire constitue principalement un réservoir de matières premières pour le reste du monde en raison de son tissu industriel peu développé et de ses entreprises relativement peu performantes. Celles-ci ne parviennent, que très peu, à se hisser en amont des chaînes de valeur qui requièrent généralement un niveau de compétitivité élevé.

Alors qu'une part relativement élevée de la valeur ajoutée générée par les entreprises ivoiriennes (représentant 38% de la valeur totale de ses exportations sur période 2010-18) sert d'input aux industries des pays étrangers, celles-ci n'emploient en retour qu'une part relativement faible et stable de la richesse créée dans le monde (représentant 7,7% des exportations totales de la Côte d'Ivoire sur période 2010-18) comme intrants dans leur processus de production.

Comparé à la Côte d'Ivoire, des pays comme la Malaisie ou l'Ile Maurice qui détiennent des tissus industriels relativement plus développés emploient des proportions plus importantes de la valeur ajoutée générée à l'étranger (36,5% des exportations de la Malaisie et 34,2% des exportations de Maurice sur la période 2010-2018) comme intrants dans leurs processus de production (graphique 9).

Graphique 9. Valeur ajoutée étrangère dans les exportations de la Côte d'Ivoire, de la Malaisie et de Maurice

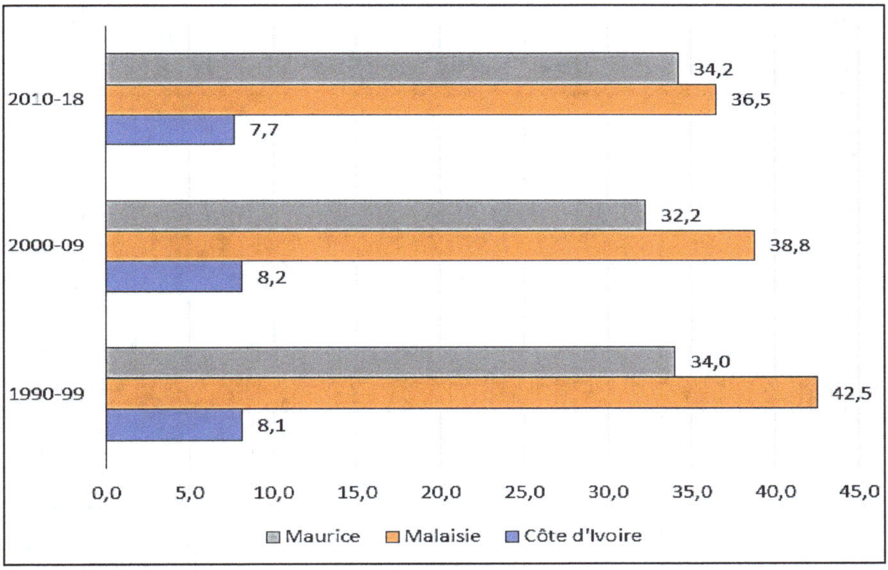

Source : Auteur à partir de EORA-CNUCED

L'agriculture reste l'épine dorsale de l'économie ivoirienne du fait du rôle central qu'elle joue dans la chaîne des valeurs des produits (primaires ou transformés). La Côte d'Ivoire doit ainsi s'employer à améliorer son intégration en amont des chaines de valeurs mondiales, en étendant à d'autres domaines de l'économie, notamment le secteur manufacturier et celui des services, la dynamique des chaînes de valeur mondiales. Le renforcement de sa participation aux activités situées en amont des chaînes de valeur mondiales et l'accentuation de transformation structurelle dépendra de la mise en application d'un large éventail de politiques publiques qui devront contribuer à améliorer sa compétitivité et élever ses avantages comparatifs.

Graphique 10. Indice global de compétitivité des économies (2019)

Rank	Economy	Score[1]	Diff. from 2018[2]	
			Rank	Score
1	Singapore	84.8	+1	+1.3
2	United States	83.7	−1	−2.0
3	Hong Kong SAR	83.1	+4	+0.9
4	Netherlands	82.4	+2	—
5	Switzerland	82.3	−1	−0.3
6	Japan	82.3	−1	−0.2
7	Germany	81.8	−4	−1.0
8	Sweden	81.2	+1	−0.4
9	United Kingdom	81.2	−1	−0.8
10	Denmark	81.2	—	+0.6
11	Finland	80.2	—	—
12	Taiwan, China	80.2	+1	+1.0
13	Korea, Rep.	79.6	+2	+0.8
14	Canada	79.6	−2	−0.3
15	France	78.8	+2	+0.8
16	Australia	78.7	−2	−0.1
17	Norway	78.1	−1	−0.1
18	Luxembourg	77.0	+1	+0.4
19	New Zealand	76.7	−1	−0.8
20	Israel	76.7	—	+0.1
21	Austria	76.6	+1	+0.3
22	Belgium	76.4	−1	−0.2
23	Spain	75.3	+3	+1.1
24	Ireland	75.1	−1	−0.6
25	United Arab Emirates	75.0	+2	+1.6
26	Iceland	74.7	−2	+0.2
27	Malaysia	74.6	−2	+0.2
28	China	73.9	—	+1.3
29	Qatar	72.9	+1	+1.9
30	Italy	71.5	+1	+0.8
31	Estonia	70.9	+1	+0.2
32	Czech Republic	70.9	−3	−0.3
33	Chile	70.5	—	+0.3
34	Portugal	70.4	—	+0.2
35	Slovenia	70.2	—	+0.6
36	Saudi Arabia	70.0	+3	+2.5
37	Poland	68.9	—	+0.7
38	Malta	68.5	−2	−0.2
39	Lithuania	68.4	+1	+1.2
40	Thailand	68.1	−2	+0.6
41	Latvia	67.0	+1	+0.7
42	Slovak Republic	66.8	−1	−0.1
43	Russian Federation	66.7	—	+1.1
44	Cyprus	66.4	—	+0.8
45	Bahrain	65.4	+5	+1.7
46	Kuwait	65.1	+8	+3.0
47	Hungary	65.1	+1	+0.8
48	Mexico	64.9	−2	+0.3
49	Bulgaria	64.9	+2	+1.3
50	Indonesia	64.6	−5	−0.3
51	Romania	64.4	+1	+0.9
52	Mauritius	64.3	−3	+0.5
53	Oman	63.6	−6	−0.8
54	Uruguay	63.5	−1	+0.8
55	Kazakhstan	62.9	+4	+1.1
56	Brunei Darussalam	62.8	+6	+1.3
57	Colombia	62.7	+3	+1.1
58	Azerbaijan	62.7	+11	+2.7
59	Greece	62.6	−2	+0.5
60	South Africa	62.4	+7	+1.7
61	Turkey	62.1	—	+0.5
62	Costa Rica	62.0	−7	−0.1
63	Croatia	61.9	+5	+1.8
64	Philippines	61.9	−8	−0.3
65	Peru	61.7	−2	+0.4
66	Panama	61.6	−2	+0.6
67	Viet Nam	61.5	+10	+3.5
68	India	61.4	−10	−0.7
69	Armenia	61.3	+1	+1.4
70	Jordan	60.9	+3	+1.6
71	Brazil	60.9	+1	+1.4
72	Serbia	60.9	−7	—
73	Montenegro	60.8	−2	+1.2
74	Georgia	60.6	−8	−0.3
75	Morocco	60.0	—	+1.5
76	Seychelles	59.6	−2	+1.1
77	Barbados	58.9	n/a	n/a
78	Dominican Republic	58.3	+4	+0.9
79	Trinidad and Tobago	58.3	−1	+0.4
80	Jamaica	58.3	−1	+0.4
81	Albania	57.6	−5	−0.5
82	North Macedonia	57.3	+2	+0.7
83	Argentina	57.2	−2	−0.3
84	Sri Lanka	57.1	+1	+1.1
85	Ukraine	57.0	−2	—
86	Moldova	56.7	+2	+1.2
87	Tunisia	56.4	—	+0.8
88	Lebanon	56.3	−8	−1.4
89	Algeria	56.3	+3	+2.5
90	Ecuador	55.7	−4	−0.1
91	Botswana	55.5	−1	+1.0
92	Bosnia and Herzegovina	54.7	−1	+0.6
93	Egypt	54.5	+1	+1.0
94	Namibia	54.5	+6	+1.8
95	Kenya	54.1	−2	+0.5
96	Kyrgyz Republic	54.0	+1	+1.0
97	Paraguay	53.6	−2	+0.3
98	Guatemala	53.5	−2	+0.2
99	Iran, Islamic Rep.	53.0	−10	−1.9
100	Rwanda	52.8	+8	+1.9
101	Honduras	52.7	—	+0.2
102	Mongolia	52.6	−3	−0.1
103	El Salvador	52.6	−5	−0.2
104	Tajikistan	52.4	−2	+0.2
105	Bangladesh	52.1	−2	—
106	Cambodia	52.1	+4	+1.9
107	Bolivia	51.8	−2	+0.4
108	Nepal	51.6	+1	+0.8
109	Nicaragua	51.5	−5	—
110	Pakistan	51.4	−3	+0.3
111	Ghana	51.2	−5	−0.1
112	Cape Verde	50.8	−1	+0.6
113	Lao PDR	50.1	−1	+0.8
114	Senegal	49.7	−1	+0.7
115	Uganda	48.9	+2	+2.1
116	Nigeria	48.3	−1	+0.8
117	Tanzania	48.2	−1	+1.0
118	Côte d'Ivoire	48.1	−4	+0.6
119	Gabon	47.5	n/a	n/a
120	Zambia	46.5	−2	+0.5
121	Eswatini	46.4	−1	+1.1
122	Guinea	46.1	+4	+2.9
123	Cameroon	46.0	−2	+0.9
124	Gambia, The	45.9	−5	+0.5
125	Benin	45.8	−2	+1.4
126	Ethiopia	44.4	−4	−0.1
127	Zimbabwe	44.2	+1	+1.6
128	Malawi	43.7	+1	+1.3
129	Mali	43.6	−4	—
130	Burkina Faso	43.4	−6	−0.5
131	Lesotho	42.9	−1	+0.6
132	Madagascar	42.9	n/a	n/a
133	Venezuela	41.8	−6	−1.3
134	Mauritania	40.9	−3	+0.1
135	Burundi	40.3	+1	+2.7
136	Angola	38.1	+1	+1.1
137	Mozambique	38.1	−4	−1.7
138	Haiti	36.3	—	−0.1
139	Congo, Dem. Rep.	36.1	−4	−2.1
140	Yemen	35.5	−1	−0.9
141	Chad	35.1	−1	−0.4

Source : World Economic Forum (2020)

Pour l'heure, la Côte d'Ivoire fait partie des économies les moins compétitives du monde, se situant en 2019 parmi les 50 économies du peloton de queue de l'indice global de compétitivité (tableau 17).

Si le pays bénéficie d'un environnement macroéconomique assez stable, il doit accentuer les efforts qu'il réalise pour améliorer la qualité de ses institutions, les compétences de sa main d'œuvre, l'accès des entreprises locales au financement, la quantité et la qualité de ses infrastructures (y compris les technologies de l'information) pour lesquelles ses performances sont encore bien faibles comparativement à des pays comme la Malaisie davantage intégrés en amont des chaînes de valeurs (voir graphiques 10 et 11).

Graphique 11. Performances de la Côte d'Ivoire pour les dimensions de l'indice de compétitivité globale en 2019 (score sur 100)

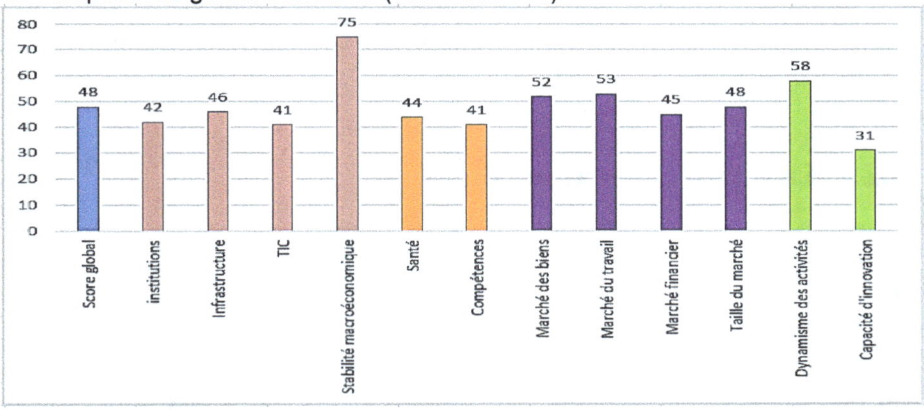

Source: World Economic Forum (2020)

Graphique 12. Performances de la Malaisie pour les dimensions de l'indice de compétitivité globale en 2019 (score sur 100)

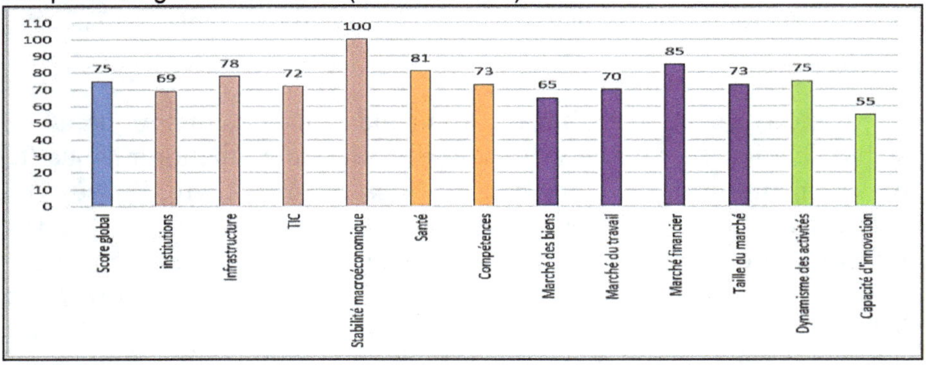

Source : World Economic Forum (2020

Les efforts réalisés dans chacun de ces secteurs sont susceptibles de contribuer à rehausser l'expertise des entreprises locales et accroître les incitations à investir dans le pays, des firmes issues des pays technologiquement avancés.

4.2.2. La chaîne de valeur du cacao

Malgré sa forte contribution à l'offre mondiale du cacao, la Côte d'Ivoire n'a que très peu réussi à remonter la chaîne de valeur de ce produit clé de son économie. Bien que des efforts considérables aient été réalisés ces dernières années pour faire du broyage local des fèves, un maillon essentiel de cette chaîne de valeurs, la capacité du pays à s'accaparer une part substantielle de la valeur ajoutée générée par la filière reste encore limitée. Le pays ne capte qu'environ 13 % de la valeur ajoutée totale de la chaîne de valeur globale du cacao (Banque mondiale, 2019) parce qu'il continue, par-dessus tout, à exporter des fractions importantes de ce produit sous forme primaire (fèves brutes de cacao).

La structure actuelle de cette chaîne de valeurs, laisse aux agriculteurs peu de possibilités d'accroître leurs revenus pour couvrir leurs coûts de production et s'assurer une marge suffisamment élevée pour leur permettre de vivre dans des conditions décentes.

4.2.3. Évolution de la structure des exportations entre 1995 et 2017

La structure des exportations ivoiriennes n'a pas fondamentalement changé depuis 1995. Dans la mesure où la Côte d'Ivoire dispose d'un tissu industriel relativement faible et reste davantage intégrée en aval des chaînes de valeur, ces exportations restent majoritairement dominées par des produits à faible teneur technologique. Les matières premières, essentiellement le cacao, le cajou et l'or ainsi que le pétrole constituent les principaux produits exportés. Les produits primaires représentent encore à peu près 50% de valeur totale des exportations sur la période 2010-17 contre seulement 7% en Malaisie (graphique 12 et 13).

Tableau 18. Top 5 des produits exportés par la Côte d'Ivoire (2018)

Produits	Valeur en dollars (US)
Fèves de cacao	3 253 067,02
Noix de cajou, fraîches ou sèches	1 153 519,54
Huiles de pétrole, etc. (excl. pétrole brut) ; préparation	940 954,14
Or sous forme brute non monétaire	801 862,18
Huiles de pétrole et huiles obtenues à partir de bitumineux	708 380,62

Source : Auteur à partir des données de la Banque Mondiale (COMTRADE) https ://wits.worldbank.org/countrysnapshot/en/CIV

Les différences dans les performances industrielles de ces deux pays expliquent par ailleurs la forte propension de la Malaisie à exporter des biens plus élaborés. La part des biens d'équipement dans les exportations totales de ce dernier pays s'établit à 39% contre seulement 6% en Côte d'Ivoire.

Graphique 13. Structure des exportations ivoiriennes de 1995 à 2017

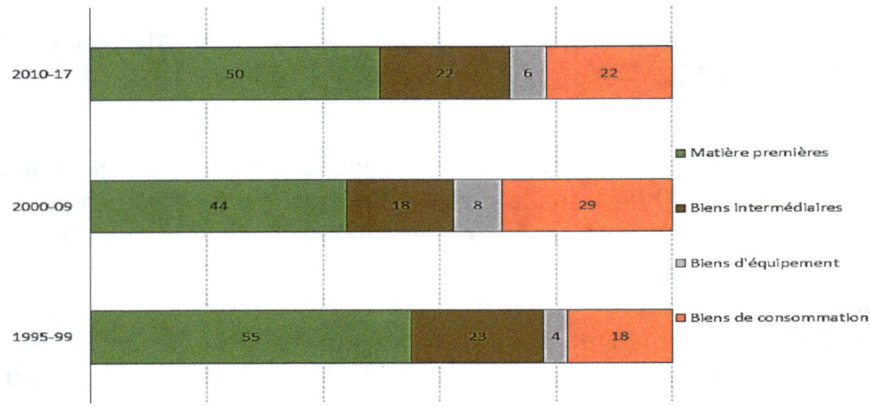

Source : Auteur à partir des données de la Banque Mondiale (WITS)

Graphique 14. Structure des exportations malaisiennes des 1995 à 2017

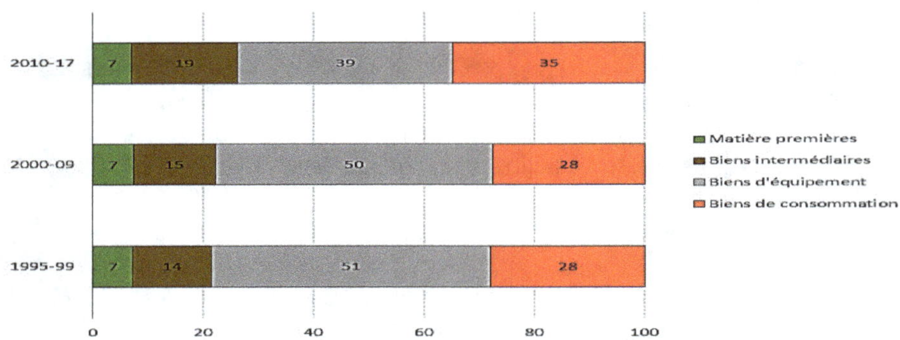

Source : Auteur à partir des données de la Banque Mondiale (WITS)

Le poids élevé des produits non transformés ou faiblement transformés dans les exportations totales de la Côte d'Ivoire accroît la vulnérabilité de ses recettes d'exportation aux chocs de prix internationaux sur les matières premières et rend délicate toute planification adéquate du développement.

4.3. Dynamiques de l'emploi et de la productivité en Côte d'Ivoire de 1960 à nos jours

Les dynamiques de l'emploi et la croissance de la productivité sont aujourd'hui au cœur des discussions de politique économique, car elles jouent un rôle central pour le bien-être des sociétés et la compétitivité des pays. Les gains de productivité sont générés par le progrès technique et l'organisation du travail. Ces progrès suscitent une transformation des moyens et des méthodes de production, des produits, des marchés et des structures de l'économie (transformation structurelle). Cette section est consacrée à l'analyse des dynamiques intersectorielles de l'emploi en Côte d'Ivoire et de la productivité.

4.3.1. Dynamique intersectorielle des emplois

Le secteur primaire reste, depuis les indépendances, celui qui offre la quantité d'emplois la plus élevée aux populations quoique sa contribution à l'offre nationale d'emploi recule graduellement. Il représente 49% des emplois sur la décennie 2010-2019 contre 53% sur la décennie 1960-69. Il reste dominé par l'agriculture (90% des activités du secteur) localisée essentiellement en milieu rural. Le secteur tertiaire, seconde source de l'emploi national, représente 45% des emplois totaux disponibles aussi bien sur la décennie qui a suivi les indépendances (1960-69) que sur la décennie 2010-19. Il est dominé par les activités de transport et entreposage (16% des activités du secteur tertiaire), les activités de commerce (13%) et de communication (6,5%). Le secteur secondaire joue contrairement aux deux secteurs précédents, un rôle marginal dans la création d'emplois. Il ne représente que respectivement 2% et 6% de l'offre totale d'emplois sur les décennies 1960-69 et 2010-19.

Graphique 15. Répartition sectorielle des emplois en Côte d'Ivoire de 1960 à 2019 (%)

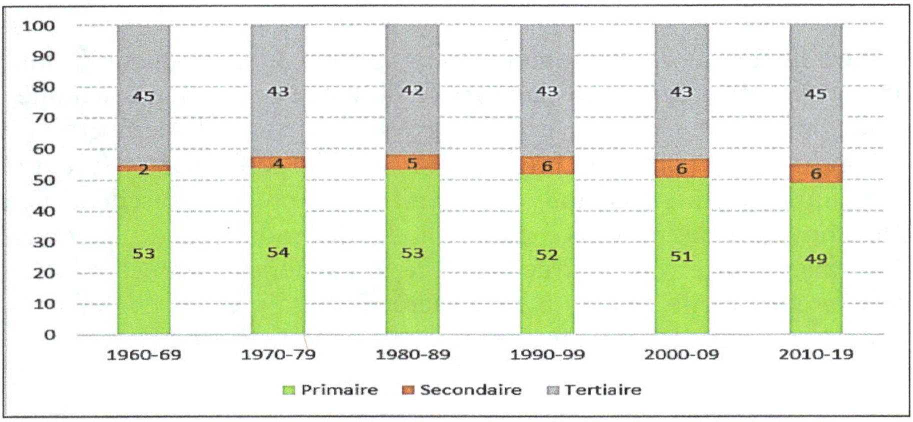

Source : Auteur, calculs et estimations à partir des données de l'OIT

D'un point de vue structurel, les contributions sectorielles de l'emploi ont peu varié sur la période 1960-2019, suggérant une faible réallocation du travail entre les secteurs primaire, secondaire et tertiaire (graphique 15). L'essentiel de la réallocation de la main-d'œuvre intervenue depuis 1960, semble s'être opéré entre le secteur primaire et le secteur secondaire. Mais la part de l'emploi dans le secteur secondaire a stagné sur les trente dernières années.

En outre certaines évolutions enregistrées dans les emplois sectoriels, notamment dans le secteur primaire et le secteur tertiaire, respectivement sur les décennies 1970-79 et 1980-1989, sont intervenues sans véritables liens avec les dynamiques sectorielles de la productivité. En particulier, l'accroissement de la part de la main d'œuvre employée dans l'agriculture entre les décennies 1960-69 et 1970-79 semble davantage lié au boom des matières premières qui offrait, à cette époque, des perspectives plus intéressantes de gains dans le secteur agricole. De même, le recul de la proportion de la main d'œuvre employée dans le secteur tertiaire, observé sur la décennie 1980-89 correspond à la période de crise et des ajustements, qui ont occasionné des compressions massives d'emplois notamment dans l'administration publique pour assainir les finances publiques.

4.3.2. Évolution de la productivité du travail en Côte d'Ivoire

La productivité du travail, en Côte d'Ivoire, n'a pas suivi une évolution linéaire. Celle-ci semble avoir été profondément influencée par la dynamique des investissements. Elle est passée par deux phases d'accélération, notamment sur les périodes 1960-1980 (3,8%) et 2010-2016 (2,9%), correspondant aux périodes où les taux d'investissements nationaux ont été les plus élevés et par une phase de régression (-0,6%) sur la période 1980-2010, correspondant à la période des crises où les taux d'investissements ont atteint leurs plus bas niveaux (voir graphiques 7 et 16).

Graphique 16. Croissance de la productivité du travail en Côte d'Ivoire entre 1960 et 2016 (%)

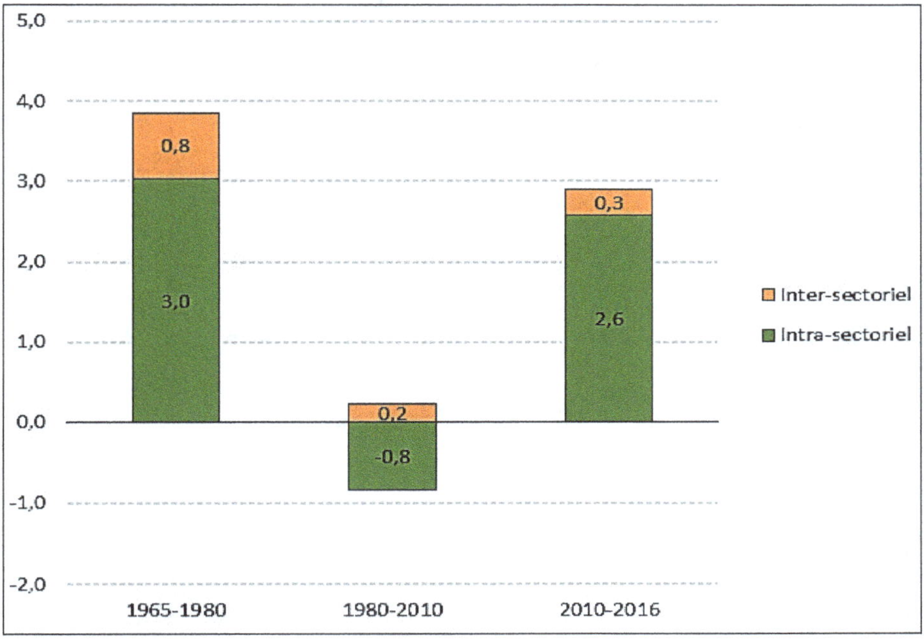

Source : Auteur à partir des données de la banque mondiale et de l'OIT

La croissance de la productivité du travail en Côte d'Ivoire semble de même davantage portée par les progrès réalisés à l'intérieur des branches d'activités. Spécifiquement, ces progrès ont contribué à expliquer 78,9% de la croissance de la productivité globale du travail sur la période 1960-1980, 80% sur la période 1980-2010 et 89,6% de celle-ci sur la période 2010-2016.

A cause de sa faible intensité, la mobilité intersectorielle de la main d'œuvre a produit moins d'effets sur la croissance globale de la productivité sur la période 1960-2016 (graphique 15). Somme toute, elle a contribué à l'élever de façon tendancielle (graphique 17).

Graphique 17. Mobilité du travail et évolution de la productivité

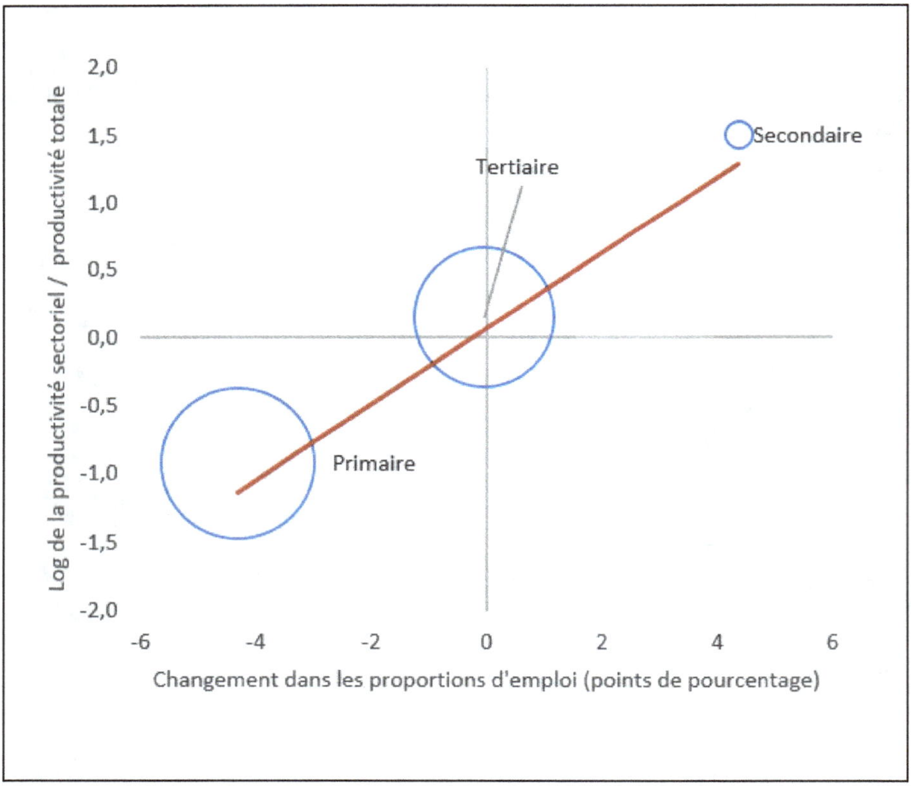

Source : Auteur à partir des données de la Banque mondiale et de l'OIT

Aux niveaux sectoriels, les secteurs primaire et tertiaire affichent les productivités du travail les plus faibles relatives. Celles-ci sont estimées à 820105 francs CFA et à 2 397872 francs CFA respectivement, en 2016, contre 9245637 francs CFA pour le secteur secondaire. Ces faibles productivités enregistrées dans les secteurs primaire et tertiaire sont, d'une part, à mettre en relation avec le fait qu'ils recèlent les proportions les plus importantes d'individus employés de l'économie et, d'autre part avec celui qu'ils constituent un refuge pour la main d'œuvre faiblement qualifiée qui évolue dans des emplois de piètre qualité logés essentiellement dans le secteur informel.

En 2016, 59,3% et 35,1% des individus sans niveau d'instruction et en emploi se trouvent engagés dans les secteurs primaire et tertiaire contre seulement 5,7% dans le secteur secondaire.

Graphique 18. Évolution de la Productivité par secteur (VA par travailleur, en FCFA)

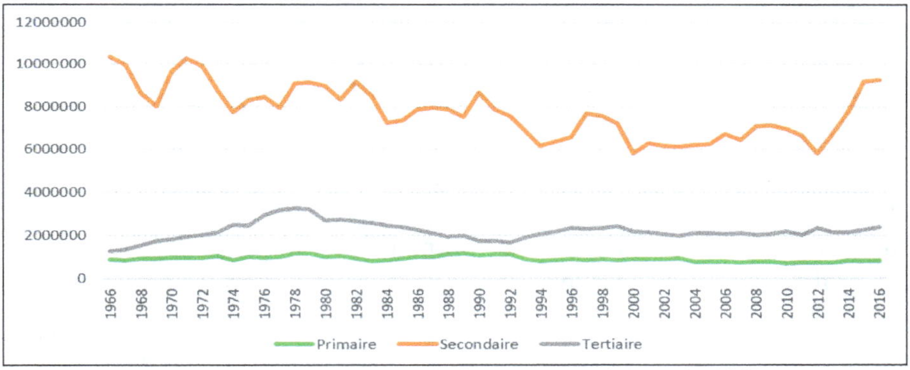

Source : Auteur à partir des données de la Banque mondiale et de l'OIT

Si les productivités enregistrées dans les secteurs primaire et tertiaire stagnent depuis la crise des années 1980, l'on note tout de même un regain de productivité dans le secteur secondaire depuis la fin de crise post-électorale qui tend à creuser les écarts de productivité entre ce secteur et les secteurs tertiaire et primaire (graphique 18). Ce regain de productivité dans le secteur secondaire est porté par le secteur extractif dynamique (en particulier par l'industrie du pétrole), qui reçoit les flux d'IDE les plus importants de l'économie.

Graphique 19. Répartition sectorielle des IDE en Côte d'Ivoire (%)

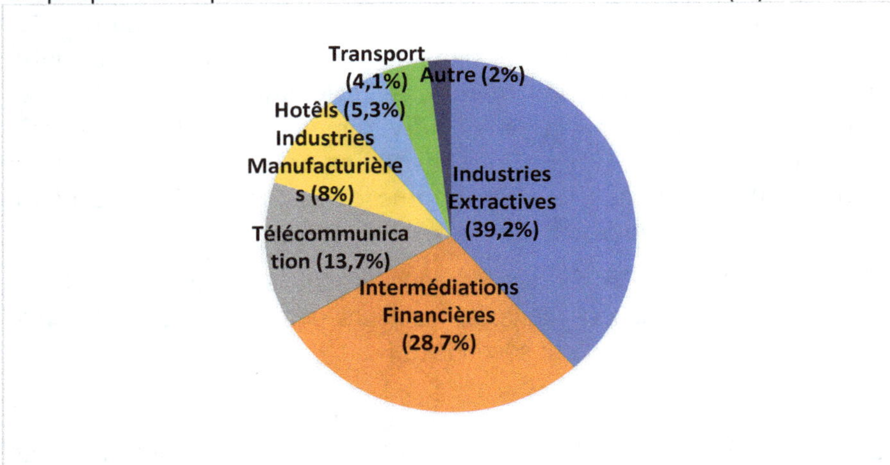

Source : CAPEC (2020)

4.3.3. Dynamique du salariat en Côte d'Ivoire

Bien qu'il soit la principale source de création d'emplois du pays, le salariat dans le secteur primaire, notamment dans l'agriculture reste rare. Les emplois créés dans cette branche interviennent le plus souvent au profit d'autres modalités de mise au travail (partage des récoltes, solidarités villageoises, etc.). L'emploi salarié dans le secteur moderne connaît en revanche une dynamique haussière depuis 1960. Il représente 24,1% de l'emploi total en 2016. Il est aligné sur l'essor des moyennes et grandes entreprises ivoiriennes, de même que sur les recrutements réalisés par l'État dans l'administration publique.

L'État a constitué un vecteur principal de l'emploi salarié urbain jusqu'au début des années 1980, aussi bien par le jeu des recrutements administratifs, multipliés par 3,3 de 1960 à 1980, que par l'embauche dans le secteur des entreprises publiques. A partir de 1971, le quart des effectifs des entreprises travaille dans des sociétés à capital totalement ou partiellement public. Cette proportion atteint plus de 40 % à la fin de la même décennie. Toutefois les emplois générés par ces entreprises, ont des effets limités sur la structure globale de l'emploi dans le pays.

Les fortes protections industrielles intervenues entre 1960 et 1970, le faible niveau de qualification de la main d'œuvre, les crises répétées qu'a connu le pays et notamment la mise en œuvre des PAS dont certains aspects ont exigé de l'État un resserrement des recrutements réalisés pour le compte de l'administration publique, expliquent en partie, le tassement de la part des emplois salariés dans les emplois totaux. En 2014, les emplois générés par l'administration publique ne représentent plus que 17,1% de l'emploi salarié total.

Graphique 20. Évolution de la composition des emplois salariés (%)

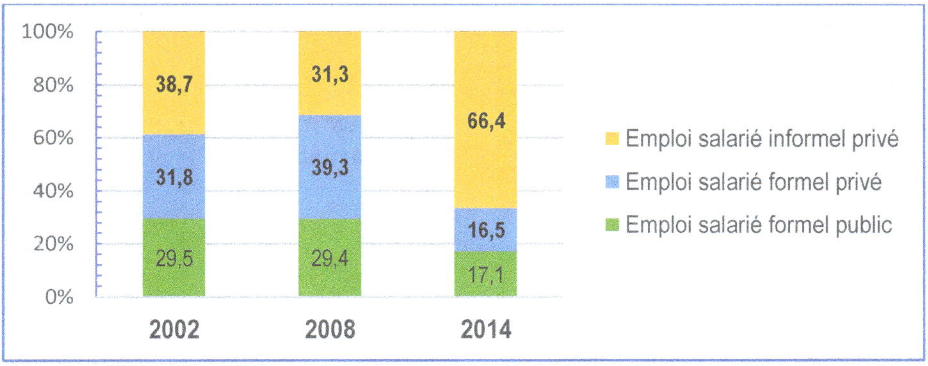

Source : Calcul de l'Auteur à partir des données des enquêtes nationales sur les ménages de 2002, 2008 et 2014 et de l'enquête nationale sur l'emploi de 2014 (ENSETE 2013). Données comparables non disponibles dans l'enquête ENV2015.

Si la croissance des activités des entreprises modernes induit des effets moindres sur la part du salariat dans l'emploi national, elle a néanmoins un impact considérable sur la structure des revenus et les inégalités, notamment les inégalités entre le milieu rural et le milieu urbain. Dès 1965, les établissements modernes distribuent un volume de rémunérations monétaires quatre fois supérieur à celui du secteur traditionnel rural et urbain (Labazée, 2003).

❖

La Côte d'Ivoire a amorcé sa transformation structurelle mais celle-ci reste embryonnaire. Elle a été impulsée par la mise en œuvre de politiques volontaristes ou plus ou moins subies, intervenues notamment dans le cadre des programmes d'ajustements à partir des années 1980. Les choix politiques opérés ont impacté les performances économiques. Mais elles n'ont pas modifié fondamentalement son appareil productif. Ses exportations restent dominées par les produits traditionnels, intensifs en technologie peu avancées, essentiellement des matières premières et des biens intermédiaires. Le pays se positionne encore largement comme un grenier pour le reste du monde, dans la production de biens à faible valeur ajoutée. Si elles représentent une opportunité intéressante pour favoriser la diversification de sa production, la Côte d'Ivoire ne parvient que très peu à s'intégrer en amont des chaînes de valeur à cause de son tissu industriel faiblement développé. Pour améliorer son positionnement dans ces chaînes de valeur mondiales, elle doit accentuer ses efforts pour améliorer son environnement des affaires et sa compétitivité afin d'accroître ses avantages comparatifs. Ces efforts contribueront certainement à améliorer la qualité des emplois disponibles dans son économie et à accélérer son processus de transformation structurelle.

Chapitre 5
CAPITAL HUMAIN, COMPETENCES ET INNOVATIONS

Une main d'œuvre bien formée, compétente et en bonne santé est la clé de voute du processus de transformation structurelle. Les systèmes d'éducation de types scolaire et non scolaire offrent toute une gamme de compétences pour le travail et la vie. En particulier, l'amélioration des niveaux de qualification favorise, d'une part, l'innovation technologique et améliore d'autre part, l'efficacité allocative, incluant le redéploiement de la main d'œuvre des secteurs, à faible productivité vers les secteurs à forte productivité. L'amélioration des compétences professionnelles fondées sur la demande est également essentielle pour combler les besoins en termes de main d'œuvre de l'économie et remédier à l'inadéquation de l'offre et de la demande de qualifications.

A l'instar de nombreux pays du monde, le système éducatif formel de la Côte d'Ivoire est subdivisé en trois niveaux à savoir le primaire, le secondaire et le tertiaire. L'histoire des réformes scolaires et sanitaires de la Côte d'Ivoire peut être scindée en deux grandes sous-périodes. La période allant des indépendances à la fin des années 1980, sur laquelle l'Etat a été le principal acteur de la planification scolaire et sanitaire financée, en partie sur les fonds de la coopération bilatérale. Et celle de 1980 à nos jours, période de difficultés sur laquelle l'aide financière des bailleurs de fonds internationaux a été souvent conditionnée à une restructuration du système éducatif et du système sanitaire, principalement en limitant l'autonomie d'intervention de l'État dans les domaines scolaire et sanitaire et en concédant un pan du service éducatif et sanitaire à des « partenaires » du privé.

Ces changements de paradigmes ont certainement influencé la nature et la qualité du capital humain disponible pour favoriser la transformation structurelle de l'économie ivoirienne. Comment se sont-ils manifestés ? Quelle a été leur influence sur le niveau et la qualité du capital humain et les innovations en Côte d'Ivoire ?

5.1. Performances du système éducatif et du système sanitaire ivoirien de 1960 à nos jours

5.1.1. 1960-1980 : des systèmes éducatifs et sanitaires caractérisés par une forte présence de l'État

Au moment de l'indépendance, le niveau de capital humain de l'ensemble de la population ivoirienne est très bas. Le système colonial favorise peu l'essor des systèmes éducatif et sanitaire. La mission civilisatrice contenue dans la politique coloniale d'éducation et de santé publiques est indissociable de sa stricte fonction économique de maintien d'une force de travail indigène opérationnelle (Fassin, 1997).

Conscient du rôle crucial du capital humain pour impulser le développement, l'État entreprend de corriger cette faiblesse structurelle en élargissant au maximum la scolarisation et en tentant d'améliorer l'accès à la santé des populations.

L'éducation est placée au rang des priorités nationales. Des objectifs précis à atteindre à moyen terme et leurs répercussions en termes financiers sont consignés dans les plans de développement nationaux (1960-1970 ; 1971-1975 ; 1976-1980). Des efforts considérables sont entrepris pour les atteindre. Une part importante du budget national et des investissements conséquents sont ainsi consacrés au secteur qui engloutit près de 40% des dépenses prévues au budget général (environ 6 à 8% du PIB, soit l'un des taux les plus élevés du monde).

L'Etat de Côte d'Ivoire est également très présent dans le secteur de la santé et dépense davantage pour la santé de sa population que les autres pays d'Afrique Subsaharienne. Les dépenses publiques de santé sont de l'ordre de 1,7 pour cent du PIB durant les années 80 contre près de la moitié au Sénégal.

Ces efforts réalisés dans ces secteurs permettent d'améliorer quantitativement et qualitativement l'équipement éducatif et sanitaire du pays de 1960 à la fin des années 1970. La Côte d'Ivoire se dote de nombreux établissements primaires, secondaires (notamment du collège de jeunes filles d'Abidjan) et d'écoles spécialisées (comme l'École Normale Supérieure d'Abidjan, l'École des Travaux Publics, l'École des Postes et Télécommunications, l'École d'Agriculture, l'École d'Administration, l'École Supérieure des Beaux-Arts). Le monde agricole bénéficie de même de l'encadrement de divers services et organismes para-administratifs (CFDT pour le coton, SATMACI pour le cacaoyer, CNCMA pour la coopération, etc.).

L'accent est également mis sur la qualité de l'éducation. Dans ce cadre, des mesures incitatives sont mises en place pour attirer les individus les plus doués dans la profession d'enseignant. Le corps enseignant bénéficie de nombreux avantages et de salaires généralement plus élevés que dans le reste de la fonction publique.

Dans la même veine, plusieurs institutions de formation sont ouvertes dans le domaine de santé (Faculté de médecine, Institut national de santé publique, etc.). L'infrastructure hospitalière se consolide avec l'ouverture de deux CHU (Cocody en 1970 et Treichville en 1976), la dotation des chefs-lieux de préfectures et régions en hôpitaux et la création de la faculté de pharmacie.

5.1.2. 1980 à nos jours : démocratisation et accroissement des inégalités dans l'accès aux services d'éducation et de santé

A partir de 1980, l'État ivoirien, fait face à de graves difficultés financières. La conjonction de facteurs liés à l'environnement national et international contribue à affaiblir le dispositif de formation et de santé. Les infrastructures éducatives et sanitaires connaissent une croissance relativement lente.

Construits, majoritairement, entre les années 60 et 80, les dispositifs, en place, répondent de moins en moins aux exigences de l'économie nationale en matière de production de compétences et de santé. Les besoins de formation et de santé ont évolué, notamment sous l'effet de la poussée démographique, mais les établissements scolaires et sanitaires n'arrivent pas à s'ajuster à ces nouvelles réalités, en raison des difficultés liées à la crise[19].

Le budget de l'éducation chute de 31,4% du budget général en 1981-1984 à 18,8% en 1994-1998. L'offre scolaire baisse en conséquence, en quantité (nombre d'écoles et de professeurs par élève) et en qualité (qualification des enseignants, qualité du matériel pédagogique)[20].

Les dépenses publiques de santé stagnent. Elles ne franchissent guère le seuil de 10% des dépenses totales prévues au budget de l'État depuis 1995 quoique la Côte d'Ivoire se soit engagée à partir de 2001 à consacrer 15% de son budget national à la santé conformément à l'engagement d'Abuja.

Graphique 21. Évolution des dépenses publiques de santé de la Côte d'Ivoire de 1995 à 2014

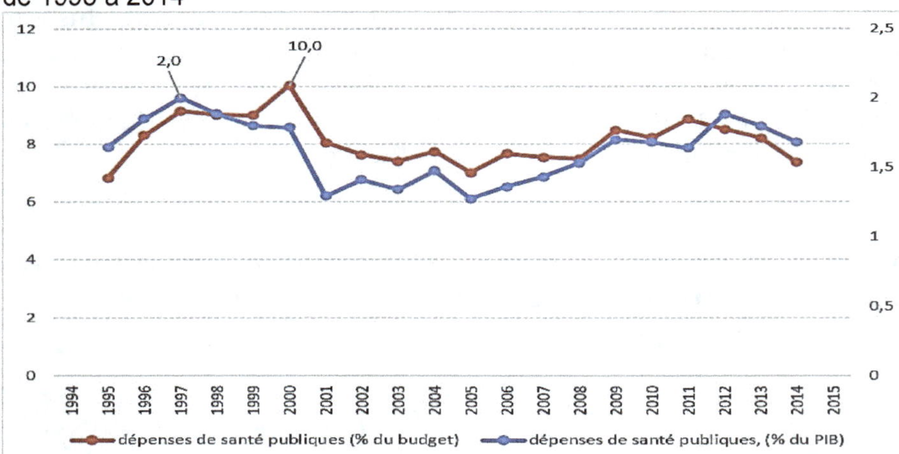

Source : Auteur à partir des données de la Banque mondiale (indicateurs de développement dans le monde)

[19] La population scolarisable des 3 à 23 ans est passée de 8,7 à 12,7 millions entre 2000 et 2012 et est amenée à progresser pour atteindre 14,7 millions d'enfants et de jeunes d'ici 2025.

[20] Les conditions salariales dans l'enseignement deviennent peu attractives.

L'État qui dispose de moins de ressources pour financer ces services sociaux de base, depuis la crise des années 1980, et doit faire face à une demande croissante de scolarisation, choisit de concéder des pans de plus en plus importants de ces activités d'utilité publique à des partenaires privés avec parfois peu de possibilités d'exercer un contrôle efficace sur leurs actions.

Les difficultés rencontrées par l'État pour offrir les services essentiels d'éducation et de santé aux populations ouvrent, bien souvent, la porte à la corruption qui constitue un mal qui gangrène également ces secteurs. Cette corruption se manifeste par des rackets orchestrés par certains professionnels de l'enseignement sur les parents d'élèves ou les élèves durant les examens à grand tirage notamment ou encore, dans le secteur de la santé, par le trafic illégal de médicaments ou le paiement illégal, par les populations, de prestations sanitaires normalement gratuites.

En outre, l'accroissement du rôle joué par le secteur privé dans la fourniture de ces services sociaux met de plus en plus à l'écart les familles pauvres qui ne peuvent injustement pas bénéficier des meilleures conditions d'apprentissage et de soins. Toute chose qui contribue à exacerber les inégalités dans l'accès des populations à ces services essentiels. Par exemple un enfant issu des milieux aisés, en Côte d'Ivoire, a 8 fois plus de chances d'avoir accès au préscolaire qu'un enfant issu des milieux les plus pauvres, les rapports de chances relatifs étant de 6, 46 et 70 respectivement pour le collège, le lycée et l'enseignement supérieur (RESEN 2015).

5.2. Situation du capital humain en Côte d'Ivoire

5.2.1. Situation sanitaire

La crise économique des années 1980 ainsi que les crises militaro-politiques subséquentes, qui ont secoué la Côte d'Ivoire, ont profondément affecté son système sanitaire. Si la situation sanitaire s'est globalement améliorée dans le pays, ces crises ont contribué à amoindrir la dynamique des progrès réalisés en matière de santé. Par exemple, l'espérance de vie à la naissance a connu une dynamique haussière mais relativement lente entre 1982 et 2018 comparativement à celle enregistrée au lendemain des indépendances. De ce fait, l'espérance de vie au Sénégal est aujourd'hui, de 10 ans plus élevé (67,7 ans au Sénégal contre 57,4 ans en Côte d'Ivoire en 2018) qu'en Côte d'Ivoire alors que ces deux pays affichaient des performances à peu près similaires au moment des indépendances[21].

Si la situation sanitaire globale du pays s'améliore, cette évolution cache des hétérogénéités importantes selon les secteurs. Alors que des avancées ont été obtenues par le pays s'agissant de la santé des enfants, la situation sanitaire des mères s'est au contraire dégradée. Aussi, malgré les évolutions positives enregistrées relativement à la santé des enfants, les progrès obtenus apparaissent lents.

Graphique 22. Évolutions comparées de l'espérance de vie à la naissance en Côte d'Ivoire, Afrique du Sud, Malaisie, Maurice et au Sénégal de 1960 à 2018

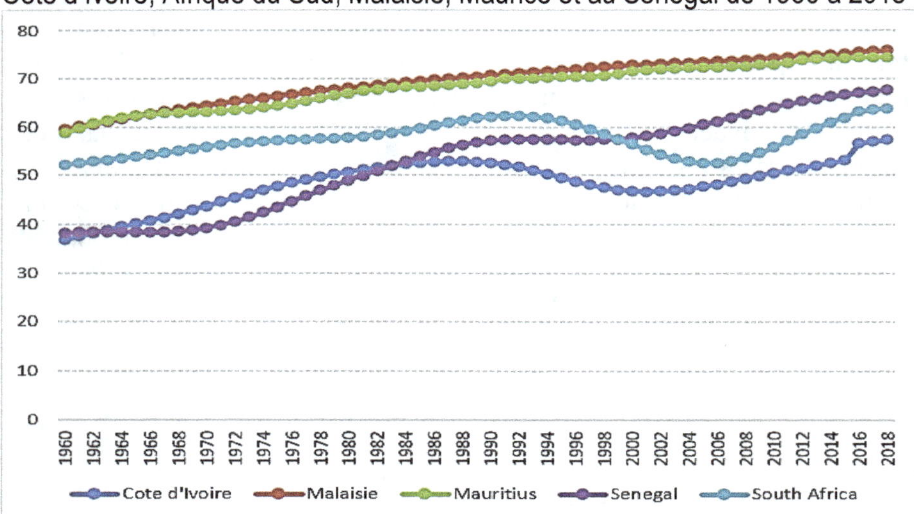

Source : Auteur à partir des données de la Banque mondiale (indicateurs de développement dans le monde, 2020)

[21] L'espérance de vie à la naissance est généralement employée comme un indicateur de la situation sanitaire globale.

Par exemple, le taux de malnutrition reste particulièrement élevé chez les enfants de moins de 5 ans (graphique 23). Il est estimé à 19% en 2017 en Côte d'ivoire contre 5,5% au Ghana ou 2,5% en Malaisie. Il suggère que 19% des enfants dans ce pays ont des risques élevés d'être frappés par des dommages irréversibles sur leur développement cognitif. Ainsi, une attention spécifique mérite-t-elle d'être accordée au problème de la malnutrition en Côte d'Ivoire qui est susceptible d'affecter négativement le capital humain et donc la productivité future de ses travailleurs.

Graphique 23. Évolution de la prévalence de la sous-alimentation (% de la population)

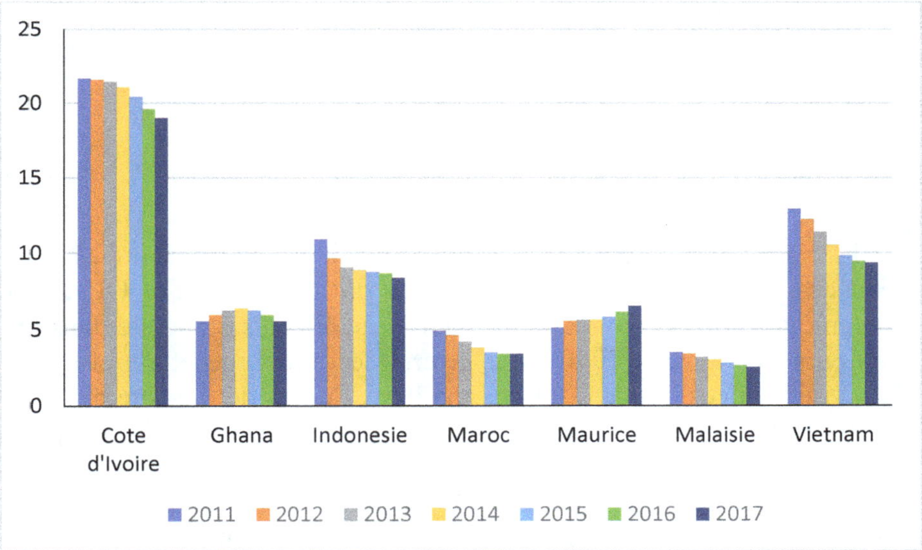

Source : WDI, Banque mondiale (2020)

De même, le taux de mortalité infantile reste relativement élevé. Il est estimé à 66 cas de décès pour 1000 naissances vivantes en Côte d'ivoire contre 33,6 au Sénégal et 34,2 en Afrique du Sud en 2016.

Graphique 24. Évolution des taux de mortalité infantile en Côte d'Ivoire, au Sénégal, en Afrique du Sud, en Malaisie et à l'Ile Maurice (nombre de cas de décès pour 1000 naissances vivantes)

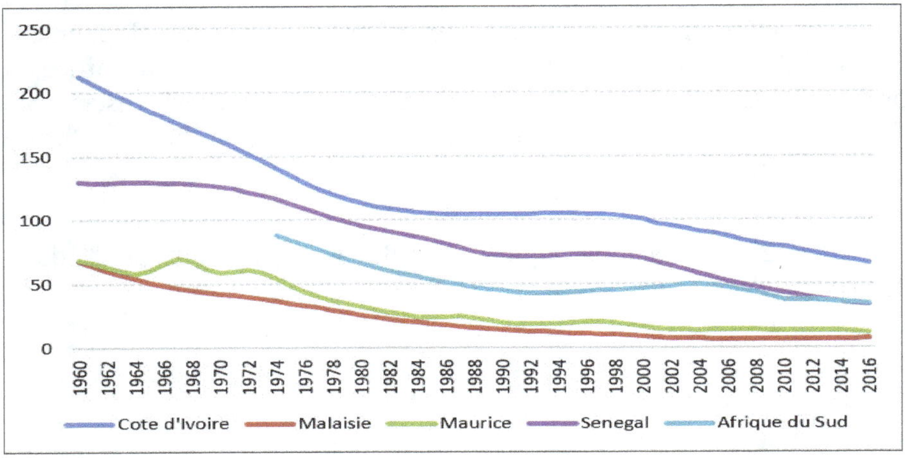

Source : auteur à partir des données de la Banque mondiale

Il s'établit bien au-delà de la norme limite à ne pas franchir de 25 cas de décès pour 1000 naissances vivantes dans le cadre des ODD. La dynamique entamée dans sa régression s'est elle aussi ralentie dans les alentours des années 1980 avec la crise économique et ce jusqu'au début des années 2000. L'un des maillons faibles de la santé en Côte d'Ivoire concerne la santé maternelle. Malgré les efforts consentis pour améliorer la santé maternelle (comme, par exemple, la mise en œuvre de la gratuité ciblée des actes médicaux pour les femmes enceintes et les enfants de 0-5) de nombreuses femmes continuent de perdre la vie en donnant naissance dans le pays. Évalué à 597 cas de décès pour 100000 vivantes en 1994, le taux de mortalité maternelle a évolué à la hausse pour s'établir à 614 cas de décès pour 100000 naissances vivantes en 2012.

Les principales causes de la mortalité maternelle en Côte d'Ivoire sont les hémorragies (42,17% des décès maternels), l'anémie (16,86%) et l'hypertension artérielle (13,06%).

Graphique 25. Évolution du taux de mortalité maternelle en Côte d'Ivoire (nombre de décès pour 100000 naissances vivantes)

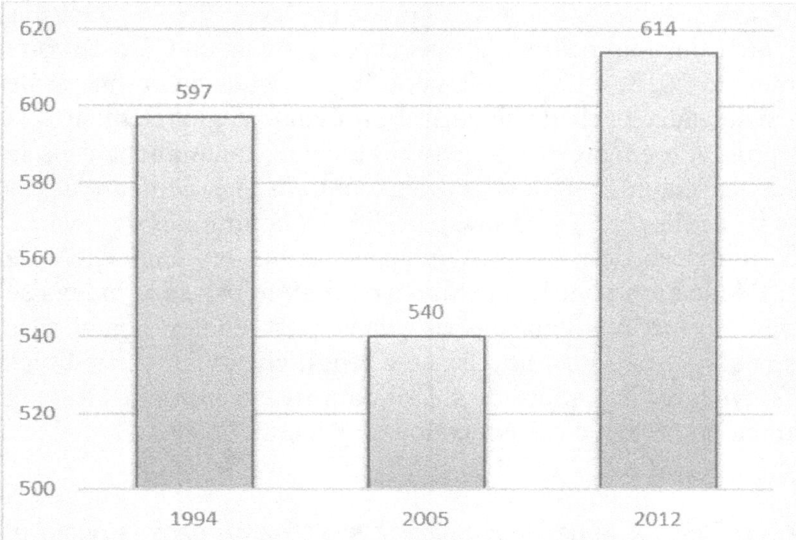

Source : Auteur à partir des données de la Banque Mondiale

Le paludisme demeure la principale cause de mortalité et de morbidité du pays. Le taux brut de mortalité est estimé à 9,9 pour 1000 au niveau national en 2020 contre 6,8 pour 1000 au Ghana (2018), 5,2 pour 1000 en Malaisie (2018) et 7,1 pour 1000 en Ile Maurice (2018)[22]. Les efforts réalisés depuis 2012 dans le secteur, par le gouvernement, devraient permettre à moyen terme de renforcer les progrès réalisés en matière sanitaire. Les interventions diverses des autorités pour améliorer l'accès des populations aux soins de santé ont en effet induit que 68 % de la population vit désormais (en 2017) à moins de 5 km d'un centre de santé contre 44% en 2012 (RASS, 2017). Dans le même sens, la généralisation en juillet 2019 de la Couverture Maladie Universelle (CMU) devrait également permettre aux populations les plus défavorisées d'avoir accès aux soins de santé à moindre coût et contribuer à renforcer ces progrès.

[22] http://www.ins.ci/n/index.php?option=com_content&view=article&id=84:indicateurs-demographiques&catid=48:isd

5.2.2. Éducation et compétences

L'illettrisme se situe toujours à des niveaux élevés. Près de 53% des individus (60% des femmes), de 15 ans et plus, vivant en Côte d'Ivoire sont illettrés, en 2018, contre seulement 5% en Malaisie et 9% en Ile Maurice. Si les taux bruts de scolarisation évoluent globalement à la hausse et plus vite encore sur la période récente, notamment dans le primaire et le secondaire, de nombreux enfants, ne demeurent pas longtemps à l'école. Ceci est, d'une part, lié aux contraintes de revenus auxquelles font face de nombreux ménages et qui les empêchent de privilégier l'éducation pour leurs enfants et, d'autre part, à la mauvaise qualité des formations dispensées dans les écoles (publiques notamment) qui suscite un enthousiasme réduit chez les parents et les apprenants. Malgré la gratuité de l'école au niveau primaire, le taux d'achèvement pour ce cycle d'éducation s'affiche à 77,7%.

Graphique 26. Dynamique des taux bruts de scolarisation dans le primaire, dans le secondaire et dans le supérieur (1970-2015, %)

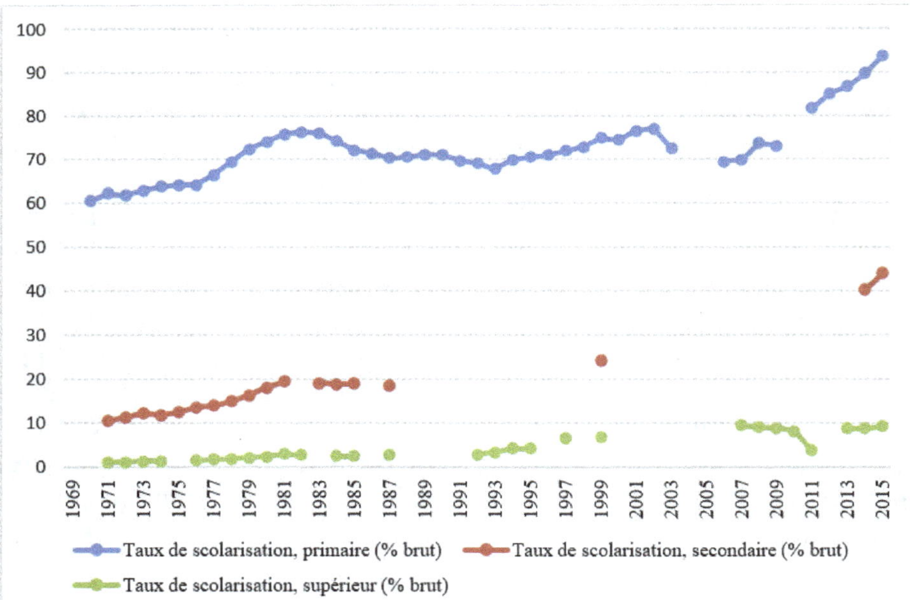

Source : Auteur à partir des données de la Banque mondiale (indicateurs de développement dans le monde)

Au niveau du Supérieur, les taux bruts de scolarisation demeurent particulièrement faibles et stables dans le temps, à moins de 10% (graphique 25). Les variables démographiques constituent également un facteur explicatif important des défis scolaires et sanitaires auxquels la Côte d'Ivoire, tout comme l'Afrique, est confrontée. La pyramide des âges de la Côte d'Ivoire indique une population à dominance jeune, les individus de moins de 14 ans (les enfants) représentant 41,8 % de la population totale, une proportion demeurée relativement stable depuis 1998 où elle était estimée à 43%.

Graphique 27. Pyramide des âges de la population résidente en Côte d'Ivoire en 1998 et en 2014

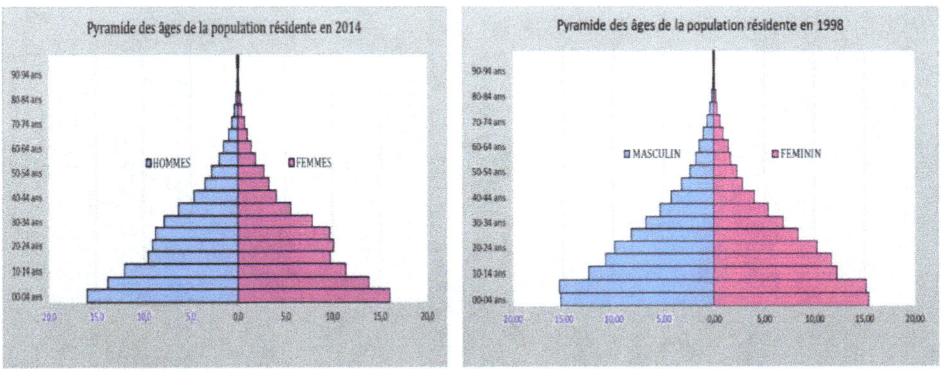

Source : RGPH 1998 et 2014

La population d'âge scolaire (de 3 à 18 ans) est estimée à 10,7 millions d'individus en 2020. Malgré un recul dans sa dynamique (graphique 27), la jeunesse de la population continue d'exercer de fortes pressions sur la capacité du pays à fournir des services d'éducation et de santé de qualité aux populations. Les abandons précoces de la scolarité rament à contre-courant du développement du capital humain national. Les faibles niveaux d'investissements en éducation inhérents se posent comme un frein à l'accumulation de savoir et à l'élévation de la productivité du travail.

Comme corollaire, de nombreux individus arrivent sur le marché du travail en Côte d'Ivoire sans un minimum de qualification. En particulier près de 68% (67,9%) des individus en emploi en Côte d'Ivoire n'ont pas achevé l'éducation de base contre 2,7% en Malaisie, 0% en Ile Maurice et 9,4% en Afrique du Sud (graphique 28). De même, seulement 3,6% de la population en emploi a un niveau d'éducation avancé contre 23,4% en Malaisie, 18,1% en Ile Maurice et 18% en Afrique du Sud (graphique 28).

Graphique 28. Niveau de compétence de la main d'œuvre en Côte d'Ivoire, en Malaisie, en Ile Maurice et en Afrique du Sud (2016)

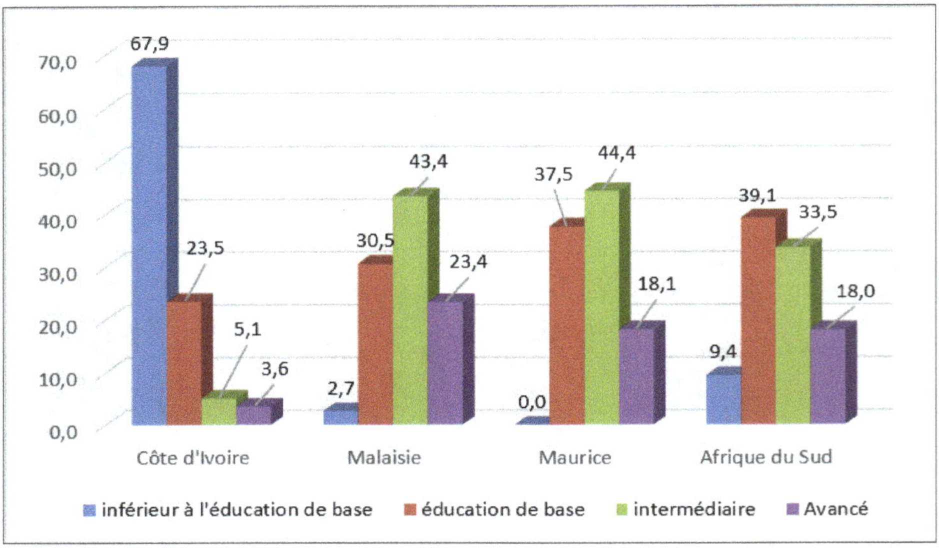

Source : Auteur à partir des données de l'OIT (2018).

Mais surtout, l'inadéquation entre les offres de formation et les besoins du marché du travail induisent que les diplômés, quoique peu nombreux au sein de la population totale, éprouvent des contraintes énormes à s'insérer dans des emplois décents sur le marché du travail.

Le contenu des formations dispensées dans les écoles et universités de Côte d'Ivoire n'a pas beaucoup évolué depuis l'époque coloniale alors que les enjeux de développement ont radicalement changé. Le système éducatif continue de faire la part belle à l'enseignement général au détriment de l'enseignement technique lorsque le pays se trouve être relativement bien doté en ressources naturelles. Les apprenants restent très peu exposés aux avancées réalisées en matière de science, de technologie, d'ingénierie et de mathématiques qui gouvernent l'évolution actuelle du monde et sont donc très peu compétitifs. La Côte d'Ivoire est classée à juste titre parmi les 50 pays les moins compétitifs (118e / 141) s'agissant de l'indice global de compétitivité en 2019.

Elle appartient au quartile le plus faible pour l'indice capital humain. Son indice de capital humain est estimé à 0,35 en 2018 contre 0,44 au Ghana, 0,62 en Malaisie, 0,63 en Ile Maurice ou encore 0,67 au Vietnam (graphique 29). Des réformes profondes du système éducatif sont donc à mettre en œuvre pour faire évoluer dans un sens positif ces faibles performances.

Graphique 29. Indices de capital humain de la Côte d'Ivoire, du Ghana, du Maroc, du Kenya, de l'Indonésie, de la Malaisie, de l'Ile Maurice et du Vietnam (2018)

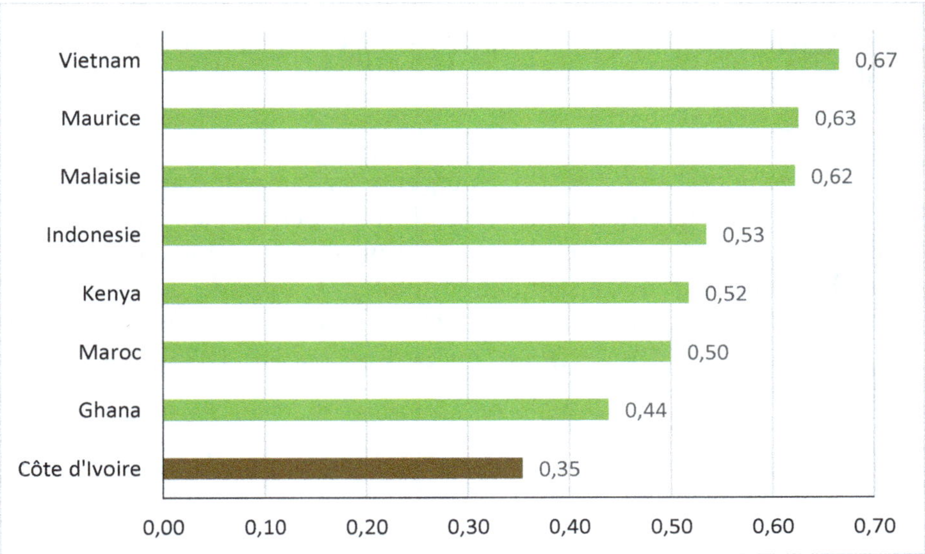

Source : Auteur à partir des données de la Banque Mondiale (indicateurs de développement dans le monde 2020)

5.3. Capital humain, innovation et productivité du travail en Côte d'Ivoire

5.3.1. Capital humain et innovation en Côte d'Ivoire

Dans la littérature économique, il est communément admis que le capital humain est un conducteur de l'innovation et du développement technologique dans une économie (Nelson et Phelps, 1966 ; Schultz, 1975 ; Acemoglu et Autor, 2012 ; Diebolt et Hippe, 2018). De nombreuses études montrent à propos que la capacité d'innover des entreprises est d'autant plus élevée que celles-ci disposent de personnels relativement bien formés. L'innovation concerne aussi bien la capacité des entreprises à mettre en œuvre des procédés de production nouveaux et plus performants que de pouvoir imiter les technologies existantes.

Si les investissements en recherche et développement sont essentiels pour promouvoir l'innovation et la transformation structurelle, la Côte d'Ivoire ne consacre qu'une infime part de son PIB au financement de la recherche (0,1% du PIB contre 4,23% en Corée du Sud ou 1,44% en Malaisie en 2016).

Relativement aux pays émergents qui ont accéléré leur transformation structurelle, la Côte d'Ivoire dispose, en raison de la faiblesse de son système éducatif, d'une faible concentration de chercheurs au sein de la population totale. Le nombre de chercheurs pour 1000000 d'habitants est de 179,9 en Côte d'Ivoire contre 2396,5 en Malaisie, 1009,8 en Afrique du Sud ou encore 1073,5 au Maroc (graphique 30).

Graphique 30. Nombre de chercheurs par millions d'habitants (2016)

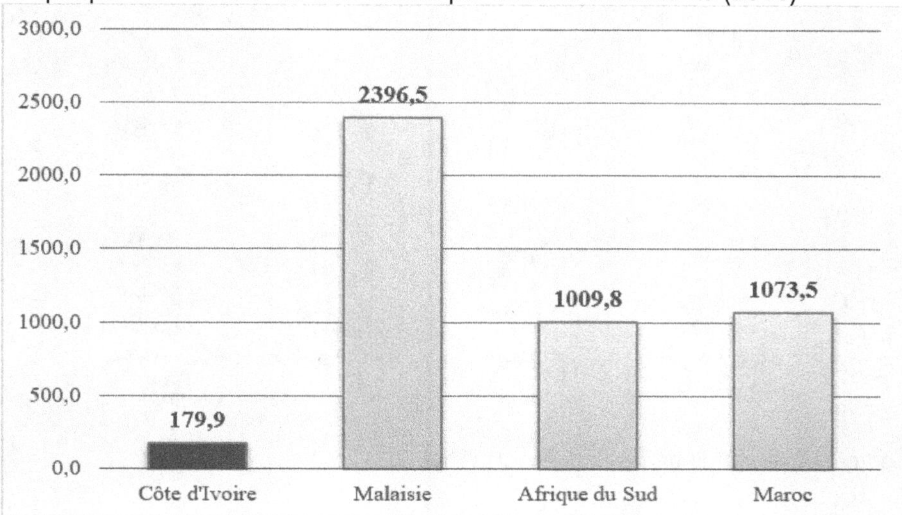

Source : Auteur à partir des données de l'UNESCO

Les activités de recherche et développement restent par ailleurs très peu dynamiques en Côte d'Ivoire. Elles restent essentiellement le fait de l'administration publique contrairement à ce qui est observé dans les pays émergents où le secteur privé participe activement à la recherche. Contrairement à la Malaisie (17,6% des chercheurs), à l'Afrique du Sud (17,3%) et au Maroc (5,3%), les entreprises du secteur privé en Côte d'Ivoire ne comportent presque pas de personnel dédié à la recherche (graphique 31)[23].

[23] D'après les chiffres de l'UNESCO, les entreprises du secteur privé en Côte d'Ivoire n'emploient presque pas de chercheurs.

Graphique 31. Proportion de chercheurs par secteur d'emploi (%)

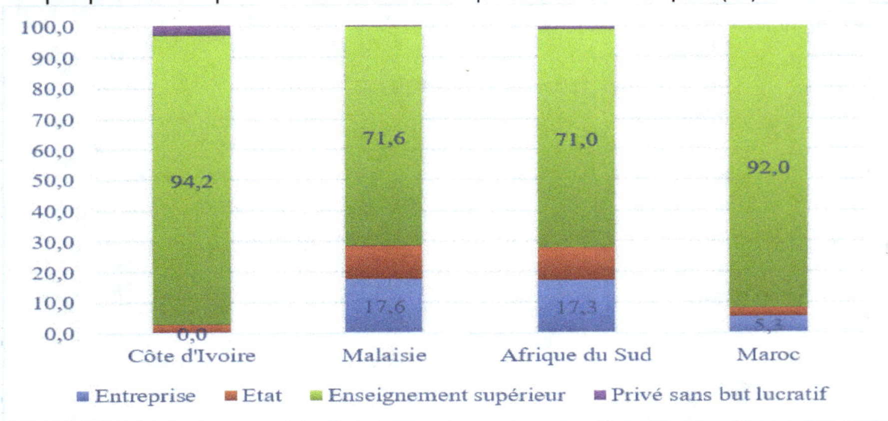

Source : Auteur à partir des données de l'UNESCO

De même, les entreprises du secteur privé n'interviennent presque pas dans le financement des activités de recherche en Côte d'Ivoire par opposition aux entreprises malaisiennes et sud-africaines qui jouent un rôle essentiel dans le financement de la recherche (graphique 32). Les investissements en recherche et développement sont presqu'exclusivement financées sous fonds public.

Graphique 32. Dépenses en recherche et développement par secteur d'exécution (%)

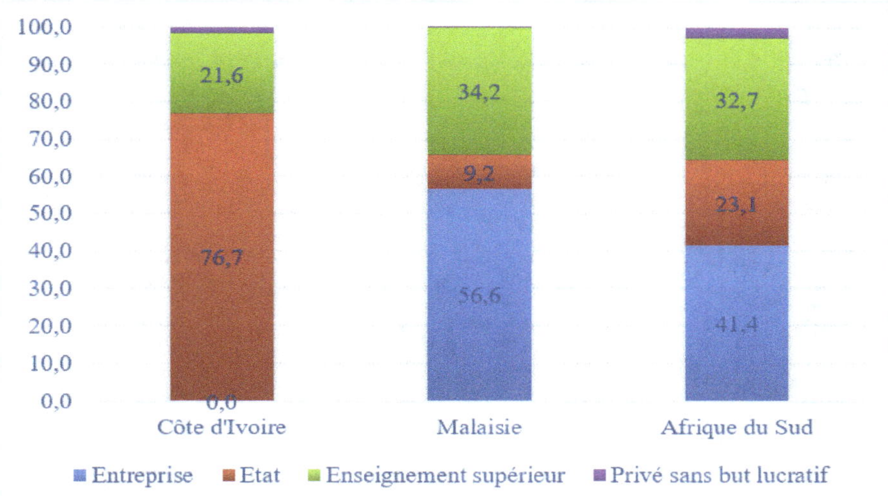

Source : Auteur à partir des données de l'UNESCO

Cette situation peut s'expliquer par la faiblesse de l'écosystème local de R&D (CNUCED, 2019). En effet, une enquête menée par la CNUCED auprès des entreprises ivoiriennes révèle que 60 % d'entre elles considèrent l'écosystème de R&D actuel moins développé que celui d'autres pays de la région.

Les grands groupes industriels présents sur le sol ivoirien proposent ainsi essentiellement aux consommateurs ivoiriens des produits conçus par les sociétés mères établies à l'étranger.

La Côte d'Ivoire est classée 112e sur 131 économies, en 2020, pour l'indice mondial d'innovation qui classe les pays en fonction de leurs capacités d'innovation. Elle a un score élevé pour l'un des sept piliers de l'Indice mondial d'innovation (le pilier « institutions »). Il est supérieur à la moyenne obtenue par le groupe des pays à revenu intermédiaire de la tranche inférieure. A l'inverse, la Côte d'Ivoire obtient des scores inférieurs à la moyenne de son groupe de revenus dans six piliers : capital humain et recherche, infrastructure, sophistication du marché, sophistication des entreprises, connaissances et produits technologiques et produits créatifs.

Graphique 33. Scores de la Côte d'Ivoire pour les sept piliers de l'indice mondial d'innovation

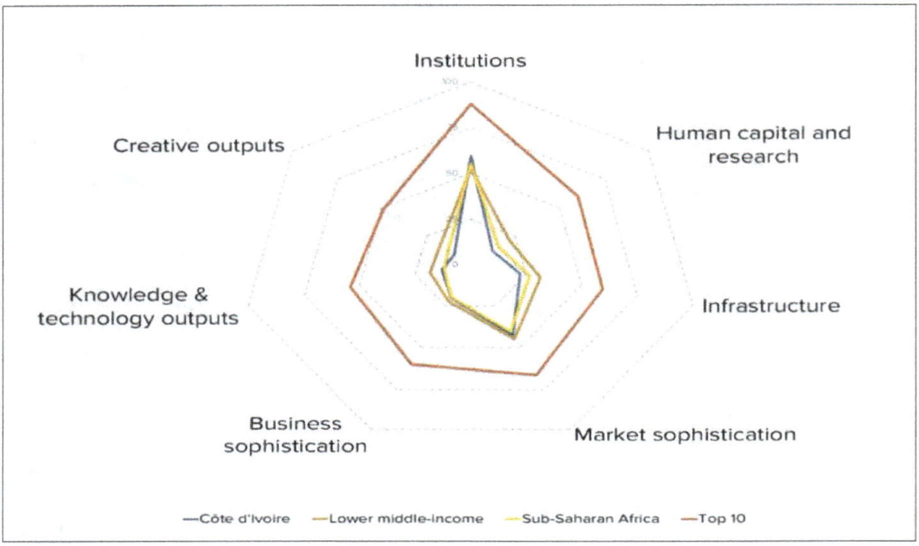

Source : WIPO (2020)

Le Forum économique mondial insiste sur la faiblesse des institutions de recherche, des universités nationales, de la protection de la propriété intellectuelle et des mécanismes de valorisation de la recherche comme cause des faibles performances du pays en matière d'innovation.

En effet, la Côte d'Ivoire se classe en-deçà des pays comparateurs en termes de renommée des institutions de recherche, de collaboration de recherche université-industrie, du nombre de dépôt de brevet (graphique 34)

Graphique 34. Classements de la Côte d'Ivoire, du Ghana, du Kenya, du Maroc, de Maurice, de la Malaisie, de l'Indonésie et du Vietnam pour les indicateurs de capacité d'innovation du Forum économique mondial, 2019

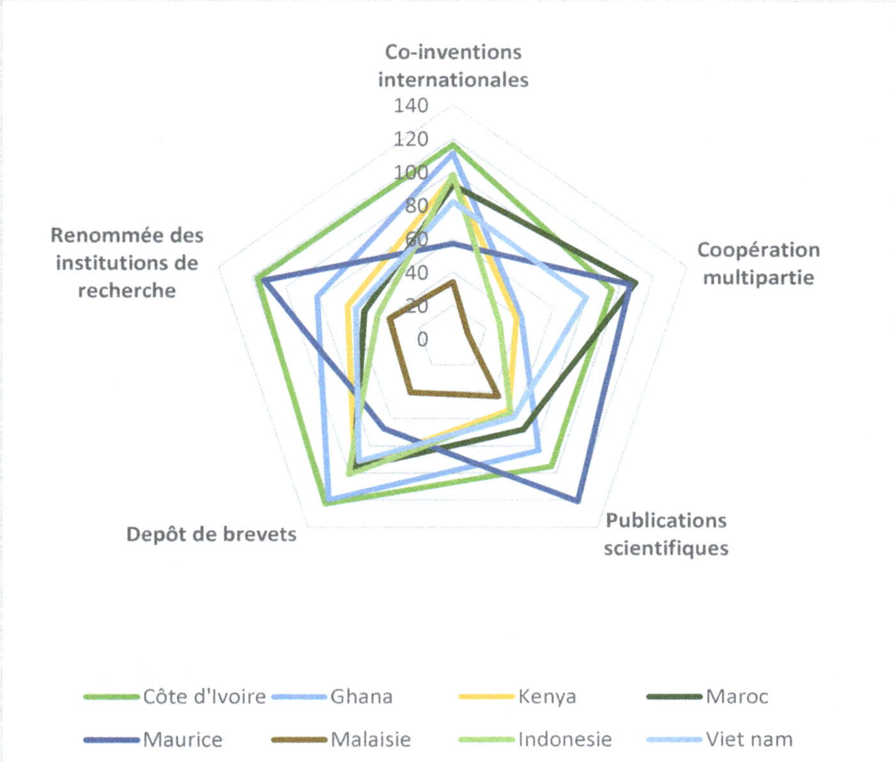

Source : FEM (2019)

Note : Les pays sont classés du premier au 141ème rang, où le premier est le plus compétitif

5.3.2. Capital humain et productivité du travail en Côte d'Ivoire

La mise en relation des taux de croissance de l'emploi et de la productivité du travail, sur la période 2000 et 2017, laisse entrevoir que si les ivoiriens ont travaillé plus, ils n'ont pas toujours forcement travaillé mieux. Le volume d'emploi a augmenté graduellement, mais la productivité n'a pas suivi la même tendance haussière sur toute la période d'analyse. Ceci pour au moins deux raisons. Comme on peut l'apercevoir à l'examen du graphique 35, la première et certainement la plus prépondérante, est liée aux troubles socio-politiques répétés qu'a connu le pays, notamment entre 1999 et 2004 et entre 2010 et 2011. La seconde raison tient à ce que les ivoiriens n'ont quitté que partiellement les secteurs faiblement productifs vers ceux à plus forte productivité (voir chapitre 5).

Graphique 35. Taux de croissance de l'emploi et de la productivité en Côte d'Ivoire entre 2001 et 2017

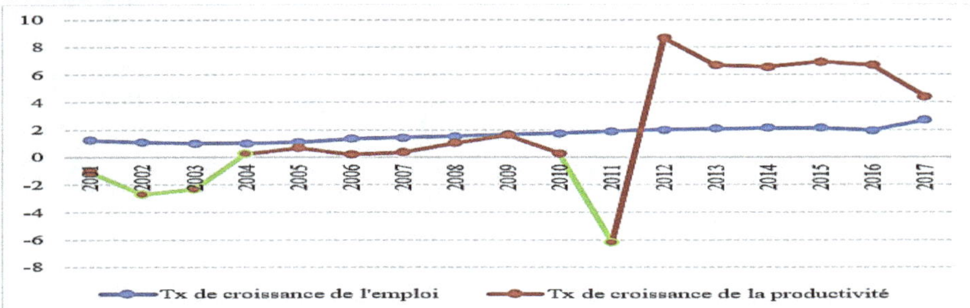

Source : Auteur à partir des données de l'OIT

À titre de comparaison, en Asie de l'Est, les gains de productivité intersectorielle ont été 3 à 5 fois plus rapides. Alors que la transformation structurelle générée par la mobilité des travailleurs dans cette région a contribué à 2% de croissance de la productivité chaque année, elle n'a participé qu'à hauteur de 0,25 % de la croissance de cette productivité entre 1980 et 2016 en Côte d'Ivoire (voir chapitre 5). La faible mobilité intersectorielle de la main d'œuvre en Côte d'Ivoire intervient potentiellement en raison de la faible quantité et qualité du capital humain disponible dans l'économie qui n'autorise pas les mouvements intersectoriels de la main d'œuvre (graphique 36).

La productivité du travail au sein de l'économie ivoirienne a augmenté depuis 2012, de l'ordre de 6,6 % par an, mais les entreprises demeurent en retard par rapport à la frontière de production atteinte par les pays émergents ou avancés telles que la Malaisie, l'Ile Maurice, la France, etc. (graphiques 35 et 36). Seules quelques branches comme celles de l'intermédiation financière, de la communication, l'industrie du pétrole présentent des productivités relativement élevées.

Graphique 36. Relation entre le capital humain et la productivité du travail (2018)

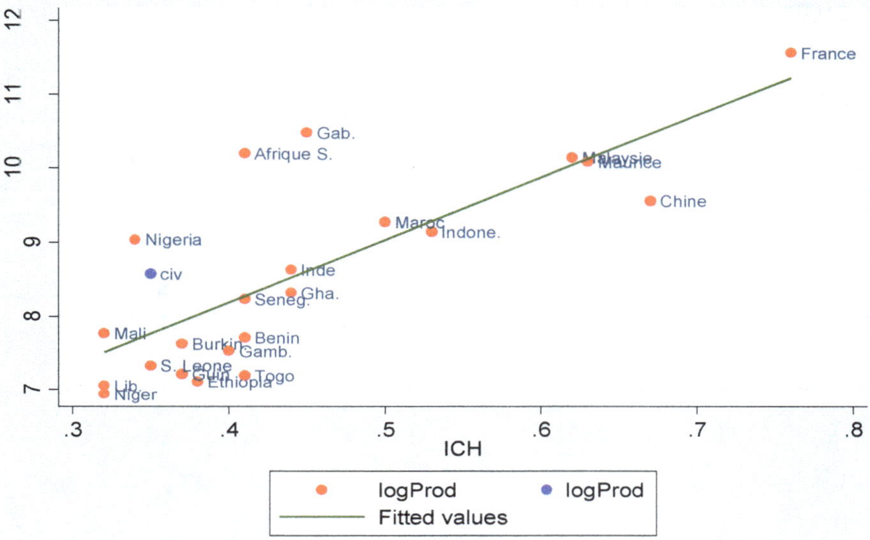

Source : Auteur à partir des données de la Banque Mondiale et de l'OIT

Pour rattraper son retard en matière de productivité, la Côte d'Ivoire doit continuer à améliorer son climat des affaires pour élever les incitations à investir, dans le pays, des pays technologiquement avancés. Des efforts accrus dans ce sens pourraient contribuer à accélérer la vitesse de convergence du pays en direction des économies plus avancées en rendant le secteur privé plus efficient. Ce mouvement est déjà en marche en Côte d'Ivoire puisque le score qu'elle obtient dans le cadre de l'évaluation des politiques et institutions nationales (CPIA) a augmenté de 2,7 en 2010 à 3,4 en 2017 – la plus forte progression des pays en développement telle que mesurée par la Banque mondiale au cours des 10 dernières années[24]. Mais il devra être accentué et soutenu.

L'élévation du score CPIA de la Côte d'Ivoire traduit les efforts entrepris par les autorités pour améliorer les conditions macroéconomiques, structurelles, institutionnelles et juridiques dans le

24 https://www.banquemondiale.org/fr/country/cotedivoire/publication/cote-divoire-economic-update-at-the-paradises-doors-key-messages.

pays. Toutefois, l'influence de ces progrès sur la productivité ne sera perceptible qu'à moyen terme car leur effet sur la productivité des entreprises est généralement lent. En plus, pour adapter de façon adéquate les technologies en provenance des pays tiers à l'appareil productif national et pour réduire la trop forte dépendance du pays de l'extérieur pour la fabrication de ses outils de production, la Côte d'Ivoire devra réaliser des investissements accrus dans la quantité et la qualité de son capital humain. Elle pourrait y parvenir en privilégiant l'ouverture vers l'extérieur, c'est-à-dire au moyen de transferts de technologie et de compétences, développées par les entreprises de pays avancés. La recherche de partenariats qui favorisent des transferts de compétences entre les entreprises étrangères et les entreprises locales dans le cadre des commandes publiques pourrait également participer au relèvement de l'expertise locale et à l'accroissement de la productivité globale du pays.

❖

La Côte d'Ivoire dispose d'un stock de capital humain relativement faible. La crise économique des années 1980 ainsi que les crises militaro-politiques subséquentes, qui ont secoué la Côte d'Ivoire, ont affecté négativement son système sanitaire et éducatif. L'accès à une éducation et à des soins de santé de qualité restent difficiles pour de nombreuses franges de la population, notamment la population pauvre. Dans son état actuel, le niveau de capital humain disponible contribue très peu à l'accélération de la transformation structurelle de l'économie.

Le système éducatif reste très peu aligné sur les besoins de développement du pays. Alors que le pays regorge de nombreuses ressources naturelles, l'enseignement technique reste sous-dimensionné. Pis, le contenu des formations a très peu évolué depuis l'époque coloniale. Les apprenants restent peu exposés aux avancées réalisées en matière de sciences, de mathématiques et de technologie qui gouvernent la marche actuelle du monde. Il en ressort que la Côte d'Ivoire réalise de faibles performances en matière d'innovation, de productivité et de compétitivité.

Pour améliorer et accélérer sa transformation structurelle, la Côte d'Ivoire doit réaliser des réformes profondes de ses systèmes sanitaire et éducatif afin qu'ils contribuent plus efficacement à élever les compétences de sa main d'œuvre. Elle devra également privilégier l'ouverture sur l'extérieur afin de tirer parti de l'expertise des pays avancés. Pour se faire, il est nécessaire d'accentuer les efforts en cours pour améliorer son environnement des affaires. Le renforcement du capital humain jouera un rôle essentiel dans la diffusion et l'adaptation des nouvelles technologies importées au sein du tissu économique local. Ce modèle de diffusion de la technologie a été également suivi par de nombreux pays en Asie et plus récemment en Afrique, comme le Rwanda et l'Éthiopie[25]

---

[25] https://www.banquemondiale.org/fr/country/cotedivoire/publication/cote-divoire-economic-update-at-the-paradises-doors-key-messages.

Chapitre 6
GOUVERNANCE, INFRASTRUCTURES DE CONNEXION ET FINANCEMENT

La gouvernance qu'elle soit institutionnelle ou économique est fondamentale dans le processus de transformation structurelle des économies. Elle joue également un rôle important dans le développement des infrastructures et le financement qui, en retour, alimentent le processus de changement structurel. Depuis 2000, l'Afrique a amorcé le processus de transformation structurelle mais celui-ci reste encore embryonnaire. Plusieurs raisons ont été évoquées pour expliquer cet état de fait notamment la mauvaise gouvernance, le faible développement des infrastructures et le déficit de financement. La Côte d'Ivoire, comme tous les autres pays africains, n'est pas en marge de cette situation. L'objectif de ce chapitre est donc d'analyser l'importance de la gouvernance, du développement des infrastructures et de leur financement dans le processus de transformation structurelle du pays. Il s'articule autour de 4 sections. La première section aborde la question de gouvernance pour le changement structurel. La deuxième section traite du développement des infrastructures. La troisième section adresse la problématique du financement des infrastructures. Et la dernière section conclut.

6.1. Gouvernance pour le changement structurel

La littérature économique admet désormais le rôle crucial des institutions et de la gouvernance dans la croissance et le processus de transformation économique aussi bien dans les pays développés qu'en développement (North 1991 ; Williamson 1994, Easterly et al. 2004 ; Glaeser et al. 2004 ; Ansell et Gash 2008). Des institutions solides garantissent en effet un bon climat pour l'investissement grâce à la stabilité macroéconomique et politique alors que des institutions médiocres peuvent accroître l'incertitude, l'imprévisibilité, l'instabilité, la corruption et les coûts de transaction (Zouhaier, 2012). De ce fait, les performances économiques et la transformation structurelle seraient conditionnées à la qualité institutionnelle et la bonne gouvernance.

A l'instar de l'Asie du Sud et de l'Amérique Latine, l'Afrique a connu depuis 2000 une amorce de transformation structurelle. Celle-ci s'est manifestée par une baisse de la part de la main-d'œuvre engagée dans l'agriculture au profit des services et des industries manufacturières réputés à avoir de plus fortes productivités. Ce qui a contribué positivement à la croissance globale de la productivité sur le continent (Diao et al., 2017 ; Macmillan et al., 2014). Cependant, sur la même période, le continent a connu de faibles transformations sociales contrairement aux autres régions du monde. En effet, comparativement aux autres régions du monde, son indice de développement humain reste le plus faible malgré sa tendance à la hausse sur la période (Graphique 37).

Graphique 37. Évolution de l'Indice de Développement Humain

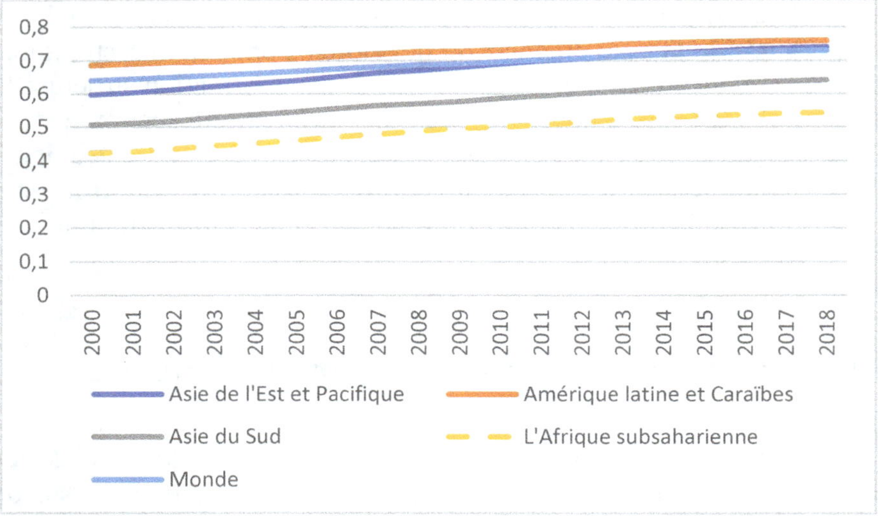

Source : PNUD (2020)

Pour les économistes institutionnels, les causes du retard de développement de l'Afrique pourraient se trouver dans ses institutions. En effet, les travaux empiriques analysant le lien entre la qualité institutionnelle, la croissance et la transformation en Afrique ont montré que le mauvais fonctionnement des institutions et la mauvaise gouvernance ont retardé la transformation des économies africaines (Edokat et Njong, 2019 ; Fosu et al., 2006).

6.1.1. Tendance récente de la gouvernance en Côte d'Ivoire

La bonne gouvernance est considérée comme une condition préalable à la transformation structurelle de l'Afrique en raison de ce qu'elle définit l'interaction entre les acteurs du secteur public et ceux des autres secteurs en vue d'une meilleure allocation des ressources. En Côte d'Ivoire, l'évolution de l'indice de gouvernance globale montre que le pays connait une tendance à l'amélioration de son score en matière de gouvernance depuis 2012 après une période de stagnation entre 2008 et 2011. L'amélioration de la gouvernance après la crise post- électorale de 2012 serait imputable à la mise en œuvre des politiques de relance économique contenues dans les deux Plans Nationaux de Développement (PND, 2012-2015 et 2016-2020). Plus particulièrement celles qui sont relatives au renforcement de la qualité des institutions et de la gouvernance. Cependant, force est de constater que les performances en matière de gouvernance du pays restent insuffisantes par rapport aux pays comparateurs qui affichent des niveaux de gouvernance plus élevés (Graphique 38).

Graphique 38. Évolution de l'indice de gouvernance (IIAG)

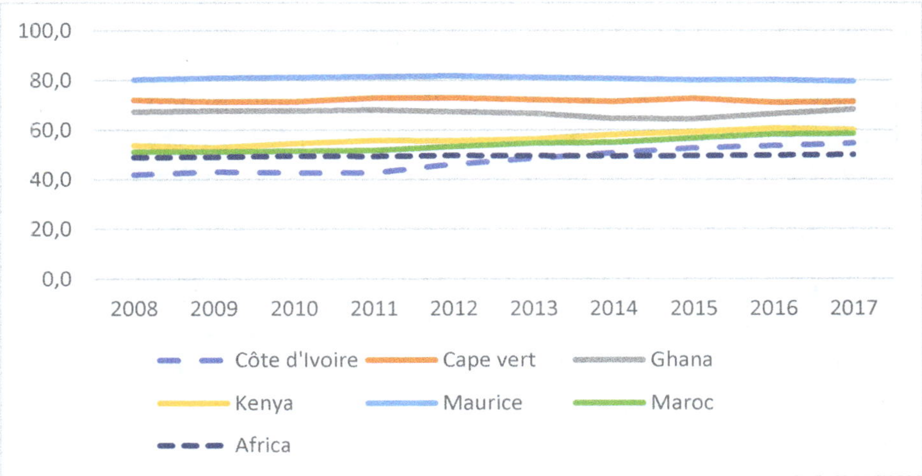

Source : Auteur à partir des données de Mo Ibrahim, 2018

L'amélioration de la gouvernance dans le pays s'observe aussi bien au niveau institutionnel qu'économique.

Gouvernance institutionnelle

Au niveau institutionnel, l'évolution de la gouvernance en Côte d'Ivoire a connu trois phases. La première phase, de 1996 à 1998, est marquée par un niveau relativement moyen des indices de gouvernance tels que la stabilité politique, l'État de droit et la liberté d'expression. Cette période est connue comme une période de relative stabilité et d'embellie économique. La seconde phase de 1999 à 2011 enregistre les niveaux les plus bas des indicateurs de gouvernance. Il s'agit de la période émaillée des crises politiques les plus sanglantes et douloureuses de l'histoire du pays. Le pays a connu son 1er coup d'état militaire en 1999 suivi d'une rébellion armée en 2002 qui a débouché sur une crise post-électorale en 2011. La dernière phase allant de 2012 à 2018 est caractérisée par une amélioration tendancielle des indicateurs de gouvernance en raison d'une instauration par le gouvernement d'un climat de confiance et de paix au sein des populations après la crise post-électorale. Plusieurs actions ont favorisé cette stabilité relative, notamment la mise en œuvre de la Commission Dialogue Vérité et Réconciliation (CDVR) par le gouvernement en 2011. L'objectif de la CDVR a été d'œuvrer en toute indépendance à la réconciliation nationale et au renforcement de la cohésion sociale entre toutes les communautés vivant en Côte d'Ivoire par le biais de mécanismes de justice traditionnelle. Aussi, dans le cadre de la prévention des conflits, un mécanisme national de veille et d'alerte en matière de solidarité et de cohésion sociale a été mis en place en 2016 par l'Observatoire de la Solidarité et de la Cohésion Sociale. Celui-ci a permis de réduire significativement les conflits intercommunautaires (Rapport annuel 2019, PND : 2016-2020).

Toutefois, l'on note que la performance de la Côte d'Ivoire en matière de gouvernance institutionnelle reste inférieure de la moyenne internationale. Ce qui appelle à des efforts supplémentaires de la part du Gouvernement pour assurer une stabilité durable et améliorer significativement l'état de droit dans le pays.

Graphique 39. Évolution de la gouvernance institutionnelle

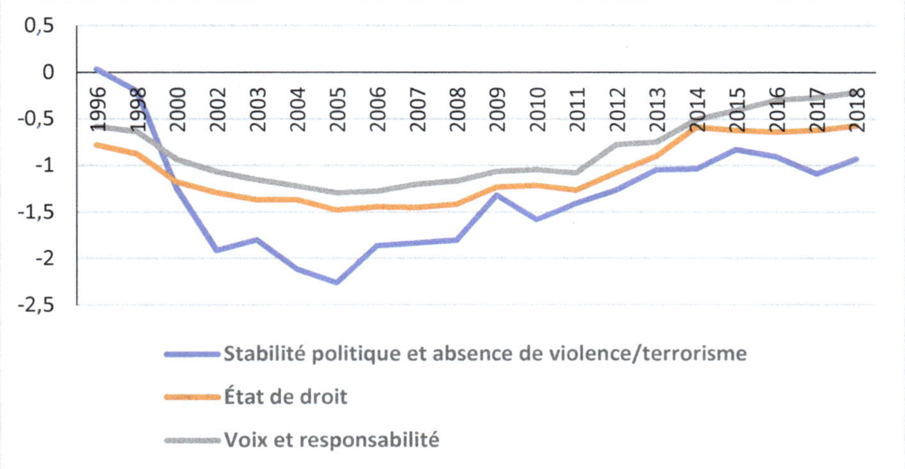

Source : Auteur à partir des données de banque mondiale (Indicateurs de gouvernance dans le monde), 2020

Gouvernance économique et sociale

Au niveau de la gouvernance économique et sociale, l'on observe globalement des performances particulièrement moyennes réalisées par la Côte d'Ivoire sur les deux dernières décennies. Celles-ci se reflètent dans les scores affichés, par le pays, pour les quatre principales dimensions (gestion économique, politiques structurelles, politiques relatives à l'inclusion sociale et l'équité et la gestion du secteur public et institutions) de l'indicateur CPIA[26], de la Banque mondiale, qui tournent autour de 3 points en moyenne sur la période de 2005-2019. Cependant, cette note moyenne masque une variation significative selon la période et la dimension considérée (graphique 40). En effet, sur la période 2011-2019, la note moyenne obtenue pour l'indicateur CPIA était de 3,3 contre 2,9 enregistré entre 2005 et 2010 traduisant une amélioration modérée du niveau global de la gouvernance économique et sociale dans le pays depuis 2005.

S'agissant des dimensions de l'indicateur, l'on constate que ceux relatifs aux politiques structurelles et à l'inclusion sociale et l'équité ont connu un rebond significatif sur la période. La composante « politiques structurelles » qui couvre les politiques ayant une incidence sur le

[26] Évaluation des politiques et institutions nationales (CPIA).

commerce, le secteur financier et l'environnement des affaires est passée de 2,77 entre 2005-2010 à 3,07 sur la période 2011-2019. Ce gain significatif est le fruit des reformes mises en œuvre par le gouvernement pour l'amélioration du climat des affaires. Ces réformes ont permis à la Côte d'Ivoire de passer de la 147ème en 2014 à la 110ème au classement du rapport Doing Business 2020, avec un score de 60.7 points contre 49,83 en 2014.

En ce qui concerne la composante relative à l'inclusion sociale et l'équité, la note du pays est passée de 2,85 entre 2005-2010 à 3,10 sur la période 2011-2019. Cette dimension renferme les politiques portant sur l'égalité entre les sexes, l'équité dans l'utilisation des ressources publiques, la valorisation des ressources humaines, la protection sociale et la viabilité écologique. L'amélioration de cet indicateur est imputable au volet genre dont le cadre institutionnel et réglementaire a été renforcé. Cela a abouti à la création le 3 juillet 2019 de l'Observatoire national de l'Équité et du Genre (ONEG) pour la prise en compte du genre dans les politiques publiques.

Graphique 40. Évolution des notes de la CPIA de 2005-2019

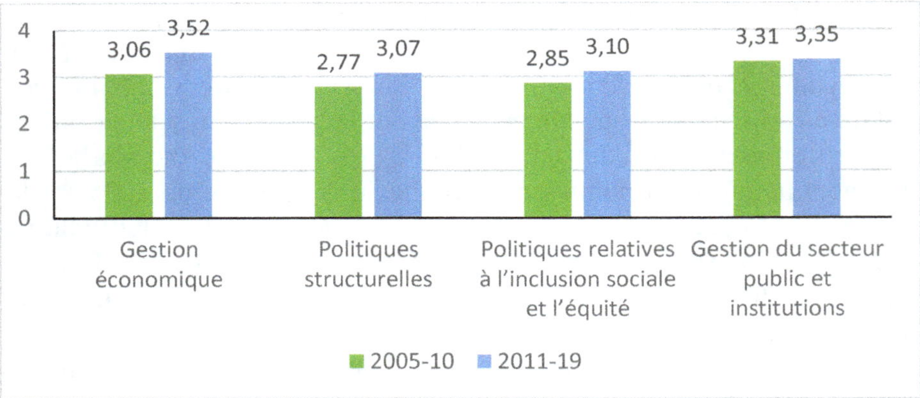

Source : Auteur à partir des données de banque mondiale (CPIA), 2019

6.1.2. Lien entre gouvernance et changement structurel en Côte d'Ivoire

Le lien empirique entre la gouvernance et la transformation structurelle des économies ne souffre d'aucun doute. En Côte d'Ivoire, il est établi qu'il existe une corrélation positive entre le niveau de gouvernance et la croissance de la productivité du travail (Graphique 41). En termes clairs, cela signifie que la productivité du travail s'améliore avec le renforcement du cadre général de gouvernance du pays. En effet, toutes les politiques visant à améliorer le cadre de règlementation et de l'efficacité de l'action du gouvernement produisent des effets positifs sur la productivité du travail. De plus, si ces actions se réalisent en toute transparence, cela entrainera une nette amélioration de la productivité dans tous les secteurs d'activités.

En somme, ces résultats montrent à quel point la bonne gouvernance est une condition nécessaire pour la transformation structurelle de l'économie ivoirienne. Elle a joué un rôle important dans la relance économique post crise de 2011, notamment dans le développement des infrastructures.

Graphique 41. Relation entre gouvernance et productivité en Côte d'Ivoire

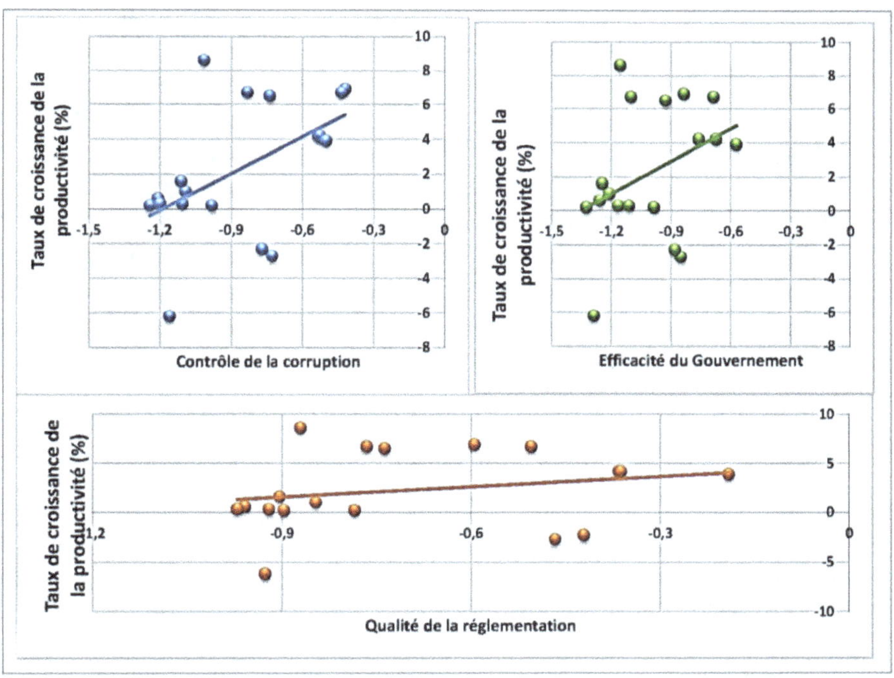

Source : Auteur à partir des données du BIT et des Indicateurs de gouvernance dans le monde, 2020

6.2. Développement des infrastructures

Le développement des infrastructures[27] s'est imposé comme une étape importante dans le processus de transformation structurelle car il permet de promouvoir différents types d'activités économiques. La CNUCED (2016) souligne que leur développement améliore le produit marginal des autres capitaux utilisés dans le processus de production. Leur prise en compte (routes, ponts, aéroports, énergies et les télécommunications) est, par exemple, déterminante dans le développement des rapports commerciaux. En outre, de nombreux travaux portant sur les théories de la croissance endogène (Romer, 1986 ; Lucas, 1988 ; Barro, 1990) ont montré le rôle catalyseur que peuvent jouer certaines activités dont celles liées aux infrastructures de transport sur la croissance économique. Celles-ci dégagent des externalités dans leur propre domaine mais aussi pour l'ensemble de l'économie. Ces externalités jouent un rôle clé dans le développement des territoires si elles sont positives. Une bonne infrastructure stimule la croissance économique et, inversement, la croissance entraîne l'augmentation de la demande d'infrastructures (Eustace et Fay, 2007). Le système de transport permet de déplacer les biens et les personnes pour promouvoir la production et les échanges. Les systèmes de communication permettent de déplacer les connaissances et les finances à travers les frontières à des fins de production et de commerce ; et l'énergie est nécessaire pour la production et le transport de la main-d'œuvre et des biens aux points de production et de commerce. Ces éléments infrastructurels constituent un élément essentiel de la structure des coûts du commerce, de la compétitivité internationale du pays et donc de ses perspectives de développement.

[27] L'infrastructure est un élément clé du climat d'investissement, réduisant le coût des affaires et permettant aux agents économiques d'avoir accès aux marchés. Elle est capitale pour faire progresser l'agriculture, joue un rôle majeur de facilitation du commerce et de l'intégration, est essentielle pour compenser les effets de la fragmentation géographique et du morcellement de la souveraineté, et est indispensable pour permettre à l'Afrique de percer sur les marchés mondiaux. Elle est en outre fondamentale pour le développement humain, y compris pour la prestation des services d'éducation et de santé aux populations pauvres. L'investissement dans l'infrastructure représente également un énorme potentiel non exploité de création d'emplois productifs.

Aussi, les infrastructures jouent-elles un rôle crucial pour le développement. Des systèmes de transport aux installations de production d'énergie, en passant par les réseaux d'alimentation en eau et d'assainissement, les services qui permettent à la société de fonctionner et à l'économie de prospérer sont fournis grâce aux infrastructures (UNOPS, 2019). C'est pourquoi elles sont au cœur des efforts pour réaliser les Objectifs de développement durable. Qu'il s'agisse de santé et d'éducation, ou encore d'accès à l'énergie, à l'eau potable et à l'hygiène, la plupart des Objectifs de développement durable vont nécessiter des améliorations dans le domaine des infrastructures.

En Côte d'Ivoire, les autorités ont perçu et pris la pleine mesure des implications de telles initiatives pour l'émergence du pays. Ainsi, dès la stabilisation du pays en 2012, qui a donné lieu aux réformes structurelles, pour la relance globale du développement du pays, les PND (2012-2015 et 2016-2020) ont intégré le développement des infrastructures et la préservation de l'environnement comme orientations stratégiques de développement.

Dans la suite de notre analyse, nous ferons d'abord un état des lieux en matière de développement d'infrastructures en Côte d'Ivoire, ensuite nous discuterons des infrastructures indispensables à la transformation structurelle du pays et enfin aborderons les besoins de financement en infrastructures.

6.2.1. Etat des lieux en matière d'infrastructures

A ce jour, l'impact positif des infrastructures sur la croissance économique et le développement social équitable est bien établi par plusieurs travaux à travers le monde entier. Pour rappel, les infrastructures ont une incidence directe sur la productivité et le rendement dans le cadre de la formation du PIB. Elles participent aussi à la fonction de production des autres secteurs. Dans ce cas, leur action est indirecte : les infrastructures permettent une réduction des coûts de transactions et, de ce fait, un usage plus efficace des facteurs de production conventionnels (BAD, 2018).

La Côte d'Ivoire possède de solides atouts économiques. Depuis son accession à l'indépendance en 1960, le pays s'est donné pour objectif de garantir le bien-être des populations en planifiant son développement et dotant les différentes régions en infrastructures économiques et sociales adéquates. En conséquence, le pays possède à ce jour plusieurs infrastructures, héritées pour l'essentiel des décennies du « miracle ivoirien » (1960-1980) et de celle de (2010-2020) : deux importants ports parmi les meilleurs d'Afrique sub-saharienne, un important réseau routier, un aéroport international agrandi, des infrastructures en matière d'électricité, d'eau, de communication, de services sociaux de base, etc.

Les infrastructures routières

Les infrastructures de transport sont toutes autant importantes dans la conduite du développement économique. Les liens au niveau de la production, la participation au commerce et l'expansion du tourisme dépendent fortement de la modernisation des infrastructures de transport. Le type d'infrastructure de transport qui est le plus nécessaire et le mieux adapté pour favoriser la transformation structurelle varie considérablement d'un pays à l'autre, en fonction de la situation géographique, des installations existantes et des priorités sectorielles des politiques visant à accélérer la transformation structurelle.

En Côte d'Ivoire, la mise en œuvre des PND a permis au pays de se doter d'ouvrages structurants devant contribuer au cheminement vers l'émergence du pays. Ce sont entre autres, l'Autoroute du Nord, l'échangeur de la Riviera II à Abidjan, les ponts Henri Konan Bédié, de Bouaflé et de Jacqueville. En outre, 5 000 Km de pistes rurales ont été profilés. La transformation structurelle de l'économie devrait pouvoir se fonder sur un réseau routier de qualité pour garantir les échanges entre les agents économiques. Cependant, le pays dispose d'un réseau routier interurbain de 82 090 km dont 75 402 km de route non revêtues contre seulement 6 698 km de routes revêtues comprenant 258 km d'autoroutes – équivalent à une densité routière de 26 km de route pour 100 km2 de territoire.

Le graphique ci-dessous fait remarquer qu'en dépit des efforts et investissements consentis pour améliorer la qualité des infrastructures routières en Côte d'Ivoire, le pays reste encore loin derrière nombres de pays pionniers en la matière comme Singapour, la Malaisie, le Maroc, l'Afrique du Sud, le Nigéria et le Ghana. Ces pays enregistrent respectivement des niveaux de routes revêtues en 2015 de 100%, 80% ,70%,21%, 15% et 13%.

En outre, l'on note selon la BAD que, la Côte d'Ivoire enregistre un indice de développement des infrastructures estimé autour de 0,20 en 2018 derrière entre autres le Rwanda (0,23), les Seychelles (0,95) et la Tunisie (0,86). Cette nouvelle estimation de la BAD montre l'ampleur des déficits en infrastructures à l'intérieur des pays et entre les pays africains eux-mêmes. Les pays en tête de liste sont pour la plupart situés en Afrique du Nord et quelques-uns en Afrique Australe. Le reste du continent est en très mauvaise posture. Il existe une forte corrélation entre l'inégalité des actifs et l'indice des infrastructures, ce qui donne à penser que l'amélioration des infrastructures pourrait également mener à une croissance inclusive.

Graphique 42. Proportions de routes revêtues en 2015

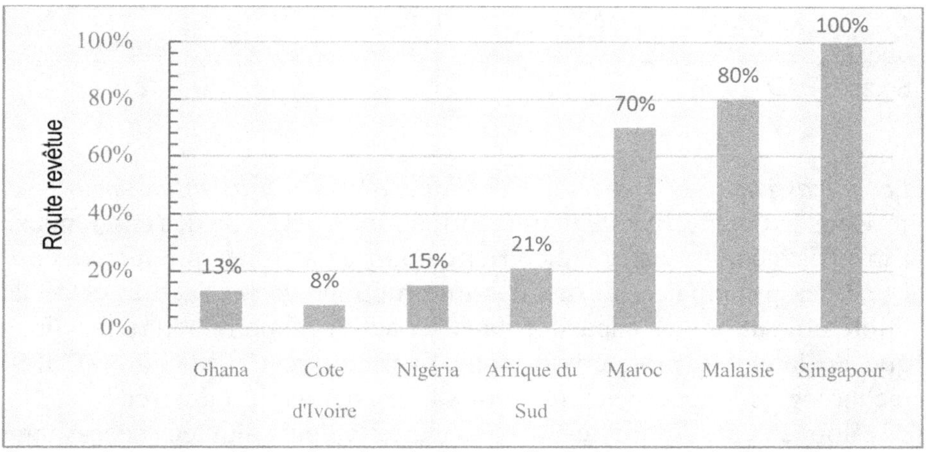

Source : Auteur à partir des données du Diagnostic stratégique de la Côte d'Ivoire sur la trajectoire de l'Émergence

Par ailleurs, l'indice de transport au niveau continental indique également que la Côte d'Ivoire a accusé un retard considérable dans ses infrastructures de transport. Quoi qu'il en soit, une extension et une modernisation importante du réseau routier, dans les zones tant urbaines que rurales, ainsi que la fourniture d'infrastructures logistiques permettant le fonctionnement optimal du système de transport seront probablement nécessaires pour la transformation structurelle de l'économie. En même temps, il faudra veiller à ce que le réseau routier et les autres infrastructures existantes soient entretenus de manière adéquate.

Graphique 43. Indice du transport 2016-2018

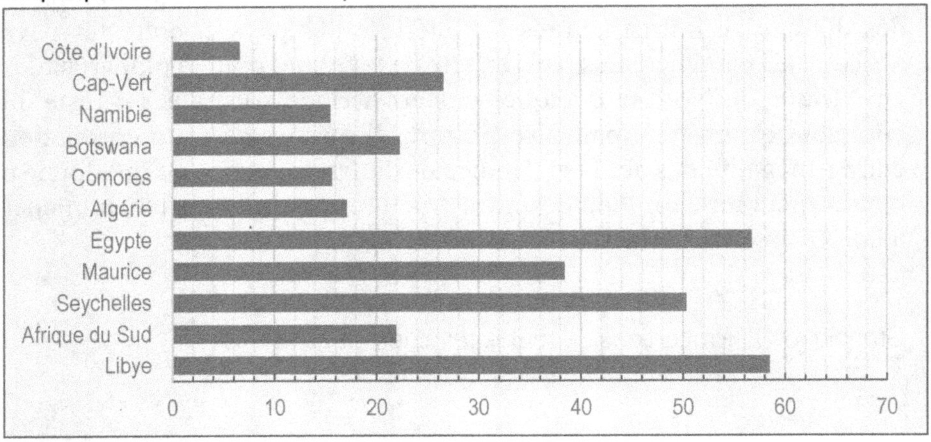

Source : BAD (2018)

Les infrastructures d'énergie électrique, d'eau et d'assainissement

Dans la perspective de la transformation structurelle des économies, l'insuffisance de l'offre d'électricité pour les activités productives est l'une des principales raisons des interruptions de production et de la faible utilisation des capacités dans les activités manufacturières ainsi que de la faible productivité dans l'agriculture (RPMA, 2017). Les technologies modernes, la croissance de la productivité et le développement d'activités à plus forte valeur ajoutée nécessitent davantage d'électricité. Un accès plus stable et plus fiable à l'électricité réduit également les coûts de production des entreprises, libérant des fonds pour l'investissement et l'acquisition de nouvelles technologies. Par ailleurs, l'électrification rurale pourrait accélérer considérablement le processus de croissance de la productivité agricole et l'expansion des activités rurales non agricoles.

En matière d'infrastructures d'énergie électrique, le pays possède six (6) barrages hydroélectriques (Ayamé 1, Ayamé 2, Kossou, Taabo, Buyo et Fayé), trois (3) centrales thermiques (Vridi 1, CIPREL et AZITO) et une centrale de location (AGGREKO). Ces infrastructures électriques permettent ainsi de desservir l'ensemble des utilisateurs et de contribuer au processus national de création de richesse. Leur capacité de production est passée de 1 391 MW en 2011 à 1 632 MW en 2014, dont 604 MW pour l'hydraulique et 1 028MW pour la thermique. Aussi, la Côte d'Ivoire possède-t-elle, un important potentiel en Énergies renouvelables (EnR) à savoir la petite hydroélectricité, l'énergie solaire et la biomasse. A l'horizon 2020, les objectifs assignés au sous-secteur de l'électricité consistaient à accroître la capacité de production d'une puissance additionnelle de 863 MW ainsi que l'énergie livrée aux réseaux de transport et de distribution de 8 251 GWhs en 2015 à 12 662 GWhs en 2020 et d'élever le taux d'accès à l'électricité de 74% en 2011 à 82 % 2020. En milieu rural, le pays a adopté en juillet 2013, le Programme National d'Électrification Rurale (PRONER), qui vise l'accès à l'électricité équitable des populations, l'équilibre d'électrification en faveur des zones ayant un faible taux d'accès, l'électrification de toutes les localités ayant au moins 500 habitants à fin 2019. En 2017, la mise en œuvre du PRONER a permis d'électrifier 1373 nouvelles localités portant ainsi le nombre des localités électrifiées à 4614 sur 8513 localités du pays, faisant ainsi passer le taux de couverture de 33,8% en 2011 à 54,2% en 2017. Ces efforts du Gouvernement ont permis (i) d'étendre l'accès à l'électricité à 1 800 000 habitants, faisant passer le taux d'accès de 74% en 2011 à 82% en 2017 ; (ii) le développement local contribuant à la lutte contre la pauvreté en milieu rural ; (iii) la création de valeur ajoutée pour les entreprises et (iv) la création d'emplois directs et indirects. Le Projet d'amélioration de l'accès à l'électricité en milieu rural (PAEMIR)[28] contribuera à l'atteinte des résultats visés par le PRONER.

Malgré les efforts entrepris dans le cadre de tous ces programmes, le graphique 43 montre que la Côte d'Ivoire accuse un grand retard en matière de production d'électricité comparativement aux 10 meilleurs pays d'Afrique ayant les niveaux d'indice de l'électricité les plus élevés

---

[28] Le projet d'amélioration de l'accès à l'électricité en milieu rural (PAEMIR) est un projet d'investissement portant sur l'extension des réseaux électriques en moyenne tension et la réalisation de branchements en milieu rural. Le projet couvre trois districts du nord de la Côte d'Ivoire (Savanes, Woroba et Zanzan) et concerne 426 localités et une population estimée à 259 486 habitants. Le projet s'inscrit dans le cadre du Programme National d'Electrification Rurale (PRONER) qui vise l'électrification de toutes les localités de plus de 500 habitants à l'horizon 2019 et celle de toute la Côte d'Ivoire en 2025 (BAD, 2018).

entre 2016 et 2018. L'indice de l'électricité en 2018 du pays est estimé à 6,22 contre 6,08 en 2016, loin derrière la Libye (100) ou encore l'Afrique du Sud (74,86), pour ne citer que ceux-là. Cette tendance pourrait s'expliquer par le manque ou la faiblesse des investissements dans la construction d'infrastructures d'électricité aux standards des nations émergentes. La Côte d'Ivoire, devra donc consentir encore plus de ressources pour le financement des infrastructures structurantes nécessaires à l'accompagnement du processus de transformation structurelle du pays.

Graphique 44. Évolution de l'indice de l'électricité (2016-2018)

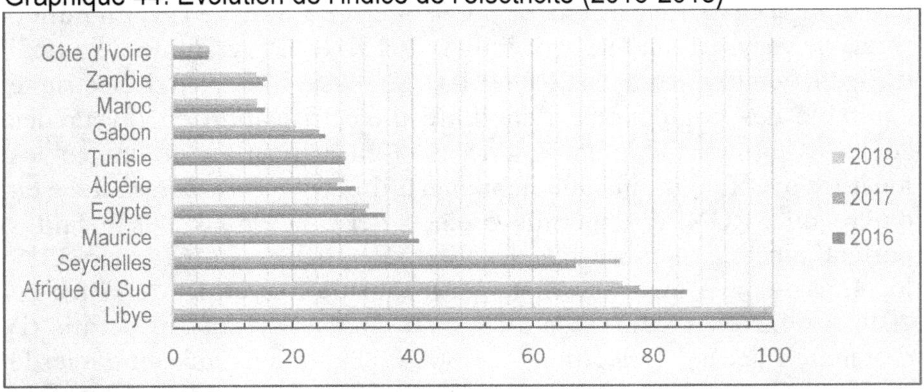

Source : BAD (2018)

Dans le secteur de l'eau et de l'assainissement, l'approvisionnement en eau et la gestion optimale de l'accessibilité revêtent une importance cruciale pour l'efficacité économique et la durabilité de nombreuses activités productives.

Dans la plupart des pays, notamment la Côte d'Ivoire, il est nécessaire d'améliorer notablement les services d'adduction d'eau pour réduire les pertes actuellement élevées dans les systèmes de distribution, améliorer les systèmes d'irrigation agricole et développer les systèmes de distribution d'eau et de gestion des eaux usées afin de permettre des activités manufacturières privées pour lesquelles l'eau est un intrant essentiel.

Tableau 19. Évolution de l'indice de l'approvisionnement en eau et l'assainissement 2016-2018

Pays	2016	2017	2018	Rang en 2018
Egypte	97,60	97,75	97,90	1ème
Maurice	56,82	97,56	97,52	2 ème
Seychelles	97,07	96,88	96,88	3 ème
Tunisie	94,47	95,17	95,18	4 ème
Algérie	83,49	83,01	82,60	5 ème
Cap-Vert	79,60	81,50	81,60	6 ème
Botswana	79,91	80,76	80,82	7 ème
Afrique du Sud	78,19	79,41	80,00	8 ème
Maroc	60,48	78,90	79,03	9 ème
Gambie	73,36	74,19	74,24	10 ème
Côte d'Ivoire	48,90	50,79	50,98	25 ème

Source: BAD (2018)

La Côte d'Ivoire enregistre un indice d'approvisionnement en eau et assainissement de 50,98 en 2018 contre 48,90 en 2016, soit une hausse de 4,25%. Ces avancées sont essentiellement dues aux investissements consacrés au secteur relativement aux orientations des PND. Il est admis que les investissements dans l'eau potable et l'assainissement contribuent à la croissance économique. Par exemple, pour 1 Dollars US investi, l'Organisation Mondiale de la Santé (OMS) estime que le retour sur investissement varie de 3 Dollars US à 34 Dollars US selon la région et la technologie. La perte économique due au manque d'accès à l'eau et à un assainissement de base est estimée à 28,4 milliards de dollars par an, soit à 5% du PIB en Afrique.

En 2018, la Côte d'Ivoire n'occupe que la 25ème place pour l'indicateur d'accès à l'eau et assainissement, loin derrière l'Egypte (97,90), l'Ile Maurice (97,52) et les Seychelles (96,88) pour ne citer que ceux-là, qui occupent respectivement la première, deuxième et troisième place. Ces pays ont des systèmes d'approvisionnement en eau de qualité et bénéficient de la transformation structurelle de leurs économies respectives.

En définitive, dans le secteur de l'énergie et de l'eau, l'accent devrait davantage être mis sur la mise à niveau des infrastructures, l'amélioration d'accès comme vecteur de transformation et la satisfaction des besoins des producteurs qui doivent pouvoir compter sur un approvisionnement fiable et abordable pour soutenir la transformation économique structurelle. Pour les acteurs du développement, il faudrait notamment s'employer en priorité à répondre aux besoins des ménages. Ce renforcement global de l'accès à l'énergie et à l'eau pour toutes les unités productives de l'économie, comme vecteur de transformation, pourrait favoriser l'adoption progressive de technologies renouvelables pour la production d'énergie et d'eau et offrir ainsi des avantages environnementaux considérables.

Les infrastructures de télécommunication

A l'instar des économies émergentes comme la Corée du Sud, les infrastructures de communication jouent un rôle très important. La possibilité d'avoir accès à des technologies de l'information, de la communication et des télécommunications (TIC) est de plus en plus importante pour l'efficacité interne des entreprises, des autres secteurs, notamment pour la communication avec leurs clients actuels et potentiels. Elle est également importante pour la circulation de l'information entre organismes publics et acteurs privés, ainsi que pour la communication entre organismes publics. L'infrastructure des TIC est indispensable au développement du secteur de services TIC, qui contribue à la croissance et à la transformation structurelle et facilite l'activité économique des autres secteurs. Sans une amélioration de ces services, les pays candidats à l'émergence via la transformation structurelle ne pourront pas tirer parti des avantages des activités commerciales et financières fondées sur le numérique et exploiter d'autres technologies de pointe. L'investissement dans l'équipement moderne des TIC est un défi majeur au niveau des entreprises, en particulier dans les secteurs manufacturiers axés sur l'exportation.

En Côte d'Ivoire, le PND 2016-2020 soutient l'objectif de développer notamment les infrastructures de TIC. L'État s'est engagé dans la réforme du secteur avec la mise en place d'un nouveau cadre institutionnel et réglementaire : (i) l'adoption de la loi n° 2013-702 du 10 Octobre 2013 portant code des postes en remplacement de la loi de 1995 devenue obsolète ; (ii) la création d'une autorité de régulation du secteur par l'ordonnance 2012-293 du 21 Mars 2012. Le but étant de stimuler le développement de ce secteur, et lui permettre de jouer pleinement son rôle au sein de l'économie nationale.

Le secteur des TIC représente 7 à 8% du PIB ivoirien et contribue annuellement pour 300 à 400 milliards de Fcfa au budget de l'État. Les données nationales révèlent que le chiffre d'affaires du secteur des TIC est passé de 50 milliards en 2011 à 129 milliards en 2013, tiré par les ventes d'équipements et dans une moindre mesure par les services. En 2016, le secteur reste dominé par le marché de la téléphonie mobile. En effet, le chiffre d'affaires généré par les entreprises de la téléphonie fixe, mobile et de l'Internet s'élève à plus de 1106 milliards FCFA en 2016 dont 851 milliards F CFA pour le seul marché de la téléphonie mobile, soit environ 77% du chiffre d'affaires global généré. Pour ce qui est des investissements consacrés au secteur des TIC, ils sont évalués à plus de 101 milliards de F CFA pour la même période. Ceux de la téléphonie mobile avec plus de 88 milliards représentent plus de 86% du volume total des investissements réalisés. Aussi, le nombre d'abonnés continue de croître avec 27 451 250 d'abonnés à la téléphonie mobile contre 25 407 610 en 2015. En définitive, le marché ivoirien des télécommunications reste très dynamique, particulièrement celui de la téléphonie mobile (ARTCI, 2016).

Les nouvelles technologies sont riches en possibilités de modernisation et de bonds en avant industriels. La baisse du coût des transports et de la communication, associée à une logistique plus efficace, peut aussi aider les pays en développement comme la Côte d'Ivoire à mieux s'intégrer dans les chaînes de valeur mondiales (CVM). Certains des pays émergents les plus avancés sont déjà sur le point de devenir des numéros un mondiaux de la technologie dans un certain nombre de secteurs – et cela grâce aux investissements dans les technologies, qui ont permis d'améliorer la productivité des facteurs. Selon l'indice[29] des TIC, la Côte d'Ivoire possède un niveau relativement faible d'abonnés à la téléphonie, soit un score de 20,63 abonnés en moyenne pour 10 000 habitants. Cet indice montre qu'en dépit des efforts remarquables déjà consentis, le pays reste tout de même en retard comparé aux autres régions du continent africain. L'Afrique du Sud par exemple enregistre un score de 76,93 et reste le premier pays en termes de nombre d'abonnés à la téléphonie mobile et

[29] Indice des TIC : Abonnements à la téléphonie mobile et fixe pour 10 000 Habitants.

fixe pour 10 000 habitants. Ceci pourrait expliquer la position économique actuelle de ce pays dans la dynamique des économies d'Afrique les plus dynamiques.

Graphique 45. Indice de TIC en 2018

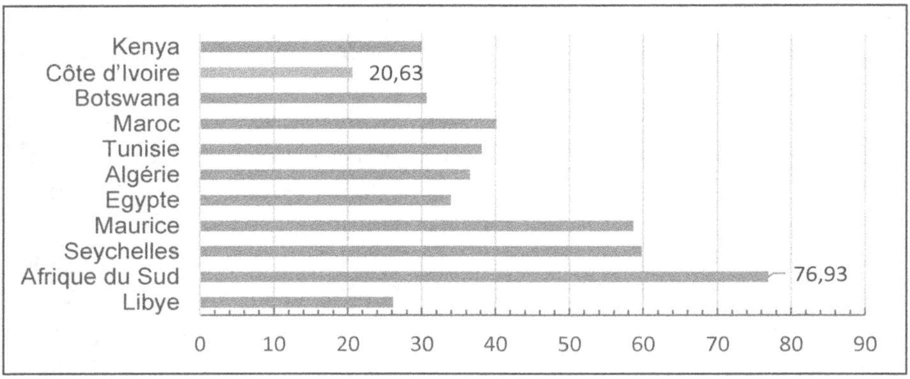

Source : BAD (2018)

Les politiques publiques doivent ainsi permettre d'améliorer l'infrastructure physique nécessaire à l'utilisation de ces technologies et adapter les cadres institutionnels et réglementaires correspondants. Les liens au niveau de la production, la participation au commerce international et l'expansion du tourisme dépendent fortement de la modernisation des infrastructures telles que celles des télécommunications.

6.2.2. Les infrastructures indispensables à la transformation structurelle

Les infrastructures d'une manière générale sont indispensables à la transformation structurelle des économies notamment celle de la Côte d'Ivoire (CEA, 2005). En effet, les infrastructures participent de diverses manières à l'interconnexion entre les facteurs de production et facilitent des courants d'échange sur des biens jusqu'ici considérés comme non échangeables. Les investissements publics et autres dans les infrastructures telles que les routes, les barrages, les centrales électriques, la fibre optique ainsi que de communication sont indispensables à la croissance économique, car ces infrastructures stimulent les activités du secteur privé tout en réduisant les coûts de production et en ouvrant de nouveaux marchés et opportunités de création de richesse. Pour de nombreux analystes du développement, cela favorise l'apparition de nouvelles possibilités de production, une amélioration de la compétitivité et l'accès aux échanges commerciaux. Aussi, l'on peut souligner que leur développement améliore le produit marginal des autres capitaux utilisés dans le processus de production.

Les arguments en faveur du développement des infrastructures

Dans la littérature économique, nombres de travaux ont analysé le lien entre le développement des infrastructures et la croissance économique. Limao et Venables (2001) ; Eustache (2007) ; Combes (2008a) et Semedo (2013) ont questionné la prise en compte des infrastructures physiques (routes, ponts, aéroports et les télécommunications) et conclu que leur prise en compte est déterminante dans le développement des rapports commerciaux. En effet, l'infrastructure de transport est nécessaire à la circulation des biens et des personnes et son développement est indispensable pour assurer une croissance. Ceci est corroboré par les conclusions de Longo et Sekkat (2001) selon lesquelles 1% d'accroissement du stock de l'infrastructure de transport et des télécommunications dans le pays d'exportation, augmente ses exportations vers d'autres pays africains d'environ 3%. De nombreux travaux portant sur les théories de la croissance endogène (Romer, 1986 ; Lucas, 1988 ; Barro, 1990) ont montré le rôle catalyseur que peuvent jouer certaines activités dont celles liées aux infrastructures de transport sur la croissance économique. Celles-ci dégagent des externalités dans leur propre domaine mais aussi pour l'ensemble de l'économie. Ces externalités jouent un rôle dans le développement des territoires si elles sont positives. Une bonne infrastructure stimule la croissance économique et, inversement, la croissance entraîne l'augmentation de la demande d'infrastructures (Eustace et Fay, 2007).

Le système de transport permet ainsi de déplacer les biens et les personnes pour promouvoir la production et les échanges ; les systèmes de communication permettent de déplacer les connaissances et les finances à travers les frontières à des fins de production et de commerce ; et l'énergie est nécessaire pour la production et le transport de la main-d'œuvre et des biens aux points de production et de commerce. Ces éléments infrastructurels constituent un élément essentiel de la structure des coûts du commerce, de la compétitivité internationale du pays et donc de ses perspectives de développement.

Dans son ouvrage fondateur, Aschauer (1989) soulignait que l'investissement public dans les infrastructures avait des répercussions très fortes et très favorables sur la production. Il part du principe que les infrastructures publiques produisent des rendements très élevés, le produit marginal des investissements publics se situant au voisinage de 100 % par an voire plus. Ainsi, chaque unité d'investissement public serait rentabilisée en termes d'augmentation de la production au maximum en un an. Même si les sensationnelles assertions initiales d'Aschauer quant à l'élasticité de ces investissements ont été depuis ajustées à la baisse, dans l'ensemble, il ressort des nombreuses études parues, qu'un stock d'actifs d'infrastructures a un impact positif important sur le taux d'accroissement de la production (Agénor, 2011 ; et Straub, 2008).

Les infrastructures tendent à être particulièrement importantes au cours du processus de transformation structurelle, alors que les pays en développement passent du secteur économique primaire au secondaire et au tertiaire. Ainsi, dans le cas de l'Afrique, N'Guessan (2010) montre que les coûts de transport routier représentent 24% et 23% de l'ensemble des coûts de transport respectivement pour le Mali et le Niger. Ils obligent les entreprises à garder par-devers elles leurs stocks de marchandises, grevant ainsi à la hausse les coûts de production. Ceci réduit la compétitivité des firmes tout en limitant les possibilités d'exploitation des opportunités. La Banque mondiale (2010) va dans le même sens en montrant que le coût de service d'infrastructures est deux fois plus élevé en Afrique de l'Ouest que partout ailleurs, reflétant ainsi à la fois le déficit d'économies d'échelle au niveau de la production et les marges bénéficiaires élevées résultant d'une situation de rente due au manque de compétition.

D'après Teravanithorn et Raballand (2008), les prix élevés du transport routier sont plus dus à de grosses marges bénéficiaires qu'à des coûts importants. Dans la structure des prix pratiqués par les transporteurs routiers, les marges bénéficiaires représentent 60% à 160 % en Afrique de l'Ouest (Foster et Briceño-Garmendia, 2010). Pour Limao et Vénables (2001), les coûts médians du transport pour un pays sans littoral sont d'environ 46% plus élevés que les coûts médians équivalents dans une économie côtière médiane, la distance ne représentant que 10% dans l'évolution des coûts de transport. Une médiocre infrastructure routière représente 40% des coûts de transport dans les pays côtiers et 60% pour les pays sans littoral. Pour ces derniers pays en particulier, les coûts de transport expliquaient largement la faiblesse relative de la part d'importations moyenne dans le PIB (11%), contre 28% pour les économies côtières. De même, Ackah et Morrissey (2005) ont noté que les coûts de transport constituent environ 15% (environ 20% pour les pays sans littoral) de la valeur unitaire des exportations en Afrique, ce qui est considérablement plus élevé que dans d'autres régions telles que l'Asie (environ 8%) et l'Europe occidentale (environ 5%).

Les expériences de réussite en matière de développement des infrastructures

L'histoire du développement économique dans certaines régions du monde illustre fort bien les « Bests practices » en matière de développement des infrastructures notamment de transports, énergétique et de technologie de l'information et de la communication (TIC).

L'expérience sud-coréenne fait remarquer que les autorités du pays ont très rapidement compris et reconnu l'importance capitale des infrastructures dans la conduite du développement économique via la transformation structurelle. En effet, leurs orientations stratégiques étaient essentiellement guidées par les arguments selon lesquels les infrastructures représentent les systèmes physiques de base nécessaires à l'activité économique et sociale d'une nation, et relèvent traditionnellement de la responsabilité des gouvernements, – étant entendu que les actifs d'infrastructures sont habituellement des actifs physiques, durables et de grande importance dont l'exploitation se déroule sur une longue période de temps. Ainsi, après la crise économique, des efforts ont été consentis sur le plan politique pour transformer la Corée en une économie fondée sur le savoir, où l'innovation est encouragée, améliorant la productivité globale et soutenant ainsi la croissance économique. La mise en œuvre de cette nouvelle stratégie de croissance de la Corée a pris appui sur les quatre piliers de l'économie de savoir : le cadre macroéconomique, l'infrastructure de l'information, le développement des ressources humaines et le système d'innovation. La mise en œuvre concrète de ces orientations développementalistes a été possible grâce au développement d'infrastructures de qualité et de hautes performances telles que les grandes infrastructures énergétiques, de transports et télécommunication.

Par exemple, la création par le pays de l'usine de Pohang, au bord de la mer de l'Est résulte ainsi d'une vision de long terme comparable à celle de la création de la première autoroute, Séoul-Busan. La construction de ces infrastructures est intervenue à une époque où les automobiles étaient encore rares, mais qui finira par devenir plus tard l'une des infrastructures essentielles au développement industriel de la Corée du Sud.

En outre, la Corée du Sud a développé des infrastructures de communications électroniques parmi les plus performantes du monde afin de booster la transformation de son économie. La transformation industrielle de la Corée et l'augmentation parallèle de ses revenus qui s'en est suivie, sont le fruit des processus d'apprentissage intensifs dans lesquels la constitution d'un savoir technologique et le développement des ressources humaines ont joué un rôle déterminant. Toutefois, ces orientations ont essentiellement été réalisées grâce aux investissements massifs dans les infrastructures éducatives, sociales, les infrastructures de télécommunications et autres.

Un autre aspect distinctif du processus d'industrialisation de la Corée est le rôle actif joué par le gouvernement qui est intervenu sur le marché pour amorcer la grande transformation. Rétrospectivement, le gouvernement semble avoir fait le choix entre plusieurs voies au début de la grande marche vers la modernisation de l'économie traditionnelle et les stratégies de développement adoptées par le pays font débat. Par exemple, l'intervention du gouvernement sur le marché pour mobiliser des ressources en vue de promouvoir l'industrie lourde et chimique dans les années 1970 avait apparemment faussé le mécanisme du marché, rendant l'allocation des ressources statique et inefficace. Mais ces industries semblent pourtant avoir constitué les moteurs de la croissance de l'économie coréenne, montrant que l'intervention de l'État pour le financement dans les infrastructures engendre des avantages comparatifs dynamiques.

6.3. Le financement de la transformation **structurelle**

Le financement du processus de transformation structurelle de l'économie et particulièrement des infrastructures est tout autant problématique et cristallise les débats, depuis plusieurs décennies, dans les PED. Cette section est consacrée à l'analyse des possibilités de financement.

6.3.1. Etat des lieux du secteur financier ivoirien

Le secteur financier joue un rôle clé dans la transformation économique (Rajan & Zingales, 1988 ; Levine, 2005). En effet, son développement participe à une meilleure allocation des ressources financières qui se traduit par une canalisation de l'épargne vers les projets d'investissements dans les secteurs productifs de l'économie. Le développement du secteur financier qui se manifeste par la multiplication des acteurs et des produits et services financiers permet de réduire les contraintes de financement des entreprises. Ainsi, l'accès au crédit facilite les échanges et accroit les activités dans tous les secteurs de l'économie, ce qui a un effet positif sur la transformation économique. Outre ses effets sur la transformation économique, le système financier par sa capacité à réduire les chocs peut contribuer à la réduction de la pauvreté à condition qu'il soit suffisamment inclusif (Banque mondiale, 2016).

Le système financier ivoirien est faiblement développé et ne permet pas de soutenir pleinement l'économie réelle du pays (OCDE, 2016). Il est très peu diversifié car fortement concentré autour des banques commerciales, en majorité étrangères, qui comptent pour 80% des actifs financiers dans le pays (Banque mondiale 2016). L'octroi de crédits bancaires au secteur privé reste faible en comparaison à certain pays d'Afrique (Graphique 46). En 2019, le taux de crédits bancaires accordés au secteur privé est estimé à 19,62% du PIB contre 80% en Île Maurice, 64% au Maroc et 27% au Kenya.

Graphique 46. Evolution des crédits bancaires accordés au secteur privé, 1990-2019

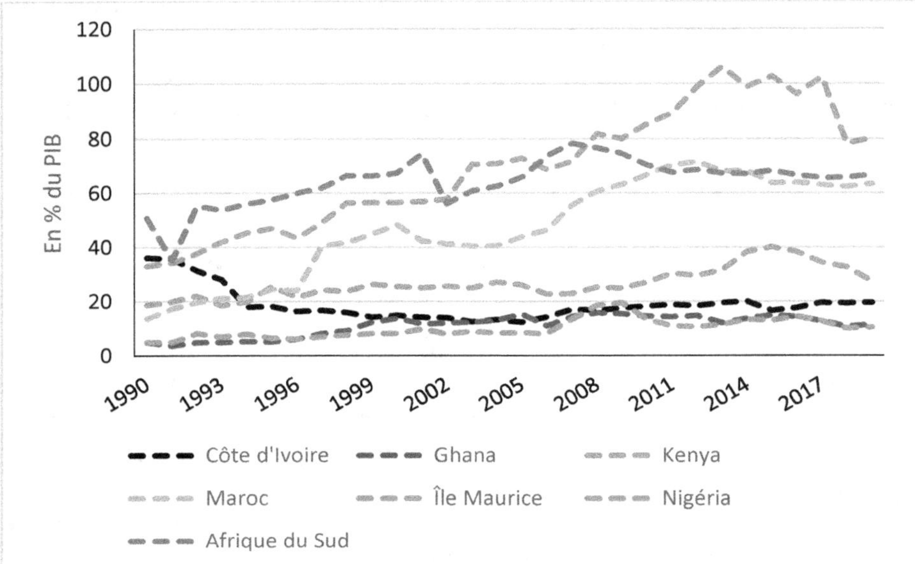

Source : Auteur à partir des données de WDI, Banque mondiale.

Le faible accès au financement bancaire constitue une contrainte majeure pour de nombreuses entreprises et surtout pour les PME. En effet, selon la Banque mondiale (2016), 2/3 des entreprises ivoiriennes considèrent l'accès au crédit comme une contrainte majeure, ce qui reste élevé par rapport à certains pays d'Afrique, notamment au Sénégal (50%), en Afrique du sud (15%) et au Maroc (30%). Cette situation s'explique d'une part par le fait que l'activité bancaire est orientée vers l'achat de Bons du Trésor qui génère un effet d'éviction du secteur privé. D'autre part, les banques ivoiriennes ont tendance à privilégier les grands groupes internationaux et les entreprises ayant un chiffre d'affaires annuel de 1 à 5 millions d'euros, ce qui représente plus de 60 % du portefeuille de crédit des banques (OCDE, 2016).

Par ailleurs, le système financier est peu inclusif et les options de financement alternatif sont faibles. En effet, le taux de bancarisation (incluant les services de microfinance) reste encore faible et se situe autour de 30% en 2019, largement inférieur à celui observé dans la zone

UEMOA (Graphique 2). Une telle situation montre à quel point le système financier ivoirien exclut une bonne partie de la population (environ 70 % des Ivoiriens).

Graphique 47. Evolution du taux de bancarisation élargi (y compris utilisateurs de microfinance), 2009-2019, en %

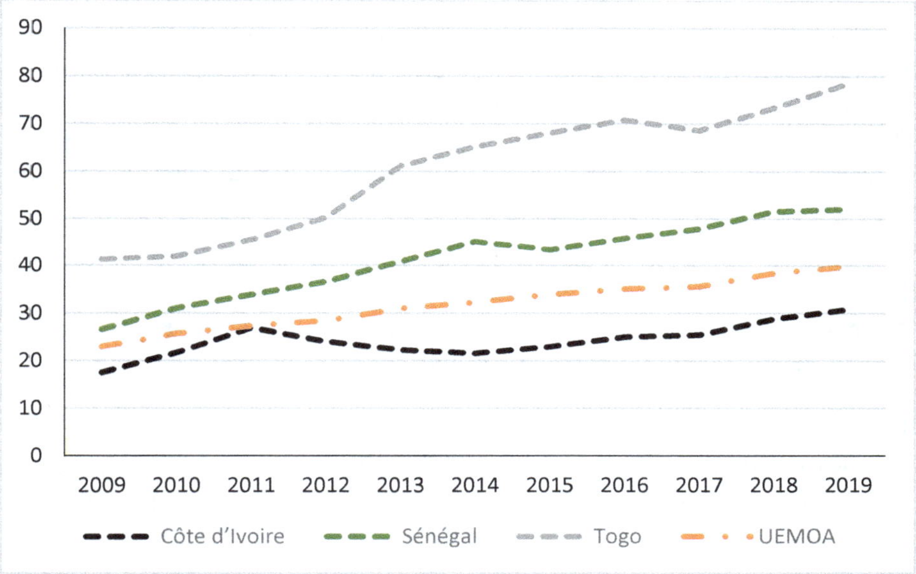

Source : Auteur à partir des données de la BCEAO

6.3.2. Les besoins de financement des infrastructures

En Afrique, selon ICA[30] (2018), le montant total des engagements en matière d'infrastructures s'élevait à 100,8 milliards dollars US, soit une augmentation de 24% par rapport au total des engagements enregistrés pour 2017 et de 33 % par rapport à la moyenne de 2015-2017. Pour la première fois, le niveau des engagements dépasse les 100 milliards dollars US. Ce résultat est le fruit d'efforts concertés de toutes les sources de financement.

[30] The Infrastructure Consortium for Africa.

De manière spécifique, les engagements dans le secteur des transports en 2018 étaient estimés à 32,5 milliards dollars US, soit un niveau 5 % de fois plus élevé que la moyenne triennale (2015-2017) de près de 31 milliards dollars US. Ceux de l'eau et de l'assainissement étaient de 13,3 milliards dollars US en 2018, soit un niveau 21 % de fois plus élevés que la moyenne triennale précédente de 11 milliards dollars US. Pour ce qui est de l'énergie, en 2018 elle s'est élevée à 43,8 milliards dollars US, soit 67 % de plus que la moyenne de 2015-2017- le plus haut niveau d'engagements jamais enregistrés dans le secteur. Globalement les besoins de financement de l'Afrique sont compris entre 130 et 170 milliards dollars US. Malgré une forte augmentation des ressources allouées au secteur de 83 milliards dollars US, en moyenne, pour la période 2016-2018, le déficit de financement reste de 53 à 93 milliards dollars US par an.

Selon les estimations de la Banque Africaine de Développement, les besoins annuels d'investissement en infrastructures en Afrique se situent entre 130 milliards et 170 milliards dollars US – traduisant un déficit de financement de 68 milliards à 108 milliards dollars US par an au regard des dépenses actuelles. Ce déficit est nettement plus important que les estimations précédentes des besoins d'investissement, qui s'élevaient à 93 milliards dollars US. Le déficit de financement qui en résulte se chiffre à 31 milliards dollars US.

En Côte d'Ivoire, les estimations de Global infrastructure Hub (GIH) situent le déficit absolu d'infrastructures jusqu'en 2040 à 50 milliards dollars US. A l'analyse, les besoins d'investissement relatifs 2016–2040 (BIN-TA) sont plus importants pour les infrastructures en eau avec 6,1 milliards dollars US, soit 46,5% des besoins totaux exprimés pour l'ensemble des infrastructures citées dans le tableau 2. Viennent ensuite les infrastructures routières dont les besoins sont estimés à 2,1 milliards dollars US jusqu'en 2040 et 1,5 milliards dollars US pour les télécommunications et rien quasiment pour les infrastructures d'électricité. Si ces besoins sont comblés, cela améliorera le développement des capacités productives et accéléra la transformation structurelle de l'économie du pays.

Au regard du graphique 47 ci-dessous, la Côte d'Ivoire occupe une position relativement acceptable (65 milliards $ US) en termes de tendances actuelles de financement des infrastructures comparé aux autres pays africains considéré dans le panel de pays. Elle reste cependant loin derrière des pays tels que le Maroc, l'Égypte et l'Éthiopie qui enregistrent respectivement 210 milliards $ US, 445 milliards $ US et 447 milliards $ US relativement aux tendances actuelles d'investissement. Ceci pourrait s'expliquer par les investissements massifs consentis par les autorités du pays au lendemain de la crise postélectorale de 2011. Pour l'essentiel, ces investissements ont été consacrés à la relance de l'économie par la demande avec des niveaux élevés d'investissement dans les infrastructures économiques et sociales de manière générale.

Ceci dit, partant des conclusions des travaux de Longo et Sekkat (2001), selon lesquelles 1% d'accroissement du stock de l'infrastructure de transport et des télécommunications dans le pays d'exportation, augmente ses exportations vers d'autres pays africains d'environ 3%, des investissements à hauteur de 51,5 milliards dollars US dans ces infrastructures permettrait à la Côte d'Ivoire de tripler ses exportations vers ses destinations africaines. En conséquence, le pays gagnerait triplement à investir dans ses infrastructures de transport et de télécommunication.

Graphique 48. Besoins de certains pays africains en dépenses d'infrastructures, 2016-2040

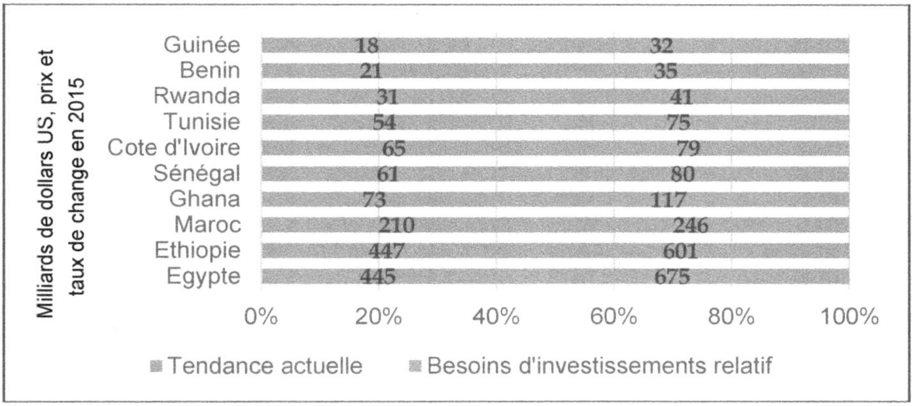

Source : Oxford Economics

En dépit de leur importance, les infrastructures sont confrontées de plus en plus aux défis permanents de financement et appellent à des questions légitimes : Quelles sont les sources internes de financement des infrastructures en Côte d'Ivoire ? Existe-il d'autres sources innovantes de financement des infrastructures exploitables ? Pour rappel, les flux financiers vers l'Afrique ont considérablement changé depuis le Consensus de Monterrey en 2002. Ces changements ont laissé place à des opportunités considérables ainsi que des défis auxquels les pays sont confrontés dans leur recherche de ressources financières pour répondre aux besoins urgents de développement notamment en infrastructures.

Tableau 20. Besoins cumulés d'investissements en infrastructures en Côte d'Ivoire (en milliards $ US, 2016–2040)

Prix et taux de change en 2015 (en milliards $ US)								
Tendances Actuelles (TA) 2016-2040	27,3	2,9	0,9	0,5	17,2	3,1	13,3	65,2
Besoin d'investissement relatif (BIR) 2016–2040	29,4	4,7	1,8	1,8	18,7	3,1	19,4	78,8
Besoins d'investissement relatifs 2016–2040 (BIN-TA)	2,1	1,8	0,9	1,3	1,5	0,0	6,1	13,6
Exigence en matière d'ODD pour 2016–2030 en sus du BIR	-	-	-	-	-	21,9	16,0	37,9
Écart en 2016–2030 (BIR+ODD-TA)	2,1	1,8	0,9	1,3	1,5	21,9	22,1	51,5

Source : Perspectives mondiales de l'infrastructure, 2018 – Note : TA : Tendances actuelles. BIN : Besoins d'investissements relatifs ODD : Objectifs de Développement Durables

6.3.3. Les stratégies de financement des investissements pour la transformation structurelle

Aujourd'hui, le financement à long terme en Afrique s'effectue principalement en contournant purement et simplement le processus d'intermédiation nationale à travers un recours quasi-systématique aux financements à long terme fournis par les gouvernements, les partenaires techniques et financiers ou sous forme d'emprunts extérieurs ou d'investissements directs étrangers. Les fonds intermédiés par les marchés financiers locaux, que ce soit sous forme de placements privés, de prêts syndiqués ou d'émissions publiques de titres sont en effet très peu utilisés.

De façon spécifique, en Afrique, les gouvernements nationaux continuent de financer la majeure partie des investissements en infrastructures (42%) notamment par le biais des recettes (fiscales et non fiscales), d'emprunts (nationaux/internationaux), de financement par les banques de développement bilatérales et multilatérales (35%) et de financement par la Chine (10%). L'accent mis récemment sur l'approfondissement des marchés locaux découle de la nécessité de diversifier les sources de financement à long terme. La disponibilité des financements concessionnels des partenaires techniques et financiers est limitée et les emprunts extérieurs comportent des risques de change que l'on ne peut aisément répercuter aux utilisateurs locaux des services d'infrastructures. En conséquence, les efforts des pouvoirs publics se sont orientés progressivement vers une stimulation de l'investissement privé intérieur.

Les sources nationales de financement

Les sources nationales de financement sont restées pertinentes dans le cadre du financement de la transformation structurelle en dépit de la faiblesse des ressources internes dans nos États. Ainsi, dans le cas des infrastructures, le montant total des crédits budgétaires identifiables utilisés par 46 gouvernements africains nationaux s'est élevé à 26,3 Milliards de dollars US en 2016 contre un total recalculé de 24 Mrd $ pour 44 pays en 2015.

L'Afrique de l'Ouest comptabilisait 4,834 Milliards de dollars US avec 0,0645 Milliard de dollars US pour la Côte d'Ivoire. Cette part est de loin inférieure à celle dégagée par le Nigéria (2,749 Milliards de dollars US) et le Sénégal (0,575 Milliard de dollars US).

Graphique 49. Crédits budgétaires nationaux des pays d'Afrique de l'Ouest en 2016 (M $)

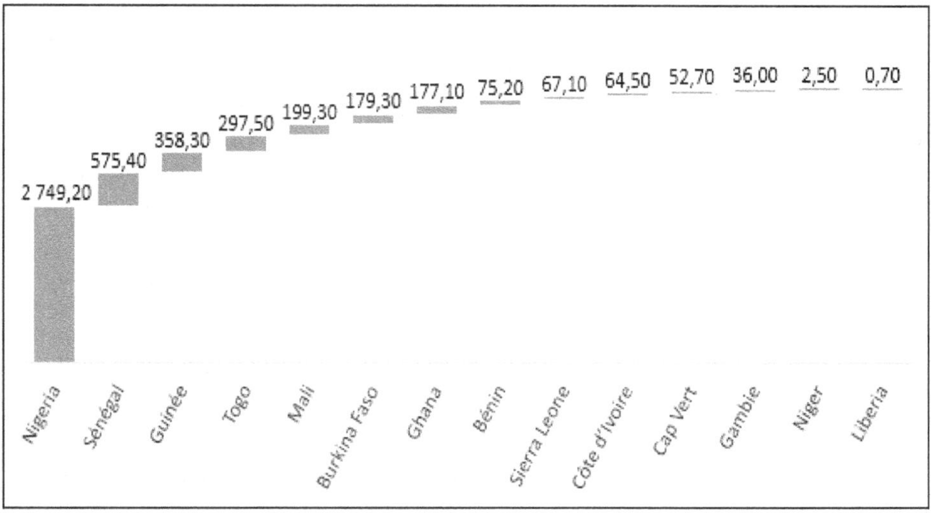

Source : Rapport annuel de l'ICA (2016)

Malgré les taux de croissance respectables affichés par les PMA depuis la crise financière mondiale de 2008/09, il est à craindre que l'ampleur de leurs besoins d'investissement conjugué à la timidité de leurs progrès en matière de mobilisation des ressources intérieures ne fasse subsister – voire s'accentuer – leurs déficits courants à moyen terme. Par ailleurs, avec le développement de nouveaux mécanismes de mobilisation de ressources internes, les États, en l'occurrence les États de l'UEMOA, ont recours au marché financier sous-régional. En effet, les marchés financiers – comprenant principalement les actions et les obligations – sont des composantes essentielles de l'infrastructure financière nécessaire pour soutenir le financement privé au service du développement. Dans les marchés financiers arrivés à maturité, les marchés boursiers sont principalement alimentés par les fonds d'investissement professionnels. Il s'agit notamment des fonds réglementés qui gèrent l'épargne des ménages et des entreprises (tels que les fonds de pension) et des fonds moins réglementés (tels que les fonds de couverture et les fonds de capital-investissement).

Toutefois, les marchés financiers intérieurs en Afrique sont sous-développés avec des placements en actions encore faibles alors que la profondeur et l'efficacité des marchés de capitaux locaux constituent un moyen particulièrement efficace d'accéder à des financements à court terme et en monnaie locale. Ces financements constituent la pierre angulaire d'un secteur privé dynamique et un moteur puissant de création d'emplois et de croissance. S'ils sont stables, les marchés de capitaux locaux peuvent protéger l'économie contre la volatilité des flux de capitaux et réduire la dépendance vis-à-vis de la dette extérieure. Il apparaît donc nécessaire de développer de façon continuelle des solutions innovantes de mobilisation de ressources internes, qui représentent des sources de financements indispensables pour continuer à accumuler le capital dont ils ont besoin et combler leurs déficits de financement persistants.

Les sources extérieures de financement

Compte tenu de l'étroitesse des marchés financiers locaux, comme cela est observé en Côte d'Ivoire, les pays africains, dans leur marche vers la transformation structurelle, vont demeurer essentiellement tributaires du financement extérieur.

Au cours des quinze dernières années, le financement du développement s'est profondément transformé (Véronique Genre, 2016). L'aide au développement traditionnelle a été mise sous la pression des restrictions budgétaires dans les pays les plus riches, tandis que de nouveaux acteurs sont apparus, notamment les bailleurs émergents. Le ralentissement de l'aide publique et des prêts concessionnels s'est aussi fait au profit de l'utilisation accrue d'une palette d'instruments privés telles que le recours aux marchés financiers internationaux.

Bon nombre de pays africains ont notamment compris l'urgence de recourir au financement extérieur privé pour combler le déficit en besoins de financement des infrastructures de base. Par exemple, en 2015, les pays du monde entier, en particulier les pays africains, ont adopté les Objectifs de développement durable portant sur l'éradication de la pauvreté, la protection de la planète et la prospérité partagée. Ces objectifs sont inscrits dans un nouveau programme de développement durable. Pour atteindre ces objectifs en Afrique, il faudra investir massivement dans les infrastructures de base, l'agriculture et le développement rural, l'atténuation et l'adaptation au changement climatique, la santé et l'éducation. Dans de nombreux cas, l'investissement privé peut accompagner l'investissement public et l'apport des bailleurs de fonds. Des financements supplémentaires de la part des institutions financières internationales, en particulier ceux qui ciblent exclusivement le secteur privé, peuvent servir à mobiliser davantage de capitaux par le biais de financements mixtes ou conjoints et de l'atténuation des risques, notamment pour les infrastructures et d'autres investissements qui favorisent le développement du secteur privé. Les donateurs et les investisseurs privés reconnaissent de plus en plus les avantages qu'il y a à travailler ensemble.

Mobiliser des solutions innovantes de financement public et privé

Pour faire face à ces déficits croissants de financement, particulièrement dans le secteur des infrastructures de base, les États africains, en l'occurrence la Côte d'Ivoire, ont recours à des mécanismes innovants de financement résolument tournés vers les financements privés.

Depuis le Consensus de Monterrey en 2002, les tendances des flux financiers privés, provenant de sources aussi bien nationales qu'internationales, sont positives. À mesure que les pays africains continuent de se développer – passant de la catégorie de pays à faible revenu à celle de pays à revenu intermédiaire de la tranche inférieure puis de la tranche supérieure - la tendance risque de se poursuivre (CEA, 2017). Une telle tendance conjoncturelle offre aux Etats africains une opportunité unique pour la mobilisation de capitaux nécessaires à leur développement. Les Etats se tournent en particulier et plus fréquemment vers les Partenariats Publics-Privés (PPP). En effet, confrontés à d'importants déficits budgétaires, les gouvernements africains se tournent vers les partenariats public-privé (PPP) pour combler les manques financiers. Les investissements étrangers couplés à des co-financements collaboratifs avec des institutions de financement du développement peuvent apporter les capitaux nécessaires pour financer des industries, construire des infrastructures, fournir des équipements sociaux et créer des emplois.

Selon le FMI (2018), les PPP en particulier pourraient contribuer à améliorer la qualité des infrastructures essentielles en Afrique

Subsaharienne (ASS), apporter au secteur privé l'expertise requise pour accroître l'efficience des infrastructures et atténuer certaines des contraintes financières pesant sur l'investissement. Dans la région, le ratio moyen de la valeur des PPP/PIB est le plus élevé du monde. Depuis 2000, il est de 1,4 %, contre 1 % du PIB en moyenne ailleurs, et reflète les besoins substantiels en infrastructures. La répartition des PPP en Afrique subsaharienne n'est pas uniforme. Mesurés par le ratio moyen projets PPP/PIB sur la période 2000–2016, ces projets revêtent une grande importance dans les pays pauvres en ressources. Depuis 2000, ces projets ont représenté en moyenne 2,25% du PIB dans ces pays, 1,75% du PIB dans les pays riches en ressources hors pétrole et 1,25 % dans les pays exportateurs de pétrole. Les PPP se concentrent essentiellement dans les secteurs de l'énergie et du transport. La participation accrue du secteur privé au développement des infrastructures dans la région est liée en grande partie aux projets des secteurs de l'énergie (électricité et gaz naturel) et des transports (aéroports, réseaux ferrés, ports maritimes, routes à péage). Au cours des cinq dernières années, la part la plus importante des PPP a concerné des projets dans le secteur de l'énergie.

En Côte d'Ivoire, la pratique des PPP est relativement vieille. Elle remonte à 1959. Ainsi, la distribution de l'eau et de l'électricité a-t-elle été concédée à des entreprises privées, qui fournissent une part importante de la production d'électricité. AZITO et CIPREL, deux entreprises privées, fournissent l'essentiel de la production d'électricité, tout comme la production de gaz (Foxtrot, Devon et CNR), la gestion de l'aéroport d'Abidjan Port-Bouët (AERIA) sont également confiées à des entreprises privées de même que la gestion du terminal à conteneurs de Vridi au PAA (SETV). Cette approche de financement a véritablement pris forme à la suite de la crise postélectorale en raison de la faiblesse des ressources disponibles et des besoins importants à pourvoir. Sur la période 2012-2015, la contribution du secteur privé était de 11 076 milliards de FCFA, soit une proportion de 62,4% pour ce secteur et de 37,6% pour le secteur public (Ministère du Plan et du Développement, 2015).

Par ailleurs, depuis 2015, le pays travaille à la mise en œuvre de plusieurs projets de PPP dans les transports. Ces projets s'inscrivent dans le cadre des plans nationaux de développement. À titre d'exemple, le pont Henri Konan Bédié, un projet d'un montant de 232 millions d'euros a été construit dans le cadre d'un PPP avec la participation de plusieurs institutions de financement du développement et d'investissements privés (BAD, 2018). Le projet du métro d'Abidjan est un exemple de projet bénéficiant de financements extérieurs. D'un coût de 918,34 milliards de FCFA, il est financé à 100 % par la France en contrepartie d'un accord de concession à des entreprises françaises. Ce mode de financement a permis au pays de se doter d'infrastructures de classe mondiale, particulièrement à la suite de la crise post-électorale.

Toutefois, dans la pratique, l'expérience internationale ne semble pas démontrer que les PPP sont un moyen plus efficient de financer les infrastructures que les marchés publics. Qui plus est, ceux-ci sont basés sur des dispositifs complexes dont les risques budgétaires sont difficiles à évaluer (FMI, 2015a). Les PPP supposent l'adoption de cadres institutionnels et juridiques permettant de quantifier, d'évaluer et de maîtriser les risques associés aux projets de grande envergure et complexes, susceptibles d'engendrer un passif éventuel et des risques budgétaires considérables. Les PPP devraient donc être examinés avec attention.

En outre, les flux de financement privés ne sont pas toujours bien alignés sur les stratégies nationales de développement, et (à quelques exceptions près), du fait de leur nature, ont tendance à ne pas parvenir aux pays ayant des besoins de développement les plus pressants. Le défi qui se pose aux pays d'Afrique est double : mobiliser le financement privé et l'aligner sur les priorités de développement. Il existe également des liens importants avec le financement du secteur public. Les gouvernements africains doivent établir un équilibre entre la nécessité de taxer l'activité économique privée et de mobiliser les ressources nécessaires pour financer les services publics et les biens publics et le fardeau que la fiscalité peut imposer au secteur privé. Par ailleurs, l'enthousiasme pour le financement du secteur privé devrait être tempéré par la nécessité de faire en sorte que l'instabilité financière préjudiciable connue par d'autres pays développés suite à l'intégration dans les marchés financiers mondiaux ne se reproduise pas.

Mettre en œuvre des réformes efficaces pour rendre plus performant le système financier

La marche vers la transformation structurelle de l'économie entraîne de nouveaux besoins de financement, ce qui nécessite un système financier performant. Pour y parvenir, un certain nombre de réformes s'imposent notamment celles permettant (i) la réduction des coûts de transaction, (ii) la diversification du système financier et (iii) l'inclusion du système financier.

La réduction des coûts de transaction pourrait se faire par le rapprochement des banques de leur clientèle et par l'amélioration de la gestion interne des banques. Au niveau de la diversification du système financier, les réformes devraient promouvoir la concurrence par l'ouverture du marché à d'autres opérateurs non bancaires qui offriraient des produits financiers adaptés au contexte ivoirien. En ce qui concerne l'inclusion financière, les réformes devraient favoriser la mise en place de l'interopérabilité dans le cadre du mobile money entre les opérateurs de téléphonie mobile et à soutenir le développement pérenne de la microfinance.

❖

Ce chapitre s'est attelé à analyser l'importance de la gouvernance, du développement des infrastructures et le financement du processus de transformation structurelle de la Côte d'Ivoire. Il ressort que le pays connait une tendance à l'amélioration de son score en matière de gouvernance depuis 2012 après une période de stagnation entre 2008 et 2011. Ces efforts réalisés en matière de gouvernance ont contribué, à l'amélioration de sa productivité, condition nécessaire pour une amorce de sa transformation structurelle. Au niveau du développement des infrastructures qui est considéré comme une étape importante dans le processus de transformation structurelle, la mise en œuvre des PND a permis au pays de se doter d'ouvrages structurants devant participer au cheminement vers son émergence. Toutefois, en dépit des efforts et investissements consentis pour améliorer la qualité des infrastructures, qu'elles soient routières, TIC ou énergétiques, le pays reste encore loin derrière nombres de pays pionniers comme le Maroc, l'Afrique du Sud, le Nigéria et le Ghana. En matière de financement, les estimations de Global infrastructure Hub (GIH) situent les besoins d'investissements à 50 milliards dollars US. Pour combler ce déficit de financement, les États africains, en l'occurrence la Côte d'Ivoire se tournent de plus en plus vers les solutions innovantes de financements publics et privés, notamment les Partenariats Publics-Privés (PPP). Cependant, l'efficacité du mécanisme des PPP exigent l'adoption de cadres institutionnels, juridiques et de gouvernance appropriés nécessitant des reformes rigoureuses dans le domaine des marchés publics.

3e partie
COMMENT ACCELERER LA TRANSFORMATION STRUCTURELLE DE L'ECONOMIE IVOIRIENNE ?

Chapitre 7
COMMENT REUSSIR LA TRANSFORMATION STRUCTURELLE DE L'ECONOMIE IVOIRIENNE ?

La Côte d'Ivoire a réalisé des performances économiques relativement satisfaisantes au cours de la dernière décennie, avec un taux de croissance moyen annuel d'environ 8 %, un environnement macroéconomique stable et une inflation maîtrisée. Cependant, ce progrès économique doit être modéré par la prise en compte des tendances préoccupantes, notamment, le profil de croissance (croissance extensive fondée sur l'accroissement du volume ou du stock des facteurs de production) actuel adopté par la Côte d'Ivoire qui n'est pas durable et inclusif.

En particulier, ses récents taux de croissance particulièrement élevés ne se sont pas toujours traduits par des améliorations concomitantes des indicateurs socio-économiques (par exemple, les indicateurs sociaux) et par un développement économique généralisé. En effet, le taux de pauvreté, bien qu'en baisse sensible, reste encore élevé (39,45% en 2019 (INS) contre 51% en 2011 (estimations faites par la Banque Mondiale)) et la Côte d'Ivoire demeure confrontée à une crise de l'emploi en particulier pour les jeunes. La réduction de la pauvreté et la formation d'une classe moyenne[31] grâce à une création d'emplois suffisante (pour absorber des classes d'âge arrivant par milliers chaque année sur le marché du travail), gage d'une stabilité et d'une liberté économique et politique de la Côte d'ivoire devraient donc susciter un intérêt majeur pour les politiques publiques à venir.

Or, la poursuite d'un tel objectif passera nécessairement par l'accroissement de la productivité du travail dans tous les secteurs, c'est-à-dire, en grande partie, par l'intensification capitalistique de la production et l'adoption des nouvelles technologies. Cependant, l'investissement reste relativement trop faible en Côte d'Ivoire. Par

---

[31] Cette classe moyenne se caractérisera par une consommation élevée, qui deviendra l'un des moteurs principaux de la croissance.

exemple, selon les indicateurs de développement de la Banque Mondiale, le niveau d'Investissement direct étranger (IDE) en Côte d'Ivoire sur la période 2018-2019 oscillait autour de 1,39 %, loin de celui du Maroc (2,49 %) et du Ghana (6,85%). En conséquence, le processus d'innovation et le rattrapage technologique reste encore à désirer, reflétant les nombreuses contraintes pesant sur les entreprises ivoiriennes.

Ces contraintes affectent tous les secteurs, qu'il s'agisse de l'agriculture, de l'industrie ou des services. La réduction de ces contraintes est donc l'une des conditions de la poursuite d'un rythme de croissance économique participant surtout à une réduction significative de la pauvreté. La croissance de la productivité à l'intérieur de chaque secteur, bien qu'importante, ne peut suffire à assurer une croissance durable et inclusive. Celle-ci doit passer également par une transformation structurelle, c'est-à-dire par la migration des ressources productives de l'agriculture vers l'industrie et les services. De plus, comme le souligne Kuznets (1979), il est impossible à un pays de réaliser de façon durable des taux de croissance du produit intérieur brut (PIB) par tête en termes réels sans toutefois enregistrer des changements substantiels dans de nombreux secteurs de l'activité économique.

L'objectif principal de ce chapitre est donc de déterminer les changements structurels nécessaires permettant le développement et la convergence réussie des secteurs productifs afin de soutenir le rythme d'une croissance inclusive et réaliser une réduction significative de la pauvreté en Côte d'Ivoire. De manière spécifique, le chapitre identifie les mesures nécessaires pour accélérer la diversification dans les activités économiques plus productives ; détermine les priorités de développement agricole et rural ; formule des stratégies de soutien à la transformation structurelle misant à la fois sur la modernisation et l'expansion des activités de services en Côte d'ivoire et sur la réduction des obstacles à l'expansion de l'agro-industrie et des marchés agricoles et enfin suggère des recommandations de réformes et de politiques pour accélérer la transformation structurelle.

Le chapitre est articulé de la manière suivante : la section 1 aborde la question de la transformation structurelle et de la diversification de l'économie ivoirienne. La section 2 étudie les changements structurels pour un développement agricole harmonieux, un secteur industriel et des services performants. La section 3 analyse les changements substantiels pour une pertinence de la politique de diversification et une meilleure planification du développement sectoriel. La section 4 conclut par des recommandations de politique.

7.1. Analyse de la diversification du système productif ivoirien

7.1.1. Approche conceptuelle

Un nombre croissant de recherches théoriques et empiriques s'intéresse à la détermination des moyens nécessaires pour relancer et renforcer le processus de diversification en vue de soutenir la croissance et améliorer la compétitivité aussi bien dans les pays développés que dans les pays en développement comme la Cote d'Ivoire. Dans cette sous- section, il est question de faire un tour d'horizon des théories qui ont alimenté la littérature économique afin de déterminer les réformes nécessaires pour que la diversification envisagée soit un moteur du changement de l'économie ivoirienne.

La littérature économique montre une relation en U inversé entre diversification de la production et richesse ((Imbs & Wacziarg, 2003); (Herzer & Nowak-Lehnmann, 2006); (Hesse, 2009); (Cadot, Carrère, & Strauss-Kahn, 2011); (Klinger & Lederman, 2011)). L'idée défendue est que jusqu'à un certain niveau de revenu relativement élevé, la relation entre diversification et revenu par habitant est positive et à partir d'un niveau de revenu correspondant à celui des pays développés, cette relation s'inverse.

Les expériences des pays développés et des pays émergents, notamment asiatiques, montrent que c'est au travers d'une transformation structurelle et profonde de l'économie que ces pays ont réussi à connaître un réel développement (UNIDO (United Nations Industrial Development Organization) , 2009).De même, des études

(Imbs & Wacziarg, 2003) montrent que le passage de pays à bas revenu à pays à revenu intermédiaire passe par une forte diversification de l'économie et souligne le rôle de l'État dans ce processus.

En effet, le profil de la plupart des économies en voie de développement implique des politiques actives des États, afin d'insuffler des évolutions fortes que le marché ne peut impliquer automatiquement par des allocations de ressources (Weldemicael, 2012). D'un point de vue théorique, de nombreux auteurs expliquent cette réalité par la présence d'imperfections et de défaillances du marché, particulièrement dans les pays en développement, qu'il convient de surmonter par une intervention de l'État, notamment au travers de politiques industrielles (Rodrik, 2008) permettant une diversification orientée.

En Côte d'ivoire, cette question se pose avec encore plus d'acuité. En effet, le pays a affiché dès son indépendance en 1960, la volonté d'amorcer un véritable processus de croissance et de développement à travers l'industrialisation progressive de l'économie. Pour ce faire, elle a adopté le libéralisme économique et différentes politiques industrielles en vue de parvenir à transformer localement une bonne partie des matières premières agricoles et minières. L'intervention directe de l'Etat dans la sphère industrielle alors que l'économie nationale n'était pas encore parvenue à accroître la productivité agricole, a contribué à accélérer la transformation structurelle de l'économie.

Cependant, on note la faible participation des capitaux privés domestiques au développement des activités manufacturières, le manque de diversification du tissu industriel avec la prédominance des secteurs de l'agro-industrie et du textile et une forte concentration des activités (à plus de 75%) à Abidjan.

Par ailleurs, celui-ci devra également faire face à de nombreux défis dans les prochaines années notamment celui du chômage, particulièrement chez les jeunes diplômés d'où la nécessité d'une croissance élevée durable et inclusive, centrée sur le développement du secteur industriel et des services. A cet effet, les études ((Agosin, Alvarez, & Bravo-Ortega, 2012); (Jarreau & Poncet, 2012)) montrent que le renforcement de ce processus de transformation structurelle devrait atteindre deux objectifs. Un premier objectif lié à l'accélération du rythme de diversification et un deuxième relatif au changement de nature dans le processus à travers sa réorientation vers des produits plus dynamiques et intensifs en nouvelles technologies.

De plus, la littérature tend à indiquer qu'au-delà de la diversification des économies et des exportations, c'est la nature de cette diversification et notamment le processus de sophistication de la production et des exportations qui constituent un levier du changement structurel des économies ((Hausmann, Hwang, & Rodrik, What You Export Matters, 2007); (Hausmann, Klinger, & Lopez-Calix, Export Diversification in Algeria, 2010)). Ces processus, qui devraient entraîner une plus forte valeur ajoutée, doivent s'accompagner de stratégies favorables aux exportations qui favorisent, entre autres, la pénétration de marchés de niche et la diversification des partenaires et marchés. Dans le cadre ivoirien, la modernisation, la sophistication et la diversification des structures de l'économie pourraient jouer un rôle prépondérant dans le développement de la Côte d'Ivoire dans les prochaines années.

Dans le contexte actuel, il s'agit pour l'État ivoirien de fixer des objectifs ambitieux afin de construire des bases de développement solides. Le développement économique reposera sur un modèle économique équilibré pour une croissance inclusive et durable, en tablant sur une transformation structurelle générant emplois et valeur ajoutée additionnels. Ainsi, nous nous attèlerons à proposer à la suite de l'analyse du système productif ivoirien, des changements structurels nécessaires pour une bonne réalisation des opportunités à travers tous les secteurs productifs.

7.1.2. Analyse du système productif ivoirien

Les récentes performances économiques de la Côte d'Ivoire ont suscité un regain d'optimisme quant aux perspectives de développement. Cependant, le modèle économique actuel ne pourrait permettre un développement durable de la Côte d'Ivoire et serait susceptible d'engendrer des risques de dépendance et de vulnérabilité. En effet, la croissance ivoirienne de ces dernières décennies ne s'est pas accompagnée de création d'emplois surtout dans le secteur industriel ou de structures économiques diversifiées et intégrées à même de résister aux chocs extérieurs.

Il s'agira donc pour la Côte d'Ivoire de diversifier son économie en s'orientant vers de nouvelles opportunités basées sur ses avantages comparatifs. Une consolidation de la croissance devra passer par une répartition plus équilibrée entre les moteurs de la croissance que sont les investissements publics et privés. L'effort du gouvernement en matière de capital devra se poursuivre, mais en privilégiant les investissements privés.

Il serait nécessaire de continuer à rétablir la confiance des acteurs et créer des opportunités économiques, encourager les entreprises privées à investir à nouveau dans les outils de production délaissés durant les années de crise, et créer un environnement financier favorable pour plus de crédits aux petites et moyennes entreprises (PME). La relance des investissements devra s'accompagner de plus de créations d'emplois.

7.1.2. Politique de diversification de l'économie ivoirienne

L'économie ivoirienne présente certes une structure relativement diversifiée[32] (voir graphique 50) mais dispose encore d'importants leviers pour poursuivre sa transformation structurelle. En effet, le secteur agricole reste le principal employeur du pays (39% selon les estimations de la banque mondiale) malgré le fait que les secteurs de l'industrie et des services représentent une part importante de l'économie ivoirienne (Voir graphique 50).

---

[32] L'agriculture a représenté en moyenne 26 % de la valeur ajoutée, même si les parts de l'industrie 25.5 %) et des services (48.7 %) sont supérieures à ce que l'on observe dans des pays comparables.

Graphique 50. Contribution à la croissance du PIB, 1990-2019

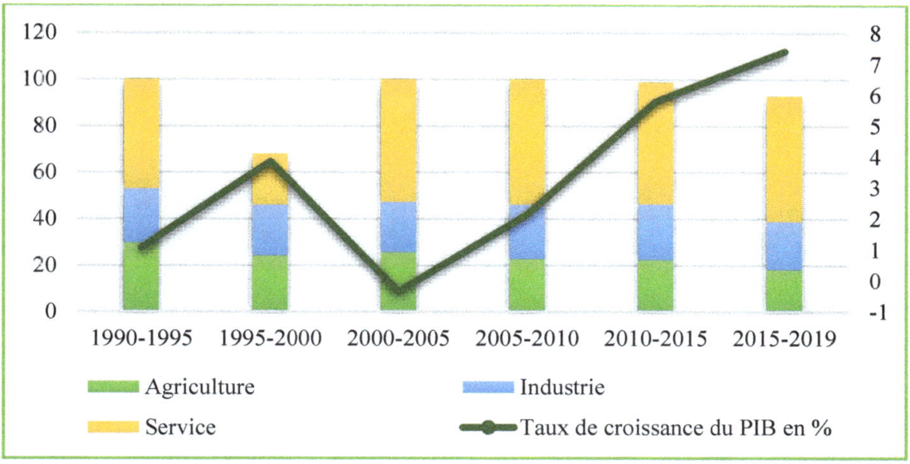

Source : Auteur et compilations à partir de World Development Indicators. http://data.worldbank.org/data-catalog/world-development-indicators

En effet, de nombreuses activités des secteurs secondaire et tertiaire n'offrent qu'un potentiel de croissance et de création d'emplois restreint. L'organisation actuelle du secteur industriel ivoirien dépend en partie de l'exploitation des ressources naturelles, une activité assez peu créatrice d'emplois. Du côté des services, il s'agit actuellement de prestations de faible envergure et souvent informelles qui n'offrent guère de perspectives de croissance. Si les prédictions théoriques montrent bien que la transformation structurelle d'une économie est le passage d'une économie dominée par le secteur agricole à une économie dominée par le secteur industriel et/ou des services, l'accent devra être mis sur la qualité des services. Les graphiques 49, 50 et 51 montrent en effet la part importante des services dans l'économie ivoirienne. Cependant, contrairement aux pays développés ou émergents dans lesquels les activités de services sont à forte valeur ajoutée (NTIC, banques et services financiers, tourisme et hôtellerie, ...), en Côte d'Ivoire, les services comprennent majoritairement des activités du secteur informel. Selon les données de l'ENSESI 2016, l'emploi est presqu'exclusivement informel (93,9%). L'économie informelle représente par ailleurs entre 30% et 40% du PIB (FMI, 2017).

Graphique 51. Évolution des parts sectorielles de l'emploi, 1990-2020

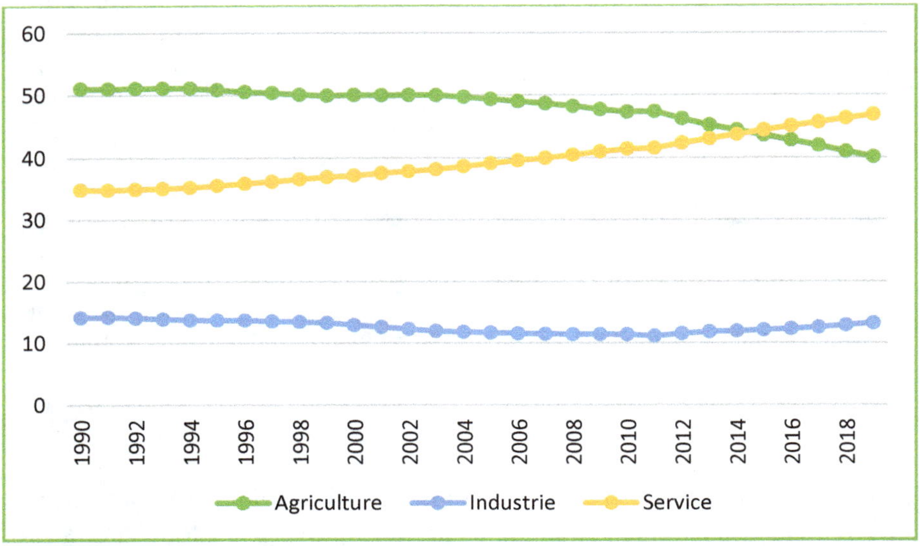

Source : Auteur et World Development Indicators. http://data.worldbank.org/data-catalog/world-development-indicators

Graphique 52. Évolution de la structure de la valeur ajoutée du PIB, 1990-2019

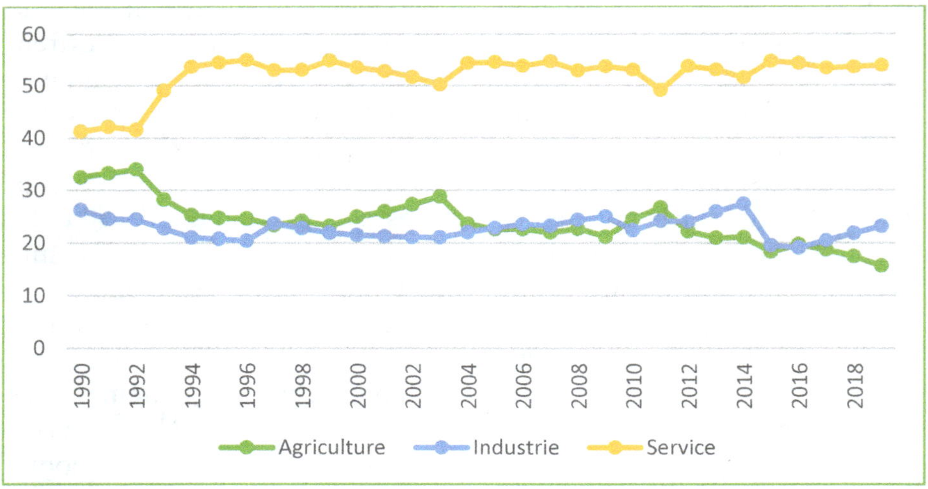

Source : Auteur et World Development Indicators. http://data.worldbank.org/data-catalog/world-development-indicators

Par conséquent, il existe un potentiel important pour stimuler la productivité, à travers un transfert de la main-d'œuvre vers des emplois industriels ou de services plus productifs que les activités agricoles et particulièrement le secteur informel.

C'est pourquoi, à moyen terme, les autorités doivent impérativement promouvoir le développement d'un secteur privé, surtout national, qui investit dans des activités à forte valeur ajoutée, de manière à accélérer la croissance des revenus pour la population et la création d'emplois. Les crises en Côte d'Ivoire ont fait ressortir la volatilité du secteur privé étranger ; aussi l'accent devra-t-il être mis davantage sur le développement de champions nationaux, à l'exemple de la politique adoptée par SEM. Olusegun Obasanjo au Nigéria lors de ses deux mandats présidentiels en tant que civil (1999-2007).

Pour Chevassu (1996), l'expérience montre que les zones d'appui, d'accueil ou d'implantation d'entreprises constituent le meilleur moyen pour faire émerger un milieu local d'entrepreneurs. Cet effet d'entraînement tient aux externalités liées à la concentration sur des espaces géographiques limités des activités de : - conseils - formation - animation, - informations, qui favorisent les synergies entre grandes et petites entreprises, l'État et le secteur privé, les étrangers et les nationaux. Ainsi, à partir de ces structures, il sera plus facile de créer une véritable économie de marché grâce au développement de : - la sous-traitance et du partenariat intra-national est international, - de la mise en place d'un système d'information nécessaire au développement des exportations et des transferts de technologies.

En ce sens, toutes les mesures de promotion du secteur privé qui ont été appliquées en Côte d'Ivoire ces dernières années (comme le projet de création d'une zone industrielle spécifique dédiée à l'anacarde à Bondoukou dans le Nord-Est de la Côte d'Ivoire) sont, donc, à encourager et à renforcer. Ainsi, en s'appuyant sur l'expérience asiatique, la Côte d'Ivoire pourrait mettre en place une nouvelle dynamique insufflée de l'extérieur et qui puisse se diffuser à l'ensemble des centres de décision que représentent les PME/PMI, les multiples acteurs régionaux, les associations professionnelles, etc.

Les structures d'accueil d'entreprises sont donc nécessaires au développement du secteur privé dans un pays. En effet, la création d'entreprise est un processus risqué (Chabaud, Ehlinger et Perret, 2003), et selon les statistiques de l'INSEE, pour la France, une entreprise sur deux disparaît dans les quatre années suivant sa création. En Côte d'Ivoire, notamment dans le cas des PME, le taux de fermeture est situé entre 75 et 80% (CEDEAO, 2012). Cependant, force est de constater que les taux de mortalité des entreprises deviennent faibles lorsque celles-ci sont suivies par des incubateurs ou des pépinières d'entreprises (CSES, 2002) ; leur taux de mortalité devient deux à quatre fois inférieur. Des différentes formes de structures d'accueil des entreprises, les Villages d'Activités Industrielles semblent être les plus adaptés dans le cas de la Côte d'Ivoire du fait du taux de mortalité élevé au niveau des PME. Le Maroc a implémenté ce mécanisme qui a été un succès (Chevassu, 1990).

Ce système de village d'accueil d'entreprises est important pour les petites ou très petites entreprises, dont les responsables n'ont pas les moyens financiers d'investir dans l'immobilier d'entreprise, et qui par ailleurs, ont une formation et une culture industrielle qui ne sont pas toujours suffisantes pour leur permettre de faire face, de façon isolée, à toutes les contraintes qui pèsent sur elles.

De plus, les politiques visant à soutenir la transformation structurelle devront atteindre un double objectif : le pays aura besoin d'une croissance soutenue de la productivité pour générer des revenus plus élevés pour la population, tout en créant plus d'emplois afin de rendre la croissance inclusive. Pour atteindre ce double objectif, le processus de transformation devra être soutenu par une amélioration de la qualité des produits, notamment agricoles ; des activités industrielles avec un plus grand potentiel de création d'emplois et de valeur ajoutée ; telles que la manufacture de produits plus complexes et une meilleure exploitation du potentiel des activités de services.

Ainsi, à la suite de cette section, une attention particulière sera consacrée aux changements substantiels pour une pertinence de la politique de diversification et une meilleure planification du développement sectoriel en vue d'optimiser la trajectoire de l'émergence de la Côte d'Ivoire

7.2. Changements substantiels pour une pertinence de la politique de diversification et une meilleure planification du développement sectoriel

7.2.1. Réformes stratégiques pour une synergie intersectorielle réussie

7.2.1.1. *Le secteur agricole*

La production agricole en valeur est aujourd'hui encore largement dominée par le cacao, qui a toujours représenté la colonne vertébrale de l'économie ivoirienne. Pourtant, la Côte d'ivoire dispose de plusieurs produits agro-industriels à forte demande capables de stimuler de nouvelles activités, mais ces produits ont perdu en compétitivité et nécessitent une revalorisation. En effet, les stratégies actuelles n'exploitent pas assez les capacités productives de l'agriculture et de l'agro-industrie, qui, si elles étaient diversifiées, gagneraient en compétitivité. Pourtant, le développement de l'agroalimentaire permettra d'augmenter la valeur ajoutée et la création d'emplois grâce à l'implication de plusieurs filières d'activités dans la chaîne agro-alimentaire.

Les capacités de transformation devront donc être adaptées au niveau de production des filières pour tirer le plein potentiel de la filière agro-alimentaire. En effet, pour certains produits, ces capacités sont sous-optimales (huile de palme, par exemple). Aussi, les réformes stratégiques devraient viser à augmenter la productivité agricole pour ces produits à travers un meilleur accès aux intrants de qualité (semences, engrais) et à l'amélioration des capacités des acteurs locaux.

À l'inverse, de nombreux produits agricoles pourraient faire l'objet d'une transformation plus avancée (riz, noix de cajou, coton, manioc), ce qui nécessitera plus d'installations de transformation. Au-delà de la transformation, les activités agro-alimentaires ont des retombées sur plusieurs filières d'activité qu'il importera de développer.

En effet, dans le cas de nombreux produits agricoles locaux, l'élargissement de la gamme de produits alimentaires et de boissons par leur transformation génèrera des effets d'entraînement importants sur d'autres secteurs d'activités, tels que les services agricoles, le stockage, l'emballage, les services logistiques, la collecte, ou le marketing.

Or ces fonctions intermédiaires font défaut pour de nombreux produits. Par exemple, les producteurs ivoiriens ont peu de bonnes conditions de stockage pour les produits périssables, tels que l'igname, la banane, le manioc, les produits vivriers (tomate, aubergine) ; et les quelques petits acteurs dans la transformation ont des capacités de stockage individuelles limitées. Le marketing est peu mis en avant, bien qu'il permette une meilleure insertion sur les chaînes de valeur régionales et mondiales.

En somme, pour accroitre la performance du secteur agricole et sa capacité à suivre les nouvelles tendances de la demande, le gouvernement ivoirien devra :

- Premièrement accélérer le rythme de l'innovation agricole pour générer plus de valeur et de productivité.

Pour ce faire, un accent devra être mis sur la promotion, d'une part, d'un système de magasins de proximité agréés pour fournir des intrants et des services agricoles dans les régions et d'autre part des prestataires agréés de services logistiques. De plus, des politiques pour assurer la qualité des intrants agricoles devraient être entreprises.

- Deuxièmement, investir davantage dans la planification stratégique en dotant le programme national d'investissement agricole (PNIA) de ressources suffisantes sur dix ans. Cela passera par un appui dans la mise en place de structures professionnelles dans les filières de tubercules, de féculents et les fruits tropicaux. Aussi, il sera question de généraliser le principe de contractualisation entre l'État et les interprofessions afin d'assurer une meilleure cohérence stratégique (notamment pour des domaines relevant de différents ministères). Enfin, il devra intégrer de nouveaux critères dans l'évaluation des performances des coopératives en leur assignant plus d'objectifs professionnels comme les services de prospection et de mise en relation au profit des membres ; élaboration de plans de labélisation, de traçabilité et de promotion des produits.

7.2.1.2. Le secteur industriel

La Côte d'Ivoire dispose d'un éventail de produits manufacturés plus large que bon nombre d'autres pays africains, mais l'industrie rencontre certaines contraintes liées à l'accès et au coût des facteurs de production (électricité, NTIC, foncier, etc.). S'ajoutent à cela des difficultés liées à une productivité du travail insuffisante (dans le secteur de la fabrication agro-alimentaire, la valeur ajoutée par travailleur est six fois inférieure à celle du Maroc), ce qui débouche sur une création limitée d'emplois formels. Pour moderniser et diversifier la production nationale, le gouvernement ivoirien devra favoriser le développement du secteur privé, exploiter de manière optimale les avantages comparatifs du pays et encourager l'industrialisation par des mesures ciblées (qualité et normes, création de zones d'activités ou incitations fiscales, par exemple).

Aussi, il ne s'agira pas pour le gouvernement ivoirien d'interférer dans les mécanismes de marché ni de soutenir des activités non rentables, mais d'assumer un rôle d'intermédiaire, de facilitateur et de pourvoyeur d'infrastructures et services publics essentiels, en ayant pour préoccupation première l'instauration des conditions propices à la prospérité. L'exploitation des avantages comparatifs possibles de la Côte d'Ivoire sera donc facilitée par des pouvoirs publics proactifs et déterminés.

En effet, la responsabilité première du gouvernement consistera à mettre en place les conditions d'accès aux intrants (électricité ou main-d'œuvre par exemple). Cette exigence passe cependant rarement par des mesures ciblées, dans la mesure où des politiques trop restrictives peuvent également se tromper de cible.

Les autorités ivoiriennes devront donc privilégier l'amélioration de l'accès aux infrastructures sur tout le territoire, surveiller l'évolution des prix et leur influence possible sur les salaires, et poursuivre les réformes du système éducatif. Dans ce dernier cas, une coopération plus étroite avec le secteur privé et le développement de la formation professionnelle et technique pourraient étayer l'essor de nombreuses industries sans risquer d'introduire des distorsions.

Ainsi, au lieu de mesures trop ciblées (comme la création de diplômes spécialisés, par exemple), les autorités devront s'efforcer de renforcer le niveau de compétences et mettre l'accent sur des connaissances transférables dans le but de former une main-d'œuvre capable de s'adapter à l'évolution de son environnement professionnel.

En ce qui concerne le secteur manufacturier ivoirien, l'assemblage de produits est un point d'entrée dans les chaînes de valeur mondiales qui offre des opportunités d'emplois peu qualifiés et de progression au sein de la chaîne de valeur. L'intégration aux systèmes internationaux de production manufacturière pourra jouer un rôle important dans la transformation structurelle de l'économie. Cette intégration pourra permettre de créer les nombreux emplois peu qualifiés nécessaires, mais aussi de relever le niveau général des compétences dans l'économie grâce à la diffusion du savoir et la formation des travailleurs. En outre, elle pourra favoriser l'accès à des niveaux adjacents de la chaîne, dans les deux directions, telles que le conditionnement (en aval) ou la production de biens intermédiaires et de pièces (en amont).

Pour orienter les stratégies de diversification dans le secteur industriel et manufacturier, le gouvernement ivoirien pourrait s'appuyer sur les analyses du Cadre d'identification et de facilitation de la croissance (Growth Identification and Facilitation Framework, GIFF – Lin et Monga, 2011) et de l'espace des produits (Hidalgo, Klinger, Barabási, & Hausmann, 2007). En effet, l'approche « Growth Identification and Facilitation Framework » (GIFF, ou Cadre d'identification et de facilitation de la croissance) mise au point par Lin et Monga (Lin & Monga, 2011) fournit une liste de produits exportés par des pays de comparaison, liste que la Côte d'Ivoire pourrait envisager pour diversifier son économie. Cette liste est complétée par la méthodologie de l'Espace des produits, qui élabore une liste plus restreinte des produits voisins des avantages comparatifs actuels de la Côte d'Ivoire. Les choix de diversification devront être accompagnés de politiques générales de facilitation et d'un dialogue continu avec le secteur privé.

Les secteurs prioritaires proposés comprennent (OCDE, 2016):

- Les produits chimiques et pharmaceutiques (produits de beauté et produits corporels).
- Le secteur de l'emballage, pour lequel le pays dispose déjà d'entreprises.
- Les produits manufacturés basés sur des matières premières. Par exemple, de nouvelles activités peuvent être envisagées en fonction de leur potentiel à établir des chaînes de valeur régionales.
- Les activités d'industrie légère, notamment de montage et de fabrication (équipements de transports, fabrication ou montage de machines spécialisées, équipements médicaux) et surtout le matériel et les machines agricoles (par exemple le matériel de désherbage, de piquetage et de planting, car certains pays expérimentent les machines qui font des butes d'ignames (Ghana) ou de de cabossage (Brésil).
- Les matériaux de construction (ciment, céramique).

Le gouvernement pourrait prendre des mesures pour soutenir le secteur privé basées sur les produits et les activités identifiés comme a priori appropriés pour la diversification. En tant que premier pays producteur de cacao, la Côte d'Ivoire peut par exemple s'intégrer dans les chaînes de valeur mondiales des produits de beauté et autres produits corporels. Les analyses GIFF et de l'Espace des produits fournissent une première idée de choix possibles parmi les activités industrielles.

Un processus de consultation systématique avec le secteur privé pourrait éclairer les décideurs politiques sur les options les plus attrayantes pour les entreprises et les conditions préalables devant être remplies. Les entreprises opérant déjà dans les secteurs potentiellement visés, ou qui gravitent autour d'eux, seront probablement capables d'apprécier le potentiel commercial de nouvelles activités et peuvent également contribuer à identifier les éventuels obstacles. Le gouvernement devrait établir un comité de consultation, inviter des représentants des entreprises clefs dans le secteur privé pour préciser la liste et obtenir une meilleure idée de la situation sur le terrain.

En somme pour asseoir un leadership industriel dans la fourniture de produits transformés à forte demande, le gouvernement ivoirien devra stimuler le secteur industriel à travers des reformes et des politiques sectorielles.

Il s'agira en premier lieu d'étendre rapidement les capacités industrielles du pays dans les activités de transformation de produits agricoles à forte demande et/ou à fort effet d'entraînement sur l'emploi. Par exemple pour certains produits comme le riz, le gouvernement ivoirien devra mettre les moyens pour attirer une grande entreprise leader dans la transformation du riz pour servir le marché local et le marché transfrontalier. En ce qui concerne le manioc, il s'agira d'amplifier la transformation industrielle du manioc en soutenant l'installation d'unités industrielles de taille moyenne à l'intérieur du pays. De même, il faut reprendre et vulgariser le projet de Nestlé de transformation de l'igname et de la banane pour faire du « foutou », qui a connu du succès auprès des ivoiriens à l'étranger. Quant au Cajou : le gouvernement devra renforcer la qualité et les capacités dans la transformation du cajou en nouant des collaborations autour des techniques de traitement, d'emballage et de traçabilité grâce à des partenariats stratégiques avec les pays pionniers comme le Vietnam, l'Inde et le Brésil.

En second lieu, le gouvernement devra fournir des informations et des orientations pour encourager l'installation de fabricants d'articles fortement demandés par les secteurs agro-industriel et chimique (emballages biodégradables et petits matériels agricoles).

7. .2.1.3. Le secteur des services

Le secteur des services pourrait devenir une force motrice de l'économie. En effet, les services contribuent fortement à l'activité économique et à l'emploi et de nombreuses entreprises opérant dans ce secteur (même informelles) présentent une productivité du travail relativement élevée. Par exemple, les services de communication et de transport ont des niveaux de productivité assez élevés, une enquête d'entreprise suggère d'ailleurs que nombre d'entreprises informelles disposent aussi d'un potentiel de croissance important. Les services peuvent impulser le développement des secteurs agricole et industriel. Des services dynamiques peuvent entraîner la croissance d'autres secteurs en offrant par exemple des retombées significatives pour les activités de fabrication, les rendant ainsi plus performants et productifs. La professionnalisation et la modernisation des services logistiques et de planification, notamment via l'utilisation des NTIC, pourrait ainsi libérer un potentiel de croissance (les services de transport sont souvent informels et les cargaisons expédiées sur une base peu planifiée) et créer des retombées dans d'autres secteurs (en créant une demande pour les services NTIC, par exemple, ou en abaissant le coût du transport dans le secteur de la fabrication).

Cependant, la Côte d'Ivoire ne dispose pas d'une stratégie de développement des services. Le gouvernement et les organismes du secteur privé devraient analyser en profondeur la situation et le potentiel que revêtent les activités de services. Il s'agira de développer une stratégie en coordination avec la stratégie de développement industriel afin de tirer parti des synergies et des retombées intersectorielles. Les activités numériques, le transport et la logistique, le commerce et le tourisme ont été identifiés comme secteurs clés en vue d'un réel développement du secteur des services. Ces activités de services bénéficieraient de politiques de soutien général (telles que l'accès aux NTIC et à l'électricité) pouvant être complétées par des politiques plus spécifiques selon les secteurs. Par exemple, le potentiel pour le tourisme pourra être développé sous réserve que des investissements de long terme soient réalisés pour construire des infrastructures de qualité nécessaires à l'accueil des touristes, et qu'une stratégie de communication soit mise en place.

En d'autres termes, pour promouvoir les offres de services pour les PME, le gouvernement ivoirien devra en premier lieu accroître l'aptitude des PME et des micro-acteurs de l'informel à répondre aux grosses commandes de sous-traitance (publiques et privées).

Cela sera possible grâce à une simplification des démarches administratives pour les PME en regroupant la « Bourse de sous-traitance et de partenariat » et l'ensemble des institutions chargées des PME au sein d'une agence unique. Aussi, une attention devra être portée sur le développement des offres spécifiques pour les PME et très petites entreprises opérant dans les activités de transformation et de service aux entreprises (formations managériales, financement de fonds de roulement, coût d'accès aux services nécessaires).

En second lieu, il devra utiliser le potentiel d'internet à plus grande échelle (par exemple en continuant à développer la connectivité des chefs-lieux de régions ou de district). Il sera donc indispensable de propager les informations sur les bénéfices et l'utilisation des TIC et soutenir leur adoption (mobile banking, applications agricoles, etc.) à travers les structures existantes, telles que la Fédération ivoirienne des petites et moyennes entreprises (FIPME) et le Centre de promotion des investissements en Côte d'Ivoire (CEPICI).

En troisième lieu, il devra réformer le secteur des transports intérieurs avec pour objectif d'améliorer la compétitivité et la fluidité opérationnelle des services de transports à l'intérieur du pays. Il s'agira de réduire les coûts et délais de transaction pour offrir plus de réactivité aux exportateurs ivoiriens.

En dernier lieu, le gouvernement ivoirien devra favoriser le développement d'offres logistiques spécialisées afin de réduire les pertes post-récoltes de produits périssables comme le manioc, l'igname, la banane et autres vivriers.

7.2.3. Réformes et stratégies transversales nécessaires pour une transformation réussie de l'économie ivoirienne

7.2.3.1. Réformes pour une meilleure intégration régionale et un positionnement propice dans les chaînes de valeur mondiales

L'émergence de l'économie ivoirienne nécessitera un meilleur accès et une meilleure connectivité avec les marchés régionaux et mondiaux.

Avec une population d'environ 25 millions d'habitants, le marché intérieur ivoirien n'est pas suffisamment vaste pour offrir tous les intrants et débouchés nécessaires à la production nationale. De meilleures coopérations et intégrations régionales seront indispensables pour la bonne réalisation des opportunités à travers tous les secteurs.

Si la Côte d'Ivoire bénéficie d'une position géographique propice à son intégration dans les marchés d'Afrique de l'Ouest à travers l'UEMOA et la CEDEAO, les avancées en ce sens sont nettement plus lentes qu'escompté.

En effet, la Côte d'Ivoire ne tire pas suffisamment parti de son appartenance à l'Union économique et monétaire ouest africaine (UEMOA) et à la Communauté économique des États de l'Afrique de l'Ouest (CEDEAO). Il serait particulièrement important pour la Côte d'Ivoire, confrontée à la hausse des tarifs douaniers depuis la mise en place du tarif extérieur commun (TEC) en janvier 2015, et le renchérissement des intrants pour les biens de consommation et les produits intermédiaires, de tirer parti des avantages que l'intégration régionale procure, comme la libre circulation des biens. Il s'agira ainsi de militer pour le respect des règles communes, les réglementations techniques et les mesures sanitaires et phytosanitaires.

Les réformes de facilitation des échanges devront donc trouver un équilibre entre baisse du coût des procédures commerciales pour les entreprises et affranchissement progressif du budget de l'État vis-à-vis des recettes tirées du commerce et des douanes. Par ailleurs, l'amélioration de la coopération régionale à travers les nombreux postes frontaliers terrestres jouera également un rôle clef.

Concernant les marchés internationaux, pour s'y développer avec succès, les entrepreneurs devront accroître leurs compétences managériales. La réussite des entreprises ivoiriennes sur la scène internationale passera par l'apprentissage de la gestion à distance au moyen d'une multiplicité de relations contractuelles formelles et informelles ; la familiarisation avec des réglementations, des coutumes et des langues différentes ; et l'élaboration de solutions spécifiques pour tous les marchés sur lesquels opère l'entreprise (OCDE/APEC, 2006).

De plus, les produits agricoles ainsi que les produits de fabrication bénéficieraient de la revalorisation de la qualité. En effet, les normes et standards sont de plus en plus nécessaires pour connecter les acteurs locaux aux opportunités internationales dans les chaînes de valeur agro-alimentaires. Ainsi, le manque d'organisation et de capacités de nombreuses entreprises ivoiriennes qui freine présentement l'adoption de normes de qualité et la standardisation des services et des produits devrait être résolu.

Tandis que les produits ivoiriens ont parfois du mal à satisfaire aux exigences et normes de qualité imposées par les pays européens importateurs, la barre est placée assez bas pour les exportations au sein de la région, la Côte d'Ivoire jouissant sur ces marchés d'une réputation relativement flatteuse en matière de qualité (Banque mondiale, 2015). Renforcer cette réputation offrirait un avantage comparatif important aux entreprises ivoiriennes.

Les autorités ivoiriennes devront donc continuer la promotion de la qualité et des normes, et notamment la création de laboratoires, pour répondre aux demandes de certification à venir. La priorité est actuellement donnée à la certification des entreprises, mais la certification des produits sera sans doute plus accessible pour certaines entreprises. À ce titre, la procédure mise en œuvre par le conseil café-cacao semble adaptée aux différentes activités entre la production et l'exportation. Une telle approche gagnerait à être étendue aux filières anacarde, fruits tropicaux, manioc, coton-habillement et caoutchouc-plastique (PACIR-ITC, 2014). Il semble plus réaliste de commencer par cibler les marchés régionaux, aux normes et aux attentes de qualité plus faibles, avant de s'atteler aux exigences plus strictes des marchés européen et américain.

La Côte d'Ivoire pourra aussi renforcer et soutenir l'intégration et l'harmonisation des normes dans la sous-région et promouvoir l'acceptation mutuelle des normes et des certificats pour faciliter l'échange de biens et de services. Pour cela, les agences existantes doivent travailler en concertation avec les institutions, comme le ministère de l'Intégration africaine et des Ivoiriens de l'extérieur.

Les normes devraient être étendues aux industries de services, qui représentent un potentiel considérable pour la croissance économique, d'autant plus que la demande de services certifiés peut être amenée à augmenter. Les services constituent un potentiel de marché important et peuvent agir comme catalyseur pour la productivité des activités de fabrication lorsqu'elles constituent des intrants importants pour les industries (transport, etc.).

Le secteur des services bénéficierait ainsi de contrôles de qualité et de certifications afin de promouvoir la modernisation des technologies et la professionnalisation des entreprises. Les institutions concernées (Codinorm, DPQN) doivent se préparer à cette évolution et à une demande croissante des entreprises de services.

Enfin, l'appui à la création de consortiums d'exportation pourrait aider à percer sur de nouveaux marchés (PACIR-ITC, 2014). En effet, le consortium d'exportation permet aux entreprises membres de travailler ensemble pour atteindre leurs objectifs stratégiques en se regroupant au sein d'une entité légale séparée, tout en préservant leur identité. Elles gardent leur indépendance financière et légale, leur autonomie de management et de commercialisation de leurs produits sur les marchés locaux.

Au sein d'un consortium d'exportation, les entreprises peuvent réduire les coûts et les risques liés à l'exportation, renforcer et partager leurs connaissances et enfin, améliorer leur image et leurs chances de connexion à de nouveaux marchés. Cette politique d'incitation à l'exportation gagnerait à être renforcée par une panoplie d'instruments complémentaires tels que l'aide à la prospection et à l'établissement de partenariats stratégiques. La faible capacité de prospection à l'international, ainsi que l'identification et l'accès aux réseaux logistiques nécessaires à l'exportation, sont des obstacles en Côte d'Ivoire.

En somme, le gouvernement ivoirien devra en premier lieu, renforcer la capacité des acteurs locaux à accéder aux marchés d'exportation en soutenant et encourageant les regroupements volontaires en consortiums d'exportation (formation de grappes de PME).

Le but sera donc d'aider à la prospection internationale et à l'accès aux réseaux commerciaux à l'exportation ; renforcer l'usage d'emballages de qualité pour mieux positionner les produits ivoiriens sur les marchés (en complément des certifications d'entreprises) ; appuyer la mutualisation des frais de gestion et d'accès aux prestations de personnels qualifiés (certification des comptes, montage de dossiers, rédaction de contrats de vente à l'international) et établir des partenariats stratégiques avec des entreprises leaders à travers des accords-cadres gouvernements/entreprises leaders/associations d'acteurs locaux dans la chaîne d'approvisionnement.

En second lieu, le gouvernement ivoirien devra adopter une nouvelle politique de marketing international et de montée en gamme dans les chaînes de valeur régionales et mondiales pour les produits connus. Il devra donc initier de nouvelles approches de marketing auprès des centrales d'achats des grands industriels ou distributeurs (exemple du café au Viet Nam) et renforcer l'efficacité des douanes (en veillant à la formation du nouveau personnel des douanes et en renforçant la réglementation et surveillance des services des douanes).

En troisième lieu, les autorités ivoiriennes devront promouvoir la coopération et l'intégration régionale en termes de procédures de commerce et de normes et standards, c'est-à-dire, elles devront continuer le développement des certificats et des normes de qualité harmonisés à l'échelle régionale.

En dernier lieu, elles devront également soutenir une plus grande acceptation mutuelle (règles et normes plus claires pour ce qui doit être accepté, mécanisme de rétroaction pour l'acceptation rejetée) en favorisant les liens entre les différents organismes et en promouvant le dialogue.

7.2.3.2. Le renforcement de la concurrence, de la compétitivité et une réforme foncière appropriée

Plusieurs obstacles transversaux entravent le bon développement de la Côte d'Ivoire. La concurrence est parfois atténuée, voire entravée, du fait de défaillances dans le fonctionnement des marchés publics et de pratiques anti-concurrentielles dans le secteur privé. L'importance du secteur informel est une contrainte pour l'économie et induit des retombées négatives dans d'autres dimensions du développement.

Il serait essentiel pour le développement de marchés concurrentiels en Côte d'Ivoire de renforcer le rôle et la capacité de la Commission de la concurrence. De nombreux marchés ivoiriens sont caractérisés par les monopoles et les oligopoles avec une faible pression concurrentielle. Par ailleurs, la partie formelle de l'économie est souvent dominée par des structures oligopolistiques avec un petit nombre de grandes entreprises et réseaux de professionnels (tels que le transport, les supermarchés).

Les procédures de passation des marchés publics présentent encore quelques faiblesses conduisant à la hausse des prix ou des produits de moindre qualité, et ce, même dans de grands projets d'infrastructures. Ceci, couplé avec une capacité administrative limitée, favorise la formation de cartels et de comportements anti-concurrentiels de la part des acteurs du marché, lesquels conduisent à des prix plus élevés et d'autres inefficiences de marché.

Afin de promouvoir la concurrence, le gouvernement devrait soutenir la commission de la concurrence en lui donnant plus de visibilité grâce à une stratégie de communication, et en renforçant son budget et ses ressources humaines. Pour devenir un organisme capable d'enquêter et d'analyser le comportement anti-concurrentiel qui sévit en Côte d'Ivoire, la Commission devra être dotée de plus de personnel, de locaux et de formation. Dans la mesure où ces changements s'inscrivent dans la durée, il pourrait être utile de renforcer la coopération avec la Commission de la concurrence de l'Union économique et monétaire ouest-africaine (UEMOA) pour enquêter sur les cas les plus graves ou obtenir un soutien jusqu'à ce que les capacités nationales soient en place.

Les conditions d'accès aux terres ont des conséquences sur les activités agricoles et de services. Plusieurs entreprises ont cité l'insécurité judiciaire entourant les droits de propriété en cas de litige comme un frein à leur activité.

En effet, le sol suscite beaucoup de controverses en Côte d'Ivoire depuis des décennies, ce qui fait de l'accès à cet actif une question délicate pour les entreprises. Trois difficultés majeures sont identifiées:

- Le manque d'espace dans les zones industrielles engendre des problèmes d'accès à un site d'implantation pour les nouvelles entreprises.
- L'augmentation des loyers dans les zones industrielles a rationalisé la gestion de l'espace, mais elle a aussi renchéri les coûts de production des entreprises qui y sont installées.
- Les conflits et les litiges fonciers découlant de la coexistence de droits de propriété coutumiers et modernes créent de l'insécurité pour les petits exploitants, les entreprises installées et les nouveaux-venus.

Pourtant, la terre est un facteur clef pour la production et les financements, sachant qu'elle peut aussi jouer un rôle additionnel (pour la création d'un marché hypothécaire dans le secteur bancaire, par exemple), de sorte que les pouvoirs publics doivent redoubler d'efforts pour résoudre ce problème en révisant la loi de 1998 pour concevoir une solution globale et durable (OCDE, 2016).

Ainsi, au niveau industriel, le gouvernement devra accélérer la création de zones nouvelles et l'optimisation des zones existantes pour répondre aux besoins urgents des entreprises. Le processus en cours de rationalisation des espaces disponibles doit s'accélérer avec, entre autres, un durcissement des contrôles sur les attributions et l'utilisation des terrains, et l'annulation des droits qui contreviennent à la réglementation dans l'objectif de libérer davantage d'espaces à allouer aux entreprises sur la base de critères transparents. Cela peut aussi impliquer de renforcer les capacités de l'AGEDI et du FODI et d'harmoniser les processus de dépôt de dossiers, dans la mesure où les délais d'attente pour l'allocation de nouveaux espaces sont actuellement très longs (COMETE, 2014).

Il s'agira ensuite de revoir les contrôles et les procédures de recouvrement des loyers afin d'améliorer les financements. Enfin, le gouvernement devra s'assurer que les mesures de réhabilitation prévues seront mises en œuvre sans retard de sorte que les locataires comprennent, avec l'amélioration des infrastructures, la justification de loyers plus élevés. La mise en œuvre de toutes ces mesures doit se faire en toute transparence, en prévoyant un temps d'adaptation aux nouvelles conditions pour les entreprises (ou un délai pour clôturer leur activité). À moyen terme, il est aussi important de mettre en place des plateformes d'infrastructures industrielles intégrées (clusters) proches des grandes zones de production agricole. Cela pourrait se faire, par exemple, dans les grandes villes, chefs-lieux de région ou de district. Ces clusters permettent de réduire les coûts de transport et les délais de transaction, augmentant ainsi la réactivité et la compétitivité de l'économie ivoirienne.

Au niveau agricole, la Côte d'Ivoire doit améliorer son régime foncier. Les contestations et les conflits fonciers sont récurrents dans certaines zones de production. La sécurisation foncière grâce à une nouvelle réforme foncière constitue un moyen solide de stimuler l'investissement productif durable dans l'agriculture et de rendre le secteur agricole plus attractif et plus rentable. Il s'agit de faire du foncier un véritable levier de préfinancement pour les producteurs agricoles et d'attraction de nouvelles opportunités (capitaux de la classe moyenne ou diaspora, et épargne oisive nationale) au profit de l'expansion des productions agricoles à haute valeur et à forte demande.

Cela permettra de dégager plus de marge de manœuvre pour l'État, qui ne sera plus dans l'obligation de suppléer à chaque fois au manque de financement par des subventions. À titre d'exemple, les subventions d'intrants nécessaires pour la régénération du verger vieillissant de café-cacao et la lutte contre la maladie du Swollen Shoot devraient peser plus de la moitié des coûts du programme qualité-quantité-croissance (2QC) 2014-2023 (MINAGRI, CCC, 2014a).

En effet, l'absence de titres fonciers clairement définis et rassurants pour tous les acteurs privés (agriculteurs, entrepreneurs, banquiers) prive la Côte d'Ivoire d'un puissant levier de financement bancaire classique et d'accès aux initiatives offertes par les grandes entreprises. Le droit foncier reste assez mal établi en Côte d'Ivoire du fait qu'il repose encore sur des bases juridiques ambiguës dont les prescriptions sont difficiles à faire respecter. La loi de 1998 sur le foncier rural n'a fait l'objet que de réformes mineures en 2013. De plus l'interposition de deux formes de droits (coutumier et juridique) complique le recours à des voies judiciaires, sachant que les institutions coutumières censées les gérer (les chefs de village notamment) n'ont pas forcément les capacités requises en cas de droits fonciers contradictoires sur la même parcelle.

De ce fait, de nombreux agriculteurs dépourvus de titres fonciers ne peuvent pas accéder au financement (absence de garanties). Les banques sont freinées dans leurs décisions d'octroi de crédit en raison de la crainte de se voir confrontées à des hypothèques non saisissables. La Côte d'Ivoire ne devra donc pas (et ne pourra pas) se contenter de ce statu quo qui entraîne un impact négatif, à la fois sur les possibilités de crédit et sur l'incitation à l'investissement durable dans les parcelles.

Si la Côte d'Ivoire veut permettre aux agriculteurs de bénéficier pleinement du potentiel des terres agricoles et hisser le secteur agricole au niveau de performance des grands pays émergents, un nouveau régime s'impose pour le foncier agricole. Les autorités ivoiriennes devront d'abord doter le pays d'un dispositif unique et fiable pour le foncier agricole, en fusionnant les deux systèmes de droit de façon complémentaire. En particulier, des efforts devraient être faits pour développer un lien systématique entre les deux formes de droit et faciliter ainsi les procédures pré-requises à la reconnaissance légale du droit coutumier. De même, des mesures d'assouplissement devront être engagées en faveur des petits exploitants de droit coutumier reconnus au niveau local, notamment en réduisant les coûts de délimitation et de morcellement des terres.

Au total, le gouvernement ivoirien devra en premier lieu renforcer la concurrence à travers le renforcement des capacités (financières, administratives, etc.) de la commission de la concurrence.

En second lieu, il devra mettre en place une vision concertée de la transformation structurelle en identifiant les principaux avantages comparatifs et la façon de maximiser leurs bénéfices. A cet effet, il s'agira premièrement de démarrer un processus de concertation avec le secteur privé pour la revalorisation et la diversification de l'économie. Ainsi, les décideurs publics ivoiriens devront établir un comité stratégique avec une représentation du secteur privé afin d'établir un choix de produits et d'activités faisables et prometteuses ; définir les marchés et les destinations prioritaires, en concertation avec les professionnels.

De plus, il faudra conduire des études de besoins pour les produits identifiés à travers la réalisation des analyses de faisabilité, et l'identification des préconditions clefs. Sans oublier de diffuser les informations sur les opportunités et le potentiel économique des nouveaux produits pour attirer les entreprises et investisseurs ; et assumer un rôle de facilitateur (éviter les mesures de politique trop étroitement ciblées qui génèrent un risque de défaillance, une mauvaise répartition, des distorsions). Deuxièmement, il faudra également établir une approche de développement coordonnée pour les zones rurales et les chefs-lieux de région ou de district. Ici, il sera question d'assurer la connectivité de toutes les infrastructures au même moment en établissant un comité interministériel pour la coordination des ministères (électricité, transport, TIC, eau) et en coordonnant les stratégies de déploiement dans les localités avec le plus grand potentiel de croissance. Enfin, le gouvernement devra permettre aux réseaux des chefs-lieux de région ou de district de jouer un effet d'entraînement plus efficace en mettant en place des plateformes d'infrastructures industrielles intégrées (clusters) proches des grandes zones de production agricole.

En troisième lieu, le gouvernement devra mettre en place des réformes au niveau des zones industrielles pour assurer l'accès aux terrains et aux services essentiels pour les nouvelles entreprises industrielles. Cela passera d'une part par l'amélioration de la disponibilité des terrains industriels pour les entreprises manufacturières afin de rationaliser au plus vite l'utilisation des terrains existants et renforcer les contrôles sur leur utilisation. Il sera également opportun d'accélérer la réallocation des terrains, harmoniser les procédures d'allocation (renforcer aussi les capacités des agences) ; et améliorer la gestion des zones industrielles, par exemple en augmentant le taux de recouvrement et en assurant leur aménagement (investissements visibles pour justifier la croissance des redevances). D'autre part, il appartient au gouvernement de créer de nouvelles zones industrielles à moyen terme en assurant une bonne gestion des projets.

En quatrième lieu, il sera nécessaire de mener des réformes foncières appropriées pour l'agriculture afin de réduire les contestations et les coûts d'authentification des terres agricoles. Pour y parvenir le gouvernement devra mettre en place une commission mixte (État/Chambre nationale des rois et chefs traditionnels de Côte d'Ivoire/professionnels) pour simplifier les procédures d'enregistrement en faveur des petits exploitants de droit coutumier reconnus au niveau local ; inciter à l'enregistrement des droits coutumiers, notamment en réduisant les coûts de délimitation et de morcellement des terres ; et engager des ressources financières et techniques pour amplifier le géo-référencement des terres agricoles. Deuxièmement, le gouvernement devra assurer la fiabilité des actes fonciers et leur consignation dans un répertoire unique. Il s'agira concrètement de créer une plateforme d'enregistrement et de référencement des actes fonciers, accessible gratuitement aux professionnels agréés (géomètres, notaires, etc.) ; ordonner aux professionnels de reporter systématiquement les coordonnées géographiques des terres sur les actes délivrés. Enfin, l'adoption d'un nouveau régime foncier favorable à l'investissement durable dans l'agriculture est à promouvoir. Des exemples à étudier en la matière sont les expériences de l'Éthiopie, du Mozambique, de la Tanzanie ou du Vietnam. A cet effet, il faudra développer un système flexible de droit d'usage offrant plusieurs types de certificats par exemple de 10, 20 ou 30 ans laissant la liberté à chacun, sans distinction.

❖

Ce chapitre indique que l'économie ivoirienne doit évoluer vers une structure plus avancée avec un potentiel de création d'emplois augmenté afin d'atteindre l'émergence. Alors que les secteurs de l'industrie et des services représentent une part importante de l'économie ivoirienne, la majorité des Ivoiriens travaillent toujours dans l'agriculture, dont les performances peinent à évoluer rapidement. Actuellement, le secteur secondaire offre à l'économie une quantité insuffisante d'emplois formels et un large pan du secteur manufacturier ivoirien reste dominé par des activités à valeur ajoutée limitée. Il sera essentiel de faire évoluer l'économie vers : i) des activités industrielles avec un plus grand potentiel de création d'emplois et de valeur ajoutée, telles que la manufacture de produits complexes ; et ii) d'exploiter davantage le potentiel des activités de services à travers la formalisation et la professionnalisation. Le gouvernement devrait soutenir ce processus en accélérant la modernisation et en améliorant la productivité du secteur agricole, tout en favorisant la productivité et la compétitivité des industries et des services. Cela est possible par la disponibilité d'une main d'œuvre compétente et capable d'incorporer et de diffuser le progrès technologique au sein des secteurs productifs. Par conséquent, le défi majeur de la Côte d'Ivoire est celui de promouvoir de nouvelles compétences, ce qui passe nécessairement par la mise en place d'un système éducatif et d'apprentissage efficient.

Pour augmenter la productivité des agriculteurs ivoiriens

Une dotation agricole diversifiée et assez bien répartie sur le territoire serait un avantage important dans l'optique de l'émergence, à condition de rendre l'agriculture plus productive et apte à répondre aux nouvelles tendances de la demande. Le renforcement des performances du secteur agricole passera par de meilleures innovations sectorielles, des investissements dans la planification stratégique et une réforme du foncier.

Il faudra également *veiller à l'élimination des contraintes pesant sur les activités des entreprises*. Le potentiel de modernisation et de diversification de l'économie ivoirienne est important, mais il est lié à l'amélioration de la compétitivité de l'économie et de l'environnement des affaires. La Côte d'Ivoire peut tirer un plus grand bénéfice des avantages de son agro-industrie pour assurer un leadership régional et améliorer son positionnement stratégique international. Un accès fiable à des intrants et des biens publics, notamment l'électricité, le transport et les TIC, sera essentiel pour permettre aux entreprises déjà installées d'atteindre des taux de croissance soutenus, ainsi que pour attirer de nouveaux investissements. Le pays possède également un secteur des services dont le potentiel de croissance directe est sous-exploité, et qui pourra être un moteur pour la croissance. Il devra par ailleurs identifier de nouvelles niches et permettre aux entreprises d'être compétitives.

Pour atteindre la transformation structurelle, il sera en effet essentiel de développer une vision partagée entre tous les acteurs de l'économie (gouvernement, secteur privé et population) en tablant sur une compréhension commune des défis clefs et des axes prioritaires du développement. Une meilleure coordination entre les acteurs économiques sera indispensable (pour le développement des infrastructures, par exemple). La promotion de la concurrence dans tous les secteurs est également un sujet transversal capital. De même, la mise en place et le respect des standards de qualité et des normes permettront à la Côte d'Ivoire de mieux s'insérer dans les chaînes de valeur et de se doter de la capacité de suivre les nouvelles tendances de la demande.

L'accès à des marchés plus vastes au niveau international reste aussi un défi à relever par la Côte d'Ivoire. La taille actuelle du marché national est insuffisante pour assurer un accès adéquat à des intrants ainsi que des débouchés pour la production nationale. La participation dans les chaînes de valeur mondiales et régionales est limitée du fait d'inefficiences qui affectent à la fois les infrastructures commerciales (ports, routes) et les procédures administratives (dédouanement, certification, normes de qualité). Le gouvernement devrait poursuivre ses réformes de facilitation du commerce et inciter à une plus grande harmonisation à l'échelle régionale dans tous les domaines liés au commerce, notamment les procédures annexes (normes de qualité, certificats, etc.).

Un Renforcement du capital humain pour stimuler l'innovation au niveau des entreprises ivoiriennes est aussi nécessaire.

En effet, pour réussir la diversification de son économie, la Côte d'Ivoire devra maitriser le développement de son capital humain de manière à mieux l'orienter sur le marché du travail. La production de produits et de services modernes, par exemple, requiert des compétences qui ne sont pas toutes répandues au sein de la main d'œuvre locale. Cette vérité a été au centre de la réussite des pays émergents qui ont porté très tôt leur attention sur le rôle du capital humain dans leur processus de développement économique.

Chapitre 8
RELEVER LE DEFI DE L'INNOVATION PAR LE DEVELOPPEMENT DU CAPITAL HUMAIN

Pack (1994) montre que les pays en voie de développement pourraient accroître leur productivité grâce à l'adoption de la technologie déjà disponible dans les pays industrialisés. Cependant, comme le suggèrent Lucas (1988) et Romer (1990), cette perspective d'innovation dépend de certains facteurs, tels que la possession de compétences professionnelles adéquates, d'attitudes, d'aptitudes et d'agilité intellectuelle, de bonnes relations au sein de la main-d'œuvre, une technologie organisationnelle appropriée, la capacité à recruter et à retenir les meilleurs professionnels.

En d'autres termes, la capacité d'une entreprise à innover dépendra, dans une large mesure, du capital humain c'est-à-dire des actifs immatériels et des connaissances qu'elle possède et, bien sûr, de la manière dont elle est capable de les employer ((Alegre & Lapiedra, 2005); (Subramaniam & Youndt, 2005)).

En effet, le capital humain s'avère déterminant pour l'imitation ou l'adaptation technologique, l'innovation, et le progrès technologique (Nelson & Phelps, 1966), qui représentent les moteurs des transformations structurelles, et de la croissance de la productivité. La littérature économique établit qu'une augmentation du capital humain peut augmenter le nombre d'entrepreneurs, de produits innovants et créer un environnement propice à l'innovation grâce à l'État de droit, à la stabilité politique et à l'augmentation des recettes fiscales.

En ce qui concerne la Côte d'ivoire, une des questions fondamentales est de déterminer comment maintenir son économie sur une trajectoire de croissance accélérée, durable et plus inclusive, afin de réduire significativement les inégalités. Certains chercheurs et décideurs ont fait valoir que le secteur privé ivoirien doit y jouer un rôle clé notamment dans la promotion d'une croissance plus élevée et plus durable à travers une hausse de la compétitivité des entreprises ivoiriennes, indispensables, pour une meilleure insertion dans les chaînes de valeurs mondiales.

Ainsi donc, pour hausser sa compétitivité sur le marché mondial, caractérisé notamment par le développement accéléré de nouveaux produits, les entreprises ivoiriennes auront besoin d'innover, c'est-à-dire, qu'elles devront accumuler des connaissances et des capacités technologiques pour améliorer leurs productivités, réduire leurs coûts et leurs prix tout en contribuant en même temps à la création de nouveaux produits et à l'augmentation de la qualité des produits existants. De plus, elles sont particulièrement moins bien préparées à la concurrence. L'innovation pourra donc servir de base à un avantage concurrentiel.

Dans ce cas, les investissements en capital humain seront donc la clé de l'amélioration de la situation de ses entreprises à travers la recherche de nouvelles connaissances. En effet, l'innovation et l'adaptation technologiques restent fortement tributaires de la composition du capital humain du pays. Le capital humain, à travers son niveau et sa qualité, permet à l'économie de s'adapter plus ou moins rapidement au changement technologique qui est le facteur clé des transformations structurelles. Cependant, le système éducatif ivoirien reste aujourd'hui moins performant (Rapport Banque mondiale, 2017), malgré des efforts visant à offrir une bonne éducation à la majorité de sa jeunesse.

L'objectif principal du chapitre est donc d'examiner les réformes nécessaires pour stimuler l'innovation et la performance des entreprises ivoiriennes, grâce une adaptation réussie de la technologie rendue possible par le niveau et la qualité du capital humain.

De manière spécifique, en premier lieu, l'on s'intéresse aux politiques innovantes au niveau de l'entreprise. Dans la littérature, il existe généralement diverses classifications de types d'innovation, telles que (1) l'innovation en produit (nouveau produit ou amélioration significative de biens et services existants), (2) l'innovation en procédé (changement dans les méthodes de production ou de distribution), (3) l'innovation en organisation (changement dans les stratégies managériales, l'organisation du travail ou les relations extérieurs) et (4) l'innovation en marketing (changement dans la conception du produit, l'emballage, le placement ou la politique de prix). L'analyse ne se focalisera toutefois pas sur la typologie, mais considérera l'innovation dans sa généralité conceptuelle.

Il s'agira en second lieu d'étudier les changements à apporter à l'éducation ivoirienne pour contribuer à une société ivoirienne plus innovante. Certes, selon Becker (2003), il existe deux indicateurs pour mesurer la variable du capital humain, à savoir premièrement l'éducation, qui est l'expérience éducative vécue par un entrepreneur afin d'accompagner l'entreprise vers la réussite ; et deuxièmement l'expérience des affaires, qui est l'expérience acquise dans le cadre des affaires qui est en mesure d'enraciner les compétences, ce qui se traduit par des valeurs et des attitudes qui peuvent influencer les comportements commerciaux. Cependant, le chapitre se concentrera uniquement sur le capital humain sous forme d'éducation. En effet, nous considérons que l'éducation et la formation jouent un rôle fondamental dans l'accumulation de capital humain, à partir de compétences fondamentales telles que la littérature et le calcul ; aux compétences transversales telles que la pensée critique, la créativité et la communication ; aux compétences spécialisées liées à un emploi ou à un domaine de connaissances spécifique (Asian Development Bank, 2018).

Pour ce faire, le travail est structuré de la manière suivante : la section 1 aborde la question de la relation entre innovation et performance des entreprises ivoiriennes, la section 2 étudie les réformes nécessaires pour une éducation innovante, enfin la section 3 conclut notre le chapitre.

8.1. Innovation, capital humain et performance de l'entreprise

Les ressources détenues par l'entreprise sont un facteur important qui soutiennent la continuité de l'entreprise. De plus, c'est également la principale source de compétitivité, ce qui influence la performance de l'entreprise. Le niveau élevé des ventes et la rentabilité d'une entreprise indiquent que l'entreprise a réussi à gérer ses ressources comme l'un de ses avantages concurrentiels. Le succès de la performance de l'entreprise dépend d'une planification stratégique adaptée aux caractéristiques de l'environnement. L'entreprise doit aligner son système de mesure de la performance sur les objectifs stratégiques qui ont été déterminés par l'entreprise ((Eccles, 1991) ; (Gregory, 1993) (Kaplan, 1983)).

Pour atteindre les objectifs de l'entreprise, un certain nombre de cadres et de processus (approche) sont nécessaires pour déterminer quel type de performance est suffisant pour être considéré comme efficace dans son ensemble (Chakravarthy, 1986). La qualité des produits et la part de marché définissent une conceptualisation plus large de la performance de l'entreprise en se concentrant sur les facteurs qui conduisent finalement à la performance financière. Toutes les entreprises devraient toujours protéger et maintenir leurs ressources, en particulier lorsque leurs ressources font partie de leurs sources de connaissances telles que le capital humain qui peut exploiter, utiliser et gérer les actifs fixes ou les actifs corporels.

Graphique 53. Modèle conceptuel

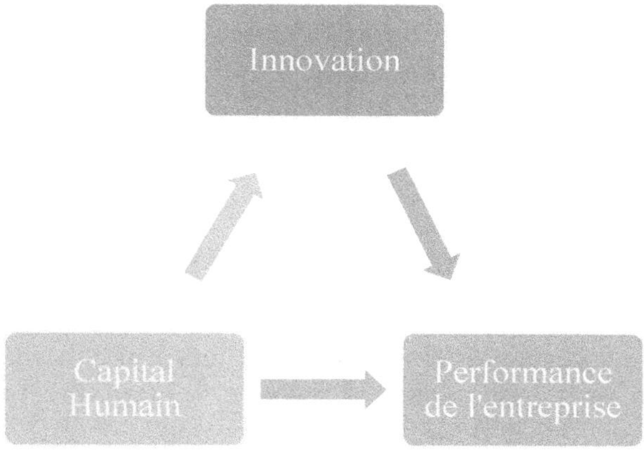

Source: Auteur

8.1.1. Le rôle du capital humain

Le capital humain a un rôle important dans la continuité d'une entreprise, car il apporte en permanence des idées et de nouvelles suggestions pour le produit ou le service par la créativité. La créativité humaine peut prendre la forme d'événements qui peuvent changer le produit pour répondre aux préférences du marché et être en mesure de rivaliser avec les produits de leurs concurrents. Cela influencera indéniablement la performance de l'entreprise ; la satisfaction des clients vis-à-vis du produit aura un effet positif sur la performance de l'entreprise en augmentant le niveau des ventes, ce qui affectera également la rentabilité de l'entreprise.

Poursuivant dans cette même veine, Littlewood et Herman (2004) notent l'importance du capital humain lorsqu'ils établissent que, de nos jours, le capital humain est l'un des facteurs qui détermine la compétitivité organisationnelle, étant donné les compétences, les connaissances, la créativité, la capacité à résoudre les problèmes, le leadership et le compromis personnel sont quelques-uns des atouts nécessaires pour répondre aux exigences d'environnements turbulents et atteindre les objectifs organisationnels.

De ce qui précède, et du point de vue de la gestion stratégique de l'entreprise, le capital humain a le pouvoir d'être la source d'un avantage concurrentiel sous la forme de connaissances, d'expériences et également de compétences générales individuelles telles que la créativité, qui ne peuvent être imitées par d'autres parties ((Barney, 1991), (Grant, 1996, Winter), (Hunt & Morgan, 1996), (Zack, 1999))

8.1.2. Politiques innovantes au sein de l'entreprise

L'innovation est certainement l'un des piliers fondamentaux de la compétitivité des entreprises dans les pays en voie de développement particulièrement en Côte d'Ivoire. En effet, comme le soulignent Tseng & Goo (2005), l'innovation est essentielle pour accroître la performance dans toutes les industries (Zahra, Nielsen, & Bognar, 1999) grâce au développement de nouveaux produits, aux augmentations de la qualité et de la différenciation et de la réduction des coûts et des prix, etc., tous découlant de la combinaison de la culture organisationnelle, des processus, des ressources et des capacités, disponibles dans l'entreprise. En particulier, elle permet de renforcer l'avantage concurrentiel de l'entreprise face à ses concurrents (Mone, McKinley, & Bargar, 1998).

Cependant, la plupart de ces ressources et de ces capacités sont rares au niveau des entreprises ivoiriennes[33]. En effet, les entreprises évoluant sur le marché ivoirien sont le plus souvent informelles, ne disposant pas de services de conception, de recherche et développement (R&D). En conséquence, les processus liés à la conception, au développement et à la recherche de nouveaux produits demeurent informels, orientés vers l'amélioration de questions particulières liées à l'organisation elle-même ou à l'amélioration des produits. Les processus logistiques et marketing sont peu développés et basés sur l'intuition du manager.

En plus, l'innovation n'y est pas formalisée mais basée plutôt sur la nécessité de générer des innovations élémentaires pour rivaliser face

[33] La principale est généralement la créativité des travailleurs.

aux concurrents. L'activité la plus formalisée est le processus de production, mais il est souvent très basique et non orienté vers l'innovation. Les capacités organisationnelles sont donc dans leur phase de développement, car les ressources technologiques et le capital intellectuel sont très limités.

Des investissements en recherche et développement sont nécessaires mais pas suffisants pour développer la capacité d'innovation. En ce sens, il doit être combiné avec des investissements en capital humain. Cela permettrait de transformer le potentiel d'innovation en réalités productives. (Martín, Alama, Navas, & López Sáez, 2009)

8.1.2. La nécessité d'un environnement propice pour stimuler l'innovation

Les managers ivoiriens devraient créer un environnement qui permette l'ouverture au questionnement, la tolérance à l'échec et un style de gestion consultatif, car celui-ci est propice à l'innovation. ((Barsh, Capozzi, & Davidson, 2008), (Burpitt & Bigoness, 1997), (Fischer, Frese, Mertins, & Hardt-Gawron, 2018), (Lewis, Lykke, & Erik, 2018), et (Baer & Frese, 2003)). Ces attributs de leadership sont essentiels, car l'innovation échoue souvent non par manque d'idées innovantes, mais parce que les dirigeants n'ont pas créé un environnement qui permette à l'innovation de s'épanouir.

8.1.3. Une disponibilité des compétences académiques et techniques est indispensable

Les compétences académiques et techniques sont une condition sine qua non à l'innovation (Toner, 2011). L'innovation dans les entreprises, en particulier dans les économies en développement et émergentes, est principalement adaptative et le plus grand obstacle à l'amélioration de la performance des entreprises est généralement la capacité d'absorption des connaissances / technologies existantes plutôt que la capacité de générer des connaissances nouvelles pour le monde ((Choi, Gonzalez, & Gray, 2013), (Navaretti, Barba, & Tarr, 2000) et (Samet, 2011)). Il est donc particulièrement important d'avoir des collaborateurs capables de se familiariser avec les connaissances existantes et de les adapter à leur contexte.

8.2. Interaction entre capital humain et innovation au sein de l'entreprise

La littérature économique suggère que le capital humain stimule le développement de l'innovation sur les produits, qui se traduirait par une augmentation de la performance de l'entreprise (Yen, 2013). Par exemple, les entreprises avec des employés hautement qualifiés et compétents ont des niveaux de capital humain plus élevés et sont plus susceptibles de créer des connaissances et de prendre des décisions, traduisant une meilleure innovation organisationnelle (Saá-Pérez, Díaz-Díaz, & Ballesteros-Rodríguez, 2012).

Dans cette même veine, les travaux de R. Barro et du prix Nobel R. Lucas ont aussi confirmé le rôle moteur (mais pas unique) du capital humain dans le développement économique à travers ses effets induits positifs sur la productivité du travail et l'innovation technologique qui permettent d'engendrer une croissance non seulement soutenue mais aussi diversifiée. En effet, ceux-ci montrent que le développement d'un pays est fonction du déplacement de sa main-d'œuvre en provenance du secteur agricole vers les emplois urbains, incitant les ménages à investir davantage dans l'acquisition des compétences.

Graphique 54. Cadre théorique de la création de connaissances et de l'innovation

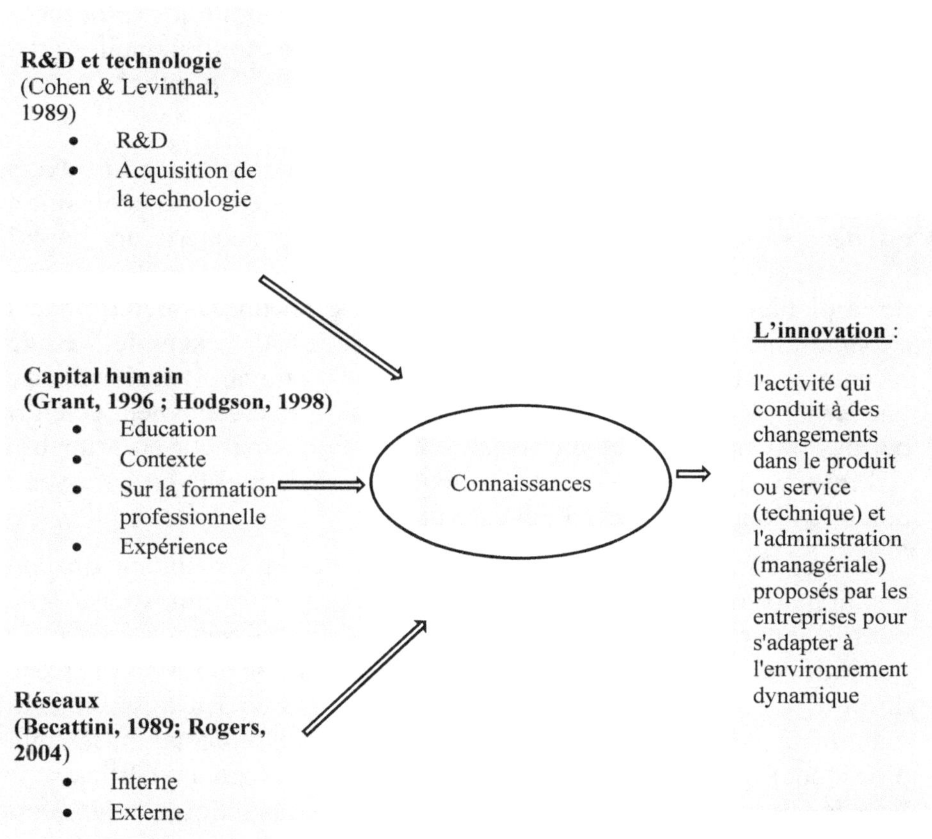

Cet investissement en capital humain permet à son tour d'engendrer des gains de compétitivité et de promouvoir l'innovation et de placer ainsi le pays sur une trajectoire de croissance accélérée et soutenue. En effet, l'innovation contribue à la fois à la croissance et à la diversification de l'économie. Les entreprises sont interdépendantes, et les efforts d'innovation de chaque entreprise bénéficient à terme à l'ensemble de l'économie, lorsque les connaissances liées à cette innovation se diffusent, tirant l'économie vers la croissance en améliorant la productivité des entreprises et leur compétitivité.

Par ailleurs, l'innovation contribue à la production de nouveaux biens et services ou à l'adoption de nouvelles techniques de production, favorisant ainsi l'émergence de nouveaux secteurs d'activités ainsi que de nouveaux métiers, et donc la diversification économique (processus de destruction créatrice par lequel des entreprises traditionnelles sont progressivement remplacées par des entreprises de plus en plus modernes et de plus en plus productives).

Dans ce courant de pensée, l'acquisition de compétences à travers un système éducatif performant devient essentielle. Cette acquisition est nécessaire pour que les travailleurs puissent acquérir un emploi productif et rémunérateur. En Côte d'Ivoire et dans l'ensemble des pays de la planète, le niveau d'éducation est en effet un des déterminants explicatifs les plus robustes du revenu du travail. Par exemple, l'étude récente de la Banque mondiale sur le marché du travail ivoirien montre que les emplois formels et salariés sont presque exclusivement détenus par des travailleurs avec un niveau d'éducation supérieur au primaire. A l'inverse, la majorité des travailleurs de l'informel avec un revenu précaire n'ont pas ou peu d'éducation.

Il faut donc non seulement des compétences pour obtenir un bon travail mais celles-ci permettent aussi de promouvoir l'innovation. Une main d'œuvre mieux formée est plus apte à adapter et adopter les nouvelles technologies qui permettront au pays de se lancer sur la route de la diversification et du développement. Elle pourra aussi aider à maximiser les effets croisés avec les investissements en capital physique. En effet, non seulement il faut des travailleurs qualifiés pour faire fonctionner des machines ou équipements sophistiqués, mais aussi le rendement de ces travailleurs est augmenté avec de meilleures technologies. En Côte d'Ivoire, certes, l'éducation est au centre du Plan National de Développement ivoirien pour les années à venir et des ressources supplémentaires sont programmées en direction de ce secteur, cependant le Gouvernement se doit d'accélérer les réformes pour que le pays atteigne les résultats scolaires qui lui seront nécessaires pour accéder à l'émergence.

8.3. Réformes éducatives pour une société innovante

8.3.1. État des lieux du système éducatif ivoirien

Après une décade de crise, le système éducatif ivoirien est en train de remonter la pente, mais sa performance reste encore aujourd'hui en deçà de celle reportée dans de nombreux pays africains. En outre, cette performance est fort éloignée de celle des pays émergents puisque la Côte d'Ivoire reporte environ 25 ans de retard par rapport à la Thaïlande. (Rapport Banque mondiale, 2017).

Les adolescents ivoiriens ne fréquentent pas assez l'école secondaire, avec des taux d'abandon et de redoublement élevés, et de nombreux élèves ne savent pas encore lire et compter convenablement à la fin de l'école primaire. Même quand ils vont à l'école, de nombreux étudiants n'apparaissent guère préparés aux besoins du marché du travail. En conséquence, la qualité de la force de travail ne correspond pas aux attentes du marché du travail. Et, la Côte d'Ivoire ne se trouve qu'au 158ème rang sur 174 pays dans le récent classement des Nations-Unies sur le développement du capital humain dans le monde (Banque Mondiale, 2020)

Graphique 55. Espérance de vie scolaire

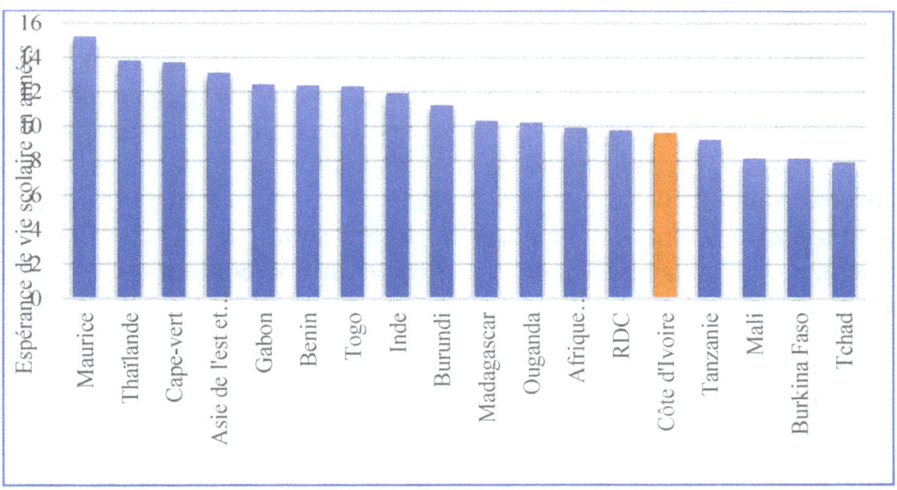

Source : Auteur et World Development Indicators. http://data.worldbank.org/data-catalog/world-development-indicators

Les types de formation généralement proposés restent peu adaptés aux besoins de l'économie.

Le secteur de l'enseignement technique et de la formation professionnelle (ETFP) est par ailleurs sous-dimensionné au plan quantitatif. La majorité des jeunes scolarisés se retrouvent inscrits dans un programme d'enseignement général. En effet moins de 7% des apprenants de l'enseignement secondaire se trouvent enrôlés dans l'ETFP en Côte d'Ivoire. Même si les effectifs scolarisés ont presque triplé au niveau de l'ETFP, entre 2005 et 2016, cette évolution ne suffit pas à résoudre la question de la pertinence de l'offre actuelle de formation au regard des besoins de l'économie ivoirienne.

Les données du Ministère chargé de l'Enseignement Technique et de la formation professionnelle montrent à titre illustratif un faible alignement des formations proposées dans cet ordre d'enseignement sur les besoins de modernisation de l'agriculture ivoirienne, maillon essentiel de son économie, de même que sur ceux de développement de son tissu industriel, clé de voute de sa transformation structurelle. En 2016, seulement 0,2% des apprenants de l'ETFP étaient inscrits dans les filières agricoles et 27,3% accueillis dans les filières industrielles, tandis que les filières tertiaires (techniques administratives et de gestion) représentaient 72,5% des effectifs de l'ETFP.

Même orientés dans les filières industrielles, les apprenants ne bénéficient pas le plus souvent d'une formation de qualité dans la mesure où les établissements sont essentiellement sous-équipés et utilisent majoritairement des technologies désuètes. La surreprésentation des diplômés de l'ETFP dans les filières tertiaires compromet les chances d'insertion professionnelle et contribue à accentuer le chômage des jeunes ou les pousse à se contenter d'emplois peu décents ne correspondants pas nécessairement à leur niveau de qualification (déclassement).

Cette situation reste valable au niveau de l'enseignement supérieur avec la prolifération des programmes de formation professionnelle centrés majoritairement sur les filières tertiaires, avec un impact espéré faible sur le processus de transformation structurelle de l'économie.

Aussi, l'insuffisance des investissements consacrés à la recherche et développement, contribue-t-elle à entraver la capacité d'innovation de la Côte d'Ivoire. Le pays est relégué dans la catégorie des pays les moins performants au monde en matière d'innovation, se classant dans le peloton de queue au niveau mondial pour l'indice global d'innovation (112e sur 131 en 2020).

Contrairement à la Côte d'Ivoire, des pays comme le Japon ou la Corée du Sud peu dotés en ressources naturelles ont réussi à combler leur déficit en investissant dans le développement du capital humain pour accompagner leur ascension économique. En 2020, la Corée du Sud se classe au rang des pays les plus performants du monde en matière d'innovation occupant la 10e place sur 131 pour l'indice global d'innovation. Sans que l'on puisse en faire les seuls facteurs explicatifs, la Corée du Sud doit pour une grande part son succès économique à l'orientation donnée par ses gouvernants au système éducatif ainsi qu'aux efforts réalisés par le pays en matière de recherche et développement.

Dans le secondaire, environ 30% des élèves sud-coréens suivent un enseignement professionnel, avec un accent mis sur la science et la technologie. Par ailleurs la République de Corée a misé avec volontarisme sur l'enseignement supérieur et la recherche technologique pour dynamiser son économie et son innovation. Les dépenses en recherche et développement (R&D) représentent 4,2% du PIB (2e rang OCDE, derrière Israël) contre 0,1% en Côte d'Ivoire qui devrait s'inspirer de ces expériences pour corriger les distorsions observées dans le secteur de l'éducation-formation-recherche-innovation, afin d'accroître l'impact de son capital humain sur la transformation de son économie.

A juste titre, les autorités ivoiriennes ne sont pas restées inactives, elles ont placé le renforcement des compétences au centre de leur stratégie de développement économique. De plus, elles ont entamé un certain nombre de réformes visant à améliorer la performance scolaire tant dans le cycle primaire que secondaire et tertiaire, y compris l'enseignement technique. En effet, elles ont entrepris des efforts conséquents pour mobiliser davantage de ressources budgétaires[34] et inciter le développement d'écoles privées ainsi que pour promouvoir des réformes ambitieuses, comme le droit à l'éducation gratuite jusqu'à l'âge de 16 ans, nécessaire pour doter le pays des ressources humaines capables de bâtir une économie émergente (Rapport Banque mondiale, 2017).

Graphique 56. Dépenses en éducation

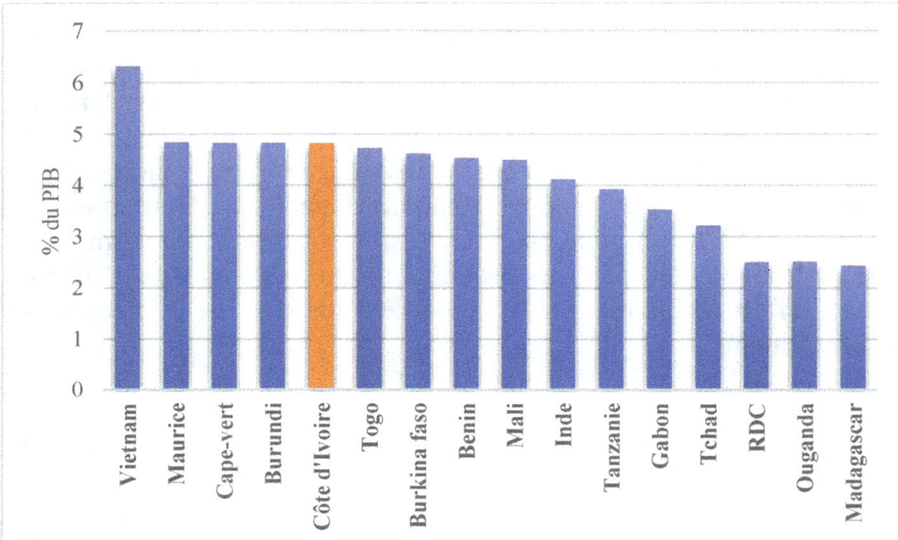

Source : Auteur et World Development Indicators. http://data.worldbank.org/data-catalog/world-development-indicators

Le Gouvernement a aussi entrepris des réformes qui visent à améliorer le contenu de l'enseignement, afin de mieux l'adapter aux exigences de la vie moderne et des besoins formulés par les entreprises sur le marché du travail.

Ces efforts ont commencé à porter leurs fruits avec une amélioration de la performance scolaire. Les taux d'inscription et de réussite ont augmenté sensiblement au cours de ces dernières années. Pourtant, force est de constater que les progrès restent insuffisants car la Côte d'Ivoire demeure en retrait de la moyenne africaine et surtout très

[34] En 2019, le secteur éducatif ivoirien recevait près de 5 % du PIB en ressources budgétaires.

éloignée des résultats atteints par les pays émergents (Rapport Banque mondiale, 2017). D'où la nécessité d'une accélération des reformes si le pays veut rattraper la performance des pays émergents.

Ces réformes devront porter sur plusieurs plans, en fonction du caractère multidimensionnel du système éducatif qui doit non seulement apporter aux étudiants les compétences en adéquation avec les besoins du marché du travail mais aussi les former aux aléas de la vie.

En effet, améliorer la performance du système éducatif est une tâche éminemment complexe car elle dépend de nombreux facteurs qui se trouvent à la fois à l'intérieur et à l'extérieur du système éducatif. Le secteur de l'éducation peut être distinct des autres secteurs publics en raison de plusieurs facteurs tels que la résistance des enseignants à la réforme; le besoin de coopération avec les prestataires qui peuvent saboter les réformes; des syndicats d'enseignants ou d'élèves forts ; les implications du calendrier des cycles électoraux et des processus de réforme ; l'incertitude entre les différents acteurs concernés par l'éducation; plusieurs niveaux de gouvernance contribuant à l'incertitude et à la complexité du système (Organisation for Economic Co-operation and Development (OECD), 2010). En raison de ces facteurs, la résistance à la réforme de l'éducation est souvent le problème le plus important dans l'esprit des décideurs axés sur la réforme. L'environnement éducatif est à certains égards distinct de celui auquel sont confrontés les décideurs dans d'autres domaines, en raison de la grande échelle de l'entreprise éducative (Organisation for Economic Co-operation and Development (OECD), 2010). Dans l'ensemble, il est difficile d'évaluer les coûts et bénéfices relatifs de l'éducation en raison du grand nombre de variables intermédiaires qui influencent la nature, l'ampleur et la répartition des bénéfices de la réforme (Organisation for Economic Co-operation and Development (OECD), 2010).

Ainsi, au centre de ces réformes le gouvernement devrait promouvoir l'efficience de la dépense publique, qui reste deux fois moindre que la moyenne en Afrique, en améliorant la performance du corps enseignant, en revisitant les mécanismes de subventions aux écoles privées et en augmentant les dépenses en équipement, tout en réduisant les frais administratifs (Rapport Banque mondiale, 2017). De plus des reformes devraient être entreprises sur l'esprit d'entreprise des jeunes et l'adéquation entre la théorie enseignée par les universités et la pratique voulue par les entreprises. Sans oublier la promotion de la mobilité géographique et sociale au sein du système éducatif ivoirien, l'entrepreneuriat et le renforcement des capacités d'innovation et de recherche.

Encadré 10 : Cinq enseignements pour des investissements efficaces dans le capital humain

Un système alimentaire durable au Ghana crée des emplois pour les jeunes, en produisant du bétail sain et des aliments nutritifs que les agriculteurs peuvent vendre et que les populations peuvent consommer. © Dasan Bobo/Banque mondiale
Singapour peut se targuer de posséder un système éducatif de premier ordre. Comment le pays est-il parvenu à équilibrer créativité et besoin croissant de compétences analytiques et d'esprit d'équipe ?

Le Ghana a su améliorer sensiblement ses taux nets de scolarisation, qui sont passés de 65 % en 2000 à 85 % en 2017 dans le primaire. Il a aussi fait chuter les retards de croissance dans l'enfance, de 35,4 % en 2003 à 18,8 % en 2014. Comment cette expérience pourrait-elle inspirer les plans d'investissement dans le capital humain d'autres pays ?

Au Maroc, l'extension de la couverture d'assurance maladie et l'instauration d'un système de soins subventionnés pour les populations les plus démunies ont considérablement amélioré l'accès aux services de santé. Quelles pistes les autorités pourraient-elles suivre pour continuer d'investir dans leurs concitoyens ?

Les autorités des Philippines ont conçu, défendu et financé un large éventail de politiques visant à renforcer les compétences, la santé et l'état nutritionnel des habitants. Quelles ont été les mesures les plus efficaces ? Que reste-t-il à faire ?

Voilà un échantillon des questions abordées dans les études de cas sur le capital humain à Singapour (a), au Ghana (a), au Maroc (a) et aux Philippines (a), qui viennent de paraître.

Malgré des contextes et des situations économiques différentes entre ces quatre pays, plusieurs enseignements communs peuvent être retirés de ces études, qui seront particulièrement utiles à tous les autres pays qui réfléchissent à des stratégies d'investissement dans leur capital humain.

1. Faire preuve d'un engagement politique durable en faveur du développement du capital humain.

La continuité des politiques d'investissement, indépendamment de la succession des gouvernements, est la clé de la concrétisation d'objectifs à long terme, quels qu'ils soient. C'est particulièrement vrai quand il s'agit de développer le capital humain, une entreprise qui peut prendre des décennies, voire des générations.

Aux Philippines, les administrations successives ont perpétué de solides stratégies pour améliorer la santé, l'éducation et les compétences de la population. Des investissements suffisants dans les capacités et une bonne gouvernance renforceront l'impact de ces initiatives sur le terrain.

Singapour s'est fixé des objectifs clairs de développement du capital humain à long terme, qui ont guidé ses investissements depuis des décennies dans la santé et l'éducation. Les progrès impressionnants en termes de capital humain, croissance économique et productivité témoignent de l'efficacité de cette stratégie.

Au Maroc, grâce à l'engagement des différents gouvernements en faveur de l'éducation, la scolarisation en primaire est quasi universelle. Cet engagement politique sur la durée n'a en revanche pas concerné d'autres secteurs.

Un système alimentaire durable au Ghana crée des emplois pour les jeunes, en produisant du bétail sain et des aliments nutritifs que les agriculteurs peuvent vendre et que les populations peuvent consommer. © Dasan Bobo/Banque mondiale
Singapour peut se targuer de posséder un système éducatif de premier ordre. Comment le pays est-il parvenu à équilibrer créativité et besoin croissant de compétences analytiques et d'esprit d'équipe ?

Le Ghana a su améliorer sensiblement ses taux nets de scolarisation, qui sont passés de 65 % en 2000 à 85 % en 2017 dans le primaire. Il a aussi fait chuter les retards de croissance dans l'enfance, de 35,4 % en 2003 à 18,8 % en 2014. Comment cette expérience pourrait-elle inspirer les plans d'investissement dans le capital humain d'autres pays ?

Au Maroc, l'extension de la couverture d'assurance maladie et l'instauration d'un système de soins subventionnés pour les populations les plus démunies ont considérablement amélioré l'accès aux services de santé. Quelles pistes les autorités pourraient-elles suivre pour continuer d'investir dans leurs concitoyens ?

Les autorités des Philippines ont conçu, défendu et financé un large éventail de politiques visant à renforcer les compétences, la santé et l'état nutritionnel des habitants. Quelles ont été les mesures les plus efficaces ? Que reste-t-il à faire ?

Voilà un échantillon des questions abordées dans les études de cas sur le capital humain à Singapour (a), au Ghana (a), au Maroc (a) et aux Philippines (a), qui viennent de paraître.

Malgré des contextes et des situations économiques différentes entre ces quatre pays, plusieurs enseignements communs peuvent être retirés de ces études, qui seront particulièrement utiles à tous les autres pays qui réfléchissent à des stratégies d'investissement dans leur capital humain.

1. Faire preuve d'un engagement politique durable en faveur du développement du capital humain.

La continuité des politiques d'investissement, indépendamment de la succession des gouvernements, est la clé de la concrétisation d'objectifs à long terme, quels qu'ils soient. C'est particulièrement vrai quand il s'agit de développer le capital humain, une entreprise qui peut prendre des décennies, voire des générations.

Aux Philippines, les administrations successives ont perpétué de solides stratégies pour améliorer la santé, l'éducation et les compétences de la population. Des investissements suffisants dans les capacités et une bonne gouvernance renforceront l'impact de ces initiatives sur le terrain.

Singapour s'est fixé des objectifs clairs de développement du capital humain à long terme, qui ont guidé ses investissements depuis des décennies dans la santé et l'éducation. Les progrès impressionnants en termes de capital humain, croissance économique et productivité témoignent de l'efficacité de cette stratégie.

Au Maroc, grâce à l'engagement des différents gouvernements en faveur de l'éducation, la scolarisation en primaire est quasi universelle. Cet engagement politique sur la durée n'a en revanche pas concerné d'autres secteurs.

2. Mobiliser suffisamment de ressources et en faire un emploi judicieux.

Le fonds central de prévoyance (CPF) de Singapour a joué un rôle déterminant dans le financement des infrastructures, du logement et d'autres investissements vitaux. Tous les salariés et employeurs du pays versent une cotisation mensuelle au fonds. Le gouvernement complète les contributions des bas revenus à travers un programme de travail et abonde les comptes épargne santé des seniors.

Au Ghana, les autorités ont aussi introduit un mécanisme novateur — le système national d'assurance maladie (NHIS) — afin d'étendre la couverture de soins primaires et réduire les inégalités d'accès en exemptant les pauvres de cotisations. Le dispositif est financé par de faibles prélèvements sur les biens et le travail et par des primes. Le NHIS peut ainsi offrir des soins prénataux, postnataux et maternels, des vaccins et des programmes de formation à la santé et la nutrition, tous ces efforts contribuant à réduire les retards de croissance des enfants, en termes absolus et relatifs. Mais quand le niveau de financement est insuffisant, les dispensaires et les écoles risquent de manquer de personnel et être surchargés, et les fournisseurs de ne pas être payés. L'inadéquation des ressources financières peut aussi alimenter la corruption.

3. Recueillir des données probantes pour informer les décideurs et redresser le cap.

Ayant constaté que les populations vulnérables ne bénéficiaient pas du programme de cantines scolaires, le gouvernement du Ghana (a) en a redéfini les cibles. Cette initiative s'est inscrite dans le cadre d'une révision à grande échelle des filets sociaux, reposant sur les statistiques nationales de la pauvreté et une analyse de la sécurité alimentaire et de la vulnérabilité afin d'affiner le ciblage et de limiter les pertes.

Les Philippines ont introduit un système de données qui a non seulement permis de mieux cibler les bénéficiaires mais aussi de fournir des éléments en appui à d'autres programmes sociaux. Cela a également justifié le maintien du programme malgré l'alternance politique.

Singapour (a) collecte systématiquement des données sur les écoles et les instituts de formation, qui sont ensuite combinées aux données fournies par les entreprises sur les compétences recherchées actuellement et celles qui seront utiles dans cinq à dix ans. Ce recueil d'informations est facilité par le tissu d'organismes publics ou assimilés du pays, l'excellence de ses infrastructures numériques, des administrateurs férus de technologie et des enseignants expérimentés.

4. Adopter des stratégies multisectorielles coordonnées.

Au cours des 40 dernières années, les gouvernements successifs aux Philippines (a) ont privilégié les politiques transversales, promu des approches intégrées et encouragé la participation des différents prestataires de services. Bon nombre de ces mesures intègrent le fait, qu'outre les aspects sociaux, d'autres facteurs entrent en ligne de compte dans le développement du capital humain, comme la qualité de l'air et de l'eau et la fourniture de services d'assainissement. Ces efforts ont contribué au recul de la pauvreté, même s'il reste encore beaucoup à faire.

Le Maroc (a) a lui aussi déployé des dispositifs de protection sociale plurisectoriels en appui au progrès du capital humain. Des programmes complémentaires visent à rendre l'éducation universelle et réduire le décrochage scolaire, surtout en milieu rural et chez les filles, à travers la distribution de cartables et l'octroi de subventions pour le transport, l'alimentation et les fournitures scolaires dans certains niveaux du primaire et du secondaire. Il existe de plus des dispositifs pour les personnes handicapées, des centres de protection sociale et des centres de formation et d'éducation qui aident les filles et les femmes en situation socioéconomique difficile.

Singapour a intégré des objectifs sanitaires et éducatifs dans bon nombre des missions gouvernementales. La santé des citadins étant influencée par pratiquement tous les aspects de la vie urbaine (logement, adduction d'eau, qualité de l'air, gestion des déchets, circulation automobile...), le pays a fait de la santé de tous un axe de sa stratégie globale d'urbanisation. De même, la concertation entre agences gouvernementales a permis de suivre l'évolution du marché du travail et d'adapter en fonction les compétences imparties par le système scolaire.

5. Associer les responsables locaux à la mise en œuvre des politiques.

Aux Philippines, le déploiement réussi du programme de transferts monétaires sous conditions a exigé une coordination avec les bureaux régionaux et les acteurs locaux (soit plus de 13 000 personnes sur le terrain). Ce faisant, le programme a pu toucher les ménages ciblés dans ce vaste pays décentralisé qui compte des centaines d'îles habitées.

Les responsables communautaires au Ghana ont été associés aux décisions prises dans le cadre du programme de cantines scolaires, avec les restaurateurs et les agriculteurs locaux, afin de nourrir les élèves. Le suivi et l'évaluation ont été assurés par les directeurs d'école et les restaurateurs locaux.

Dans son Initiative nationale de développement humain, le Maroc a privilégié la coordination locale, instituant 700 comités régionaux, provinciaux et locaux pour suivre la mise en œuvre des programmes et sélectionner des projets de développement.

Alors que les gouvernements nationaux, le Groupe de la Banque mondiale et d'autres partenaires du développement continuent de protéger les populations et d'investir dans le capital humain, ces études de cas concourent à une compréhension en profondeur de la mise en pratique des meilleures stratégies nationales, des difficultés à surmonter et des prochaines étapes envisagées.

Rapport Banque Mondiale, Octobre 2020

8.1.1. Améliorer l'efficience du système éducatif ivoirien

Le gouvernement ivoirien devrait mettre en place des réformes qui visent à améliorer l'efficience de la dépense publique, c'est-à-dire qui permettent d'optimiser l'impact associé à chaque franc injecté dans le système éducatif sur l'espérance moyenne de vie scolaire. Cette efficience est aujourd'hui faible en Côte d'Ivoire, loin derrière la performance des pays émergents et même de certains pays africains. (Rapport Banque mondiale, 2017).

L'objectif pour la Côte d'ivoire serait donc d'accroître son espérance moyenne de vie scolaire de 6 ans d'ici 2025. Pour réaliser cet objectif, le Gouvernement va devoir injecter des ressources budgétaires dont le montant va varier suivant leur efficience. Plus le Gouvernement sera capable d'améliorer l'espérance de vie scolaire pour chaque franc dépensé, moins il devra utiliser de ressources tout en restant égal par ailleurs.

Il est en effet difficile d'imaginer un système efficient sans des enseignants motivés et performants, des écoles privées efficaces, et un équilibre entre les dépenses administratives et celles en équipements. Si ces trois pistes sont importantes prises individuellement, elles sont complémentaires. L'amélioration du corps des enseignants passe par une adéquation du matériel scolaire ainsi que par un accompagnement administratif. De même, la performance des écoles privées reste tributaire de la qualité des enseignants et des mécanismes de suivi par l'État. Une partie des carences actuelles va être solutionnée par l'apport de financement supplémentaire car, sans nul doute, il y aura besoin de plus d'enseignants, de salles de classes et de matériel pédagogique pour absorber et former tous les nouveaux étudiants qui feront leur entrée dans le système scolaire au cours des prochaines années (Rapport Banque mondiale, 2017).

Graphique 57. Efficience du secteur éducatif

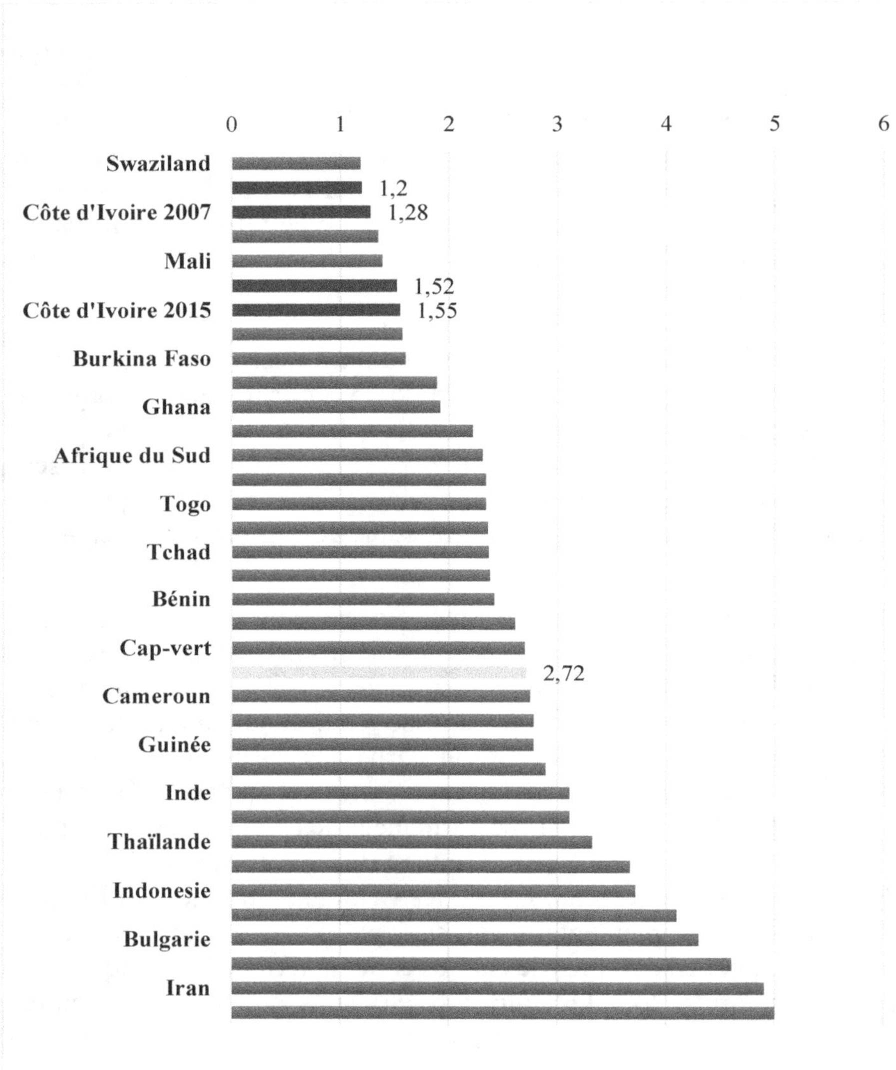

Source: Auteur et World Development Indicators. http://data.worldbank.org/data-catalog/world-development-indicators

8.1.2. Adopter des approches pédagogiques pour développer les capacités d'innovation

Pendant des décennies, les experts en éducation ont discuté de la manière dont les approches pédagogiques affectent l'apprentissage. Le système éducatif ivoirien devrait envisager les approches pédagogiques comme un continuum allant des approches centrées sur l'enseignant, qui utilisent des techniques traditionnelles et didactiques pour transmettre des connaissances, à des approches centrées sur l'apprenant, qui utilisent des approches plus interactives qui aident les élèves à diriger leur propre apprentissage ((Brown, 2003) et (Weimer, 2013)). Les approches centrées sur l'apprenant - qui incluent l'apprentissage par problèmes, les discussions de groupe, l'apprentissage par la pratique, les affectations individuelles et en groupe, la discussion, l'expérimentation, les compétitions, les débats et les jeux - ont longtemps été préconisés comme moyen de développement des capacités d'innovation d'ouverture. La théorie suggère qu'en permettant aux étudiants d'expérimenter, de rechercher des informations et de résoudre des problèmes, ceux-ci accumulent des compétences qui peuvent être appliquées tout au long de leur vie.

8.2. Réhabiliter l'esprit des jeunes

Afin de développer un capital humain efficace, le point de départ s'est avéré être la réhabilitation de l'esprit des jeunes de diverses manières. Un bon exemple est la Finlande qui projette de réformer l'ensemble de son système éducatif ; le comité national de l'éducation prévoyait de changer l'ensemble des programmes, pour passer de matières typiques à des matières qui prépareraient les étudiants à leur future vie professionnelle (Bez, 2017). Cette recherche a montré qu'un petit changement dans le système éducatif ou dans le programme entraînerait un changement beaucoup plus important dans l'industrie : la génération à venir conduira des progrès dans tous les secteurs, en utilisant sa formation, et bien sûr une certaine créativité. Si la Côte d'ivoire appliquait cela dans un premier temps, la génération montante aurait tous les outils pour innover et conquérir le secteur dans lequel elle souhaite travailler. Le système éducatif ivoirien devrait donc être adapté et modifié afin de combler le fossé entre la théorie et la pratique, nécessaire pour une société innovante. De plus, le secteur de l'éducation-formation devra servir à développer le savoir-être chez les jeunes, en leur donnant une culture fondée sur le travail bien fait, l'abnégation au travail, le civisme, la renonciation à la facilité et à la corruption.

8.3. Concilier théorie et pratique

Un énorme fossé a été identifié entre l'enseignement théorique des universités et ce que le monde du travail exige réellement. Les étudiants obtiennent leur diplôme avec peu ou pas d'expérience pratique, ce qui est frustrant pour les employeurs. Afin d'encourager un capital humain plus innovant et investir dans les travailleurs de l'avenir, le système éducatif ivoirien devra inclure plus d'applications pratiques en plus de la théorie. Cela fournira à la génération à venir les bons outils pour le marché du travail, avec des connaissances à la fois théoriques et pratiques ; le capital humain sera innovant, réduisant le temps perdu à former le personnel pour un travail particulier sans capacité à innover et à créer.

Aussi, les décideurs publics ivoiriens devraient évaluer les compétences nécessaires et garantir la disponibilité de mécanismes pour relier l'enseignement supérieur dispensé aux besoins de l'industrie. Il est également important de maintenir la diversité des compétences, car l'innovation se produit souvent lorsque différents ensembles de compétences se heurtent. Une façon d'y parvenir est que les individus développent des compétences dans plus d'un domaine. Un médecin ayant des compétences en codage peut être parfaitement préparé pour identifier de nouvelles approches de la prestation de services de santé numérique, par exemple, comme le ferait un architecte ayant des connaissances en développement social pour identifier et surmonter les obstacles physiques à l'inclusion.

A l'image des pays comme la Corée, l'accent devra être mis sur le développement des capacités scientifiques et technologiques. Ce qui passe par une plus grande valorisation de la formation technique et professionnelle (14% des apprenants en Côte d'Ivoire contre 46% en

Chine et 60% en Corée selon le Rapport de l'OCDE sur la Côte d'Ivoire Émergente). Au niveau universitaire, des incitations particulières devront être offertes (bourses spéciales et autres) pour que les étudiants s'intéressent beaucoup plus à la science, à la technologie et à l'innovation.

8.4. Promouvoir la mobilité géographique et sociale au sein du système éducatif ivoirien

Participer à un programme d'échange ou poursuivre des études à l'étranger peut être une expérience transformatrice qui permette aux étudiants de penser à la fois localement et globalement et de s'engager avec le monde pour échanger des idées et engendrer l'action. Étudier à l'étranger permet aux étudiants et aux enseignants de relever des défis inconnus et de saisir des opportunités. Les données montrent qu'étudier dans des universités avec des personnes d'autres pays augmente considérablement l'innovation à la fois par les immigrés et par la population d'accueil ((Chellaraj, Keith, & Aaditya, 2008) et (Sharif, 2019)). Une autre approche pour maximiser l'innovation consiste à s'assurer que les établissements d'enseignement font appel aux talents d'un large éventail de personnes.

8.5. Renforcer les capacités de recherche

Une série de partenaires au développement a soutenu des interventions de renforcement des capacités de recherche en partant du principe qu'une meilleure recherche conduira à des pratiques et technologies innovantes qui alimenteront les pratiques des secteurs public et privé. Des décennies d'expériences dans le renforcement des capacités de recherche ont abouti à de nombreux guides de bonnes pratiques qui définissent la nécessité d'un renforcement des capacités à long terme, local et systémique (Newman, 2014). Cependant, les évaluations des programmes de renforcement des capacités de recherche révèlent des résultats nettement mitigés. D'une part, il existe de bons exemples qui utilisent des approches durables et efficaces ; d'autre part, il existe de nombreux exemples d'interventions consistant en des approches ponctuelles à court terme qui ne conduiront probablement pas à des améliorations à plus long terme des capacités ((Christoplos, Pain, Kluyskens, & Fruhlin, 2019), (Cochrane, et al., 2014), (Independent Commission for Aid Impact (ICAI), 2019),et (Technopolis, Group, 2017)).

Pour assurer la durabilité, l'un des principaux objectifs du renforcement des capacités de recherche devrait être de renforcer les capacités des universitaires chevronnés à soutenir les jeunes universitaires afin que la prochaine génération de chercheurs soit équipée pour réussir. En effet, les universitaires chevronnés peuvent avoir besoin de renforcer leur capacité pour inculquer aux jeunes des compétences qui n'ont peut-être pas été développées dans le système scolaire, comme la pensée critique, la résolution de problèmes et le sens de l'enquête ((Nauman, 2017), (Tiwari, Avery, & Lai, 2003), et (Hepworth & Duvigneau, 2012)). Ils peuvent également avoir besoin d'enseigner explicitement aux étudiants les questions d'éthique et d'intégrité de la recherche, y compris comment éviter le plagiat ((Roman, 2018), (Maxwell, Curtis, & Vardanega, 2008) et (Barrett & Malcolm, 2006)). En résumé, de bonnes connaissances sont disponibles sur les caractéristiques d'un renforcement efficace des capacités de recherche. Les décideurs politiques ivoiriens devront veiller à ce que les bonnes pratiques soient utilisées et en particulier à ce que les systèmes et les structures soient construits de manière à ce que les efforts de renforcement des capacités deviennent autonomes.

8.6. Créer des Opportunités et promouvoir l'entrepreneuriat

Bien que la recherche ait prouvé que l'opportunité est l'un des aspects les plus importants de l'investissement dans le capital humain, elle a également montré que le problème ne réside pas dans le nombre d'opportunités présentées, mais dans le nombre de personnes disposées à saisir l'opportunité. (Alawamleh, Ismail, Aqeel, & Alawamleh, 2019). En Côte d'ivoire, le réseautage est un facteur important pour démarrer une carrière. La plupart des ivoiriens comptent sur les relations pour trouver un emploi convenable. Cette façon de penser doit être modifiée pour qu'il y ait un développement économique. La génération à venir est pessimiste et frustrée, alors qu'elle devrait être remplie de pensées innovantes et de mise en œuvre créative de ces pensées.

L'entrepreneuriat et l'innovation sont presque synonymes. Le domaine de l'entrepreneuriat en Côte d'Ivoire est très compétitif, car il existe de nombreuses idées à lancer ainsi que de nombreuses opportunités mais peu de centres qui soutiennent les idées et les projets entrepreneuriaux. L'entrepreneuriat est l'une des dimensions les plus importantes du développement d'un capital humain innovant, car s'il est encouragé, mis en œuvre et appliqué, en plus d'offrir des opportunités entrepreneuriales, la prochaine génération ne couvrira pas seulement le déficit de compétences, mais dirigera directement le pays, au développement économique et à la reconnaissance mondiale du capital humain ivoirien ce qui pourrait attirer de nombreuses entreprises ou multinationales.

❖

En somme, l'innovation et le capital humain sont des concepts étroitement liés et, ensemble, ils ont un impact majeur sur le développement d'un pays. En effet, le processus d'innovation d'une organisation dépend, dans une large mesure, de l'incorporation du capital humain aux réalités productives qui, à son tour, est soutenue par la structure organisationnelle et les relations organisationnelles externes. Par conséquent, la maîtrise des processus, des routines organisationnelles, des comptes clients ou des droits de propriété est une source de succès d'innovation.

D'un point de vue pratique, les managers ivoiriens devront prendre conscience de l'importance des processus et de la création de connaissances dans tout type d'entreprise. La relation entre le capital humain, l'innovation et la performance de l'entreprise est très étroite, car le capital humain créatif est la principale source pour vaincre les concurrents grâce à l'innovation, ce qui a un impact sur le niveau des ventes en raison de la satisfaction des clients envers le produit qu'ils consomment. Les managers ivoiriens devront également faciliter la dynamique de création des connaissances en prenant le rôle principal dans la gestion du processus de gestion des connaissances sur le capital humain. Les entreprises peuvent renforcer et accroître leurs connaissances grâce à une conversion dynamique entre connaissances tacites et connaissances explicites dans l'entreprise.

Cependant, certaines mesures doivent être prises pour que l'interaction capital/innovation ait un impact positif sur le développement économique de la Côte d'ivoire. La première étant de réhabiliter l'esprit des jeunes en transformant l'ensemble du système éducatif ivoirien en quelque chose de plus pratique, où les jeunes peuvent montrer leur plein potentiel créatif, au lieu d'être enseignés. Les décideurs politiques devront donc développer et promouvoir des approches pédagogiques qui sont détenues et pilotées localement. En effet, l'innovation repose sur des mélanges de compétences au sein et entre les individus. Par conséquent, les décideurs doivent veiller à ce que le système scolaire dispose d'un programme d'études large comprenant des matières tirées de la science, de la technologie et des mathématiques, des sciences sociales, des lettres et des arts. Au-delà de l'éducation scolaire, il faut une éducation universitaire flexible qui évolue en fonction des besoins de l'industrie.

La deuxième étape consiste à offrir plus de possibilités aux jeunes de mettre en œuvre et de développer leurs idées ; cela va de pair avec l'esprit d'entreprise, indispensable un développement économique harmonieux. Tout ceci devrait se couronner par la maximisation de l'impact associé à chaque franc injecté dans le système éducatif, de manière à ce que la majorité des jeunes ivoiriens puissent apprendre et ainsi acquérir les compétences dont ils auront besoin pour être performants sur le marché du travail et donc espérer un avenir meilleur.

Chapitre 9
QUELLE TRANSFORMATION STRUCTURELLE EN COTE D'IVOIRE TOUT EN PRESERVANT L'ENVIRONNEMENT ?

9.1. Processus de développement et impacts environnementaux en Côte d'Ivoire : bilan et perspectives

Le lien entre le développement économique et la dégradation de l'environnement a fait l'objet de plusieurs travaux dans la littérature sur l'économie de l'environnement et des ressources naturelles. Il ressort de ces travaux que le processus de développement a incontestablement un impact sur l'environnement, surtout dans les premières phases de développement (Grossman et Krueger, 1995 ; Culas, 2007 ; Stern et al., 2017). En effet, au premier stade de développement, la croissance économique a tendance à aller de pair avec la dégradation de l'environnement en raison de l'utilisation du capital naturel abondant justifiée par la structure primaire de l'économie. Au regard de ce lien, l'on pourrait s'attendre à un processus de développement quasi similaire en Côte d'Ivoire. Cette section fait l'état des lieux de l'impact environnemental du processus de développement dans le pays et analyse les politiques d'atténuation et d'adaptation mises en œuvre par le gouvernement ivoirien.

9.1.1. État des lieux de la dégradation de l'environnement en Côte d'Ivoire

Le développement économique de la Côte d'Ivoire s'est accompagné de problèmes environnementaux d'origines diverses : déforestation, pollution et eutrophisation des eaux, pollution de l'air, etc.

D'abord, la déforestation constitue l'un des problèmes majeurs de l'environnement auquel la Côte d'Ivoire est confrontée. Selon l'étude de la cartographie de la dynamique forestière entre 1986 et 2015 (SEP REDD+ et FAO, 2017), le couvert forestier a connu une perte importante ayant un impact sur la biodiversité. En effet, d'une superficie forestière, estimée à 16 millions d'hectares en 1900, le couvert forestier du pays ne valait que 7 850 864 ha en 1986 et 3 401 146 ha en 2015, avec une valeur projetée de 2 836 710 ha en 2020. Malgré la baisse du rythme de la déforestation entre 1986 et 2015 (avec un taux annuel de régression de la forêt de 3,04 % entre 1986 et 2000 et de 2,66 % entre 2000 et 2015), le pays a perdu au total 78 % de son couvert végétal. Cette perte est plus accentuée dans le milieu rural entre 1986 et 2000 et plus prononcée dans les forêts classées entre 2000 et 2015, en raison pour cette dernière, de la crise socio politique qu'a connu le pays sur cette période.

Graphique 58 : Évolution du couvert forestier ivoirien, en hectare (1900-2020)

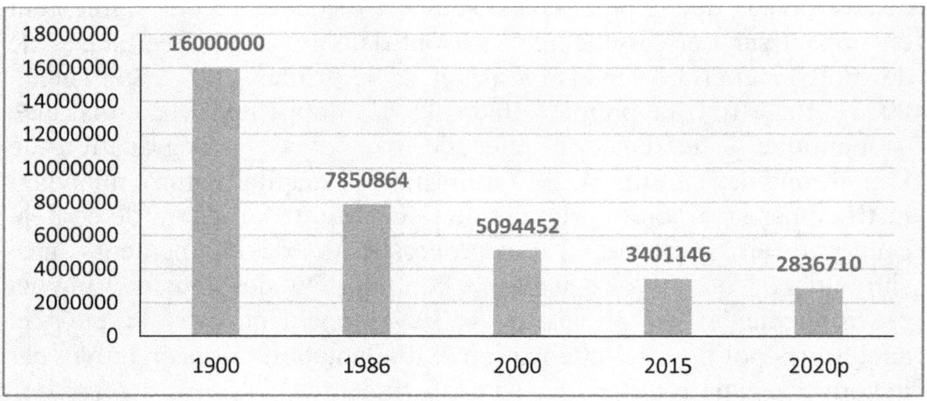

Source : SEP REDD+, FAO, 2017

Note : pour la valeur projetée par FAO, voir FAOSTAT

Plusieurs causes ont été à l'origine de la forte accélération du rythme de la déforestation, au nombre desquelles l'on peut citer quatre principales causes directes. Le principal moteur de la déforestation est l'expansion de l'agriculture, représentant 62% des pertes du couvert forestier, suivi par l'exploitation forestière (18%), l'extension des infrastructures (10%), l'exploitation minière (8%) et les feux de brousse qui ne représentent que 3% (BNETD, 2016 ; ETC TERRA, 2016). Le poids important du secteur agricole dans la disparition du couvert forestier se justifie par l'extension des cultures de rentes dont la principale est la cacao-culture, contribuant à elle seule à plus de 33% de la déforestation due à l'agriculture.

Ensuite, l'autre source majeure de décadence environnementale est la pollution de l'eau. Celle-ci est due d'une part à des activités industrielles, agricoles et domestiques et à l'exploitation minière. Le cas d'espèce est la lagune Ebrié à Abidjan. Les études ont montré que la lagune est très polluée en raison du fait qu'elle est le principal destinataire des déchets urbains, à la fois solides et liquides, de la ville d'Abidjan et des villes environnantes. L'évaluation de la qualité de l'eau de la lagune a révélé un niveau de pollution biologique élevée avec des valeurs de micro-organismes viables allant de 9 800 à 160 000 largement supérieures à la norme préconisée par l'OMS. Ainsi, pour renchérir, les directives pour la sécurité des eaux de baignade de l'OMS indiquent que la qualité de l'eau dans la lagune est impropre à toutes les activités de loisirs touchant à l'eau (PNUE, 2015). En conséquence, ce niveau de pollution élevée empêche la pratique d'un grand nombre d'activités économiques dans la lagune.

Enfin, s'agissant de la pollution atmosphérique, elle résulte des polluants issus des activités industrielles, des automobiles et engins roulant et le développement des activités agricoles. La ville d'Abidjan, la plus industrialisée du pays, est confrontée à une pollution atmosphérique d'origine industrialo-urbaine qui a des conséquences sanitaires pour sa population. Plusieurs polluants ont été identifiés comme responsable de la pollution de l'air, mais une attention particulière est désormais consacrée aux polluants climatiques de courte durée ou Short Lived Climate Pollutants (SLCP en Anglais). L'intérêt pour ces polluants est qu'ils ont un impact important sur le réchauffement planétaire et donc leur réduction permet non seulement de lutter contre le changement climatique, mais aussi d'améliorer la santé de la population. En Côte d'Ivoire, une étude récente de Centre Ivoirien Anti-Pollution (CIAPOL, 2019) sur l'évaluation des polluants climatiques de courte durée de vie révèle que différents secteurs d'activités contribuent aux émissions de polluants particulaires (le Carbone suie, BC et le PM 2,5) et gazeux (le Dioxyde de carbone, $CO2$; les Oxydes d'Azote et la méthane, $CH4$). Il s'agit du secteur Résidentiel pour les émissions de polluants particulaires (BC et PM 2,5) ; du secteur Transport pour les polluants gazeux ($CO2$, NOx). En ce qui concerne les polluants tels que le BC et le Méthane ($CH4$), leurs émissions proviennent essentiellement des feux domestiques, du charbon de bois et de la riziculture.

9.1.2. Perspectives en termes de politiques d'atténuation et d'adaptation

Conscient de la nécessité de concilier le développement économique et la protection de l'environnement, le gouvernement ivoirien a pris plusieurs mesures afin de limiter la dégradation de l'environnement et de lutter contre le changement climatique. Ces mesures sont en cohérence avec ses engagements internationaux, notamment ceux pris dans le cadre de l'accord de Paris. Ainsi, comme le montre sa contribution déterminée au niveau national (NDC), la Côte d'Ivoire a affiché sa volonté de réduire ses émissions brutes de GES de 28 % en 2030 par rapport à leur niveau de 2012. Pour ce faire, le pays a mis en place, en 2012, le Programme National Changement Climatique (PNCC) afin de coordonner, proposer et promouvoir des mesures et stratégies d'atténuation et d'adaptation aux effets du changement climatique.

Les mesures d'atténuation sont concentrées à la lutte contre la déforestation et la dégradation de la forêt et la réduction des polluants climatiques de courte durée. Au niveau de la déforestation, la Côte d'Ivoire a adopté en 2019 un niveau code forestier pour une gestion durable des ressources forestière. De plus, le pays a rejoint depuis 2011 le mécanisme international REDD+ qui vise à réduire les gaz à effet de serre dus à la déforestation et à la dégradation des forêts. En Côte d'Ivoire, le REDD+ met l'accent sur la conservation des zones protégées et la reconstitution du couvert forestier grâce à l'agroforesterie, en plantant 5 000 000 d'hectares d'ici 2030 (REDD+ Côte d'Ivoire, 2017). En ce qui concerne la réduction des polluants climatiques de courte durée, le pays a adhéré à la Coalition pour le Climat et l'Air Pur (CCAC), ce qui s'est manifestée au niveau sous régional avec l'adoption en 2009 de l'Accord d'Abidjan, accord cadre régional pour l'amélioration de la qualité de l'air en Afrique de l'Ouest et du Centre.

En matière d'adaptation, l'approche consiste à renforcer l'intégration de l'adaptation au changement climatique dans la planification au développement en Côte d'Ivoire. De ce fait, les mesures d'adaptation ont été mises œuvre dans le Plan National de développement (PND 2016-2020) à travers son axe stratégique 4 intitulé « Développement des infrastructures Harmonieusement réparties sur le territoire national et préservation de l'environnement ». Au niveau des secteurs de l'agriculture, l'élevage, l'aquaculture, l'utilisation des terres, le Programme National d'Investissement Agricole (PNIA, 2018-2025) a été adopté. Ce programme vise en particulier à améliorer la résilience, développer des approches agro-écologiques, améliorer la production technologique et promouvoir l'accès des femmes aux terres.

9.2. Agriculture durable en Côte d'Ivoire : défis et politiques

La trajectoire actuelle qu'effectue la croissance de la production agricole à l'échelle mondiale n'est pas durable et ce, en raison de ses effets négatifs sur les ressources naturelles et sur l'environnement (FAO, 2018). La Côte d'Ivoire n'est pas en reste de ce constat dans la mesure où son système de production agricole est en grande partie responsable des problèmes environnementaux auxquels fait face le pays. Cette situation place la question de la durabilité des systèmes de production alimentaire au cœur des politiques agricoles du pays. Cette section est donc consacrée aux défis et les initiatives en termes de politiques pour favoriser une agriculture durable en Côte d'Ivoire.

9.2.1. Les défis d'une agriculture durable en Côte d'Ivoire

La notion d'agriculture durable renvoie à un système de production agricole efficace qui favorise une gestion durable de la terre, de l'eau et des ressources naturelles, tout en garantissant une sécurité alimentaire. En Côte d'Ivoire, le système de production agricole est dominé par un système pluvial faisant de l'agriculture, un secteur très vulnérable au changement climatique. En outre, l'agriculture ivoirienne est caractérisée par : (i) une persistance de l'agriculture extensive reposant sur la défriche-brûlis ; (ii) une pratique des feux de brousse ; (iii) une déforestation qui s'opère toujours à un rythme soutenu ; (iv) une rupture des équilibres écologiques consécutive à la déforestation et à la pression démographique et (v) un déficit pluviométrique observé depuis la fin des années 1960 lié au réchauffement climatique.

Ces caractéristiques structurelles de l'agriculture ivoirienne soulèvent un certain nombre défis à relever pour être durable. Il s'agit notamment de la maitrise de l'eau, de l'utilisation des intrants agricoles de qualité et de la modernisation de la pratique agricole afin d'accroitre la productivité agricole et garantir la sécurité alimentaire.

En ce qui concerne le défi lié à la maitrise de l'eau, ce défi est d'autant plus important à relever en ce sens que l'agriculture est essentiellement pluviale et donc très vulnérable aux effets du changement climatique. Il soulève le problème de l'accès à l'eau qui est fortement dépendant de la zone agro-climatique dans laquelle se trouvent les exploitants agricoles. Les exploitations agricoles situées dans les zones de savanes bénéficient de moins d'eau que celles situées dans les zones forestières. Cependant, compte tenu de la persistance des effets du changement climatique, aucune zone agro-climatique ne sera épargnée du déficit pluviométrique, ce qui nécessite la mise en œuvre d'un vaste programme de construction des barrages hydro-agricole.

Relativement à l'utilisation des intrants agricole de qualité, le constat est amer, les exploitants agricoles ivoirien ont une utilisation très faible des intrants agricoles comparée à la moyenne de l'Afrique et du monde. En effet, l'utilisation d'engrais au niveau du pays est de 8 kg par hectare, alors qu'elle est de 118 kg par hectare au niveau mondial et de 17 kg par hectare pour l'ensemble de l'Afrique.

Enfin, s'agissant de la modernisation de l'agriculture, l'on note que les taux d'équipement agricole et d'adoption des techniques modernes de production demeurent très faible. La mécanisation agricole se limite actuellement à quelques domaines sectoriels et exclut la grande majorité des exploitants agricoles. Il en résulte que l'agriculture du pays demeure largement extensive et itinérante et se caractérise par sa faible productivité, la pénibilité du travail et un impact défavorable sur l'environnement.

9.2.2. Politiques favorisant l'agriculture durable en Côte d'Ivoire

Une autre caractéristique de l'agriculture est qu'elle exige un système de gouvernance agricole efficace dont les politiques agricoles soient revues, afin de renforcer les marchés agricoles locaux et promouvoir la sécurité alimentaire (FAO, 2018). En Côte d'Ivoire, le cadre de référence en matière de politiques agricoles est le Programme National d'Investissement Agricole (PNIA) dont la deuxième génération court de 2018 à 2025. Le PNIA II met l'accent sur la durabilité environnementale des systèmes agricoles. A travers les programmes 1 et 3 intitulés respectivement « Productivité et développement durable de la production agro-sylvo-pastorale et halieutique » et « Gestion durable des ressources environnementales et résilience climatique », la nouveau PNIA se veut être un plan de réalisation de l'agriculture durable en Côte d'Ivoire. Toutefois certains obstacles doivent être relevés, notamment le faible financement du secteur et le faible recourt aux technologies modernes et adaptées aux besoins du secteur.

9.3. Industrialisation et développement durable : quelles priorités et moteurs stratégiques en CI

La plupart des économistes s'accordent à dire que l'industrialisation est le principal moteur du changement structurel. Les deux notions sont en effet étroitement liées, la transformation structurelle étant le phénomène par lequel les ressources sont transférées des secteurs où elles produisent peu d'avantages économiques vers ceux où les avantages sont les plus élevés, et cela grâce à l'industrialisation. En effet, un pays ne peut atteindre la prospérité que lorsque ses ressources (humaines, naturelles et en capital) sont transférées des activités de subsistance et informelles vers des activités à haute productivité (BAD, 2017). La dynamique de l'industrialisation est donc une composante essentielle de la transformation structurelle (ONUDI, 2009).

La transformation économique et l'industrialisation restent les grandes priorités politiques dans un bon nombre de pays, comme la

Côte d'Ivoire. En effet, le pays ambitionne de devenir une puissance industrielle d'ici 2040, en mettant l'accent sur l'industrie agroalimentaire. La question reste de savoir quelle type d'industrialisation serait compatible avec les objectifs de développement durable, notamment l'objectif 9 qui est de bâtir une infrastructure résiliente, promouvoir une industrialisation durable qui profite à tous et encourager l'innovation. Dans cette section, nous abordons le sujet en présentant les effets négatifs que pourrait avoir une industrialisation non maitrisée sur le développement, puis les moteurs ou secteurs stratégiques dans lesquels le pays devrait investir en vue de l'atteinte des objectifs de développement durable.

9.3.1. Les effets de l'industrialisation sur le développement durable

L'industrialisation a apporté la prospérité économique dans le monde ; cependant, elle a entraîné un déséquilibre spatial de la population, une l'urbanisation non maitrisée, un stress évident sur les systèmes de base de maintien de la vie. De plus, l'industrialisation a des effets sur les inégalités de revenu, elle entraîne un écart plus important entre les riches et les pauvres en raison de la division du travail et du capital. Ceux qui possèdent du capital ont tendance à accumuler des bénéfices excessifs tirés de leurs activités économiques, ce qui entraîne une plus grande disparité des revenus et des richesses. Par ailleurs, l'industrialisation entraîne généralement la migration des travailleurs vers les villes, l'automatisation et les tâches répétitives. L'urbanisation rapide induite par l'industrialisation entraîne généralement une détérioration générale de la qualité de vie des travailleurs et de nombreux autres problèmes pour la société, tels que la criminalité, le stress et les troubles psychologiques.

Outre ces éléments, la problématique de l'impact de l'industrialisation sur le développement durable est environnementale. En effet, l'on peut identifier quatre points d'impact principaux qui sont l'air, l'eau, le sol et l'habitat. Le problème le plus important est la pollution atmosphérique, causée par la fumée et les émissions générées par la combustion de combustibles fossiles. En 2021, la Côte d'Ivoire a un indice de la qualité de l'air (IQA) estimé à 82, ce qui correspond à un niveau modéré[35]. Ce niveau signifie que la qualité de l'air est acceptable ; cependant, pour certains polluants, il peut y avoir un problème de santé modéré pour un très petit nombre de personnes qui sont exceptionnellement sensibles à la pollution atmosphérique.

La pollution de l'eau y est également un problème, notamment dans les régions où les usines sont construites à côté de sources d'eau naturelles. Ces toxines peuvent se présenter sous diverses formes - solide, liquide ou gazeuse - et elles peuvent toutes finir par contaminer les réserves d'eau locales. Même les décharges et autres zones d'élimination des déchets peuvent libérer des toxines dans les réserves d'eau locales, entraînant une pollution de l'eau comme dans le cas du Nil. En Côte d'Ivoire, à quelques exceptions près, la plupart des industries sont localisées dans la zone côtière, essentiellement autour d'Abidjan, où elles contribuent de façon sensible à accroître les charges en polluants. La plupart de ces industries produisent des déchets de composition semblable aux effluents domestiques ou sont, pour le moins, passibles d'un traitement biologique. On compte en fait plusieurs brasseries, usines de mise en bouteille du vin, industries de boissons non alcoolisés, des raffineries d'huile de palme, des conserveries de légumes et des abattoirs. La raffinerie de pétrole et plusieurs usines textiles peuvent aussi être considérées comme à l'origine de rejets organiques (Colcanap et Dufour, 1982).

La contamination des sols est un autre problème qui va de pair avec l'industrialisation. Le plomb est la forme la plus courante de contamination des sols, mais d'autres métaux lourds et produits chimiques toxiques peuvent également s'infiltrer dans le sol et, à leur tour, contaminer les cultures qui y poussent. En Côte d'Ivoire, les sols connaissent une dégradation importante et continue, causée par la surexploitation et l'extension de la zone agricole aux techniques inadaptées provoquant souvent une pollution inquiétante par les pesticides et autres produits chimiques. En général, de 2000 à 2010, on a observé un taux de dégradation de 11% du territoire, soit 3 547 093 hectares de sols (ligne de référence). De façon spécifique, 1 956 800 ha

---

[35] https://aqicn.org/map/abidjan/fr/

ont été affectés par des transformations négatives. Les terres présentant une baisse de productivité nette sont de l'ordre de 1 607 454 ha. Le stock de carbone a connu une baisse de 444 384 tonnes. La couverture forestière a été réduite de 4,21%, correspondant à une perte 1 360 000 hectares. Les savanes arbustives ont été réduites de 596 800 ha. La superficie des zones humides et des plans d'eau a baissé de 9 600 hectares (Ministère de la Salubrité de l'Environnement et du Développement Durable, 2017).

Enfin, l'industrialisation a entraîné une destruction dramatique des habitats. Les forêts sont abattues pour leur bois et les écosystèmes sont détruits pour créer des routes, des mines à ciel ouvert et des carrières de gravier. La destruction de ces habitats bouleverse les écosystèmes locaux et entraîne l'extinction de plantes et d'animaux, si les espèces sont incapables de se déplacer ou de s'adapter à leur nouvel environnement.

Au vu de ces effets que pourrait avoir une industrialisation mal conduite, il est important de mener des réflexions sur les secteurs stratégiques dans lesquels, il faudrait concentrer son attention dans la poursuite des objectifs du développement durable.

9.3.2. Les priorités et moteurs stratégiques pour une industrialisation durable

L'industrie ivoirienne repose sur un socle d'activités parmi les plus diversifiées de la CEDEAO, qui incluent dix grandes sous-familles, notamment : les produits pétroliers, le binôme gaz-électricité, l'agro-industrie, le bois, le textile, la chimie, les matériaux non métalliques, la métallurgie et ouvrages en métaux, le BTP et enfin les industries d'assemblage. L'industrie ivoirienne est composée des activités d'extraction et d'énergie (28% de la valeur ajoutée industrielle), de la construction (10%) et de l'industrie manufacturière (62%) (UNIDO, 2012).

L'organisation actuelle du secteur industriel ivoirien dépend en partie de l'exploitation des ressources naturelles, une activité assez peu créatrice d'emplois. L'industrie ivoirienne est dominée par les activités agro-alimentaires et fournit seulement un petit nombre d'emplois formels (OCDE, 2016). Les activités manufacturières reposent sur les abondantes ressources naturelles du pays (mines et agriculture). Les autres activités manufacturières ne contribuent que faiblement à la création de valeur ajoutée, puisque les produits chimiques ne représentent que 6.2 % du PIB et la fabrication de machines et de véhicules de transport 3.5 % (OCDE, 2016).

Cependant, l'agro-industrie, l'industrie légère, l'industrie textile et les activités de services présentent un potentiel important pour l'économie ivoirienne. Pour accélérer la transformation de l'économie ivoirienne, il faudrait tenir compte du contenu des activités en valeur ajoutée et de l'intensité en emplois directs et indirects. Pour réussir sa transformation structurelle, la Côte d'Ivoire devrait étendre son espace productif en fonction de ses capacités et de ses atouts actuels. L'approche « Growth Identification and Facilitation Framework » (GIFF, ou Cadre d'identification et de facilitation de la croissance) mise au point par Lin et Monga (Lin et Monga, 2011) fournit une liste de produits exportés par des pays de comparaison, liste que la Côte d'Ivoire pourrait envisager pour diversifier son économie.

Ainsi, selon la méthodologie GIFF, la Côte d'Ivoire pourrait cibler des produits basés sur les matières premières, telles que le cuir et le bois, ainsi que des produits chimiques reposant sur des activités existantes, et des activités de l'industrie légère, comme les équipements de transport. L'agro-alimentaire recèle un potentiel particulièrement profitable pour les années à venir. Le dynamisme des marchés ouest-africains dans l'agro-alimentaire transformé, ouvre des possibilités pour un leadership ivoirien. Des produits comme le café, les bananes, le riz, le manioc ou encore l'huile de palme offrent de bonnes perspectives en termes de produits à transformer et à exporter. La Côte d'Ivoire devrait attirer des entreprises de transformation, afin d'augmenter la valeur et de servir le marché local. Tous ces produits satisfont les critères clefs : ils sont exportés avec succès par d'autres pays et créent plus de valeur ajoutée et des emplois (OCDE, 2016)

En définitive, il faudrait que l'industrialisation soit compatible avec la protection de l'environnement. Pour cela, le pays devrait inciter les entreprises à améliorer la productivité des ressources par exemple en subventionnant l'adoption de technologies propres ou écologiquement rationnelles et en favorisant les investissements étrangers directs (IDE) à faible intensité de carbone. Cela pourrait se faire au moyen de mesures d'incitation économique ou de mesures d'ordre réglementaire pour amener les entreprises à adopter des technologies pour le recyclage. Certains pays africains sont déjà sur la bonne voie. Dans la ville de Dukem, à l'extérieur d'Addis-Abeba, les autorités éthiopiennes ont créé la zone industrielle orientale - le premier parc industriel de ce type dans le pays - qui a permis de créer plus de 50 000 nouveaux emplois en quelques années seulement. De même, les gouvernements du Ghana et du Nigeria entre autres, s'efforcent de mettre en place des secteurs industriels diversifiés, compétitifs au niveau mondial, durables sur le plan environnemental et capables d'améliorer sensiblement le niveau de vie de leurs populations. Cette approche devrait être imitée dans toute l'Afrique, en particulier en Côte d'Ivoire

9.4. Développement des énergies renouvelables, gestion des déchets, gestion des ressources naturelles

Le secteur des déchets est un des principaux piliers de la lutte contre les changements climatiques. En Côte d'Ivoire, le secteur des déchets produisait en 2018, 10% des émissions totales des gaz à effets de serre de la Côte d'Ivoire[36]. Dans certaines villes comme Abidjan, l'insalubrité et la prolifération de déchets dans les rues sont visibles au quotidien. Du fait de sa croissance démographique incessante, la production globale de déchets connaît mécaniquement une forte hausse chaque année. D'après une étude réalisée par l'ONG Gevalor[37], la production de déchets à Abidjan augmente en moyenne de 9,4% par an. Les pouvoirs publics éprouvent des difficultés à gérer une production

[36] « Politique nationale de salubrité : Anne Oulotto révèle les objectifs visés par la création de l'ANAGED », 10 novembre 2017, Abidjan.net

[37] Gevalor, Rapport final : « Étude sur la valorisation des déchets organiques dans le District d'Abidjan en vue de la réduction des polluants climatiques à courte durée de vie », 2015.

de déchets qui s'amplifie chaque année, sur un territoire qui ne cesse de s'étendre (Brisoux at al. 2018).

Dans le processus de transformation structurelle, la gestion efficace des déchets devrait avoir une place significative, car l'industrialisation et l'urbanisation qui s'ensuivent, sont susceptibles d'ajouter au fardeau déjà pesant des collectivités locales. La mauvaise gestion des déchets est une entrave à l'urbanisation durable. Ainsi, l'on devrait penser à des stratégies innovantes de gestion. Dans le contexte Ivoirien, cela passe d'abord par la mise à disposition de plusieurs décharges, ainsi que par le développement de technologies de valorisation énergétique des déchets (par exemple, le méthane des décharges) et les processus de réutilisation et de recyclage, et le traitement des eaux usées axé sur les écosystèmes. Les mesures de gestion des déchets solides, dont le compostage et la génération d'énergie à partir de la combustion du méthane, peuvent également aider à réduire les émissions de méthane dans les décharges, et contribuer à une réduction globale des gaz à effet de serre. Les ordures ménagères produites par les foyers et les industries, une fois traitées, peuvent être utilisées pour produire de l'énergie renouvelable utilisée pour l'électricité ou le chauffage.

Les énergies renouvelables sont des sources d'énergie qui utilisent des ressources naturelles considérées comme inépuisables : vent, soleil, marées, chutes d'eau, terre, végétaux... Ces énergies ne produisent pas de gaz à effet de serre, de rejets polluants, et n'engendrent pas ou peu de déchets. Leur substitution aux énergies fossiles carbonées réduit donc le risque de réchauffement climatique. Les énergies renouvelables exploitées rationnellement et équitablement, doivent répondre aux critères de (i) la sobriété énergétique, qui permet de déterminer quels sont les services énergétiques indispensables et de leur affecter prioritairement les ressources disponibles par rapport à ceux qui sont superflus ; (ii) l'efficacité énergétique, qui permet d'assurer ces services énergétiques prioritaires en consommant le moins possible d'énergie primaire (d'origine fossile ou renouvelable) ; (iii) le respect de l'environnement (Chabot, 1998). Ainsi, pour une transformation structurelle réussie, le gouvernement Ivoirien se doit de soutenir la mise en place de mécanismes de soutien aux investissements dans les énergies renouvelables et l'efficacité énergétique.

La synergie entre les critères ci-dessus garantira une gestion durable des ressources naturelles, qui sont fortement sollicités par le mode de vie actuel de nos sociétés. La Cote d'Ivoire dispose d'importantes dotations en ressources naturelles qui constituent a priori des bases solides pour la transformation structurelle. Mais une gestion efficiente de celles-ci, soucieuse des générations futures est une condition importante pour la transformation durable de son économie.

9.5. Urbanisation durable

Les villes et les centres urbains sont des accélérateurs du progrès social et économique. Le dynamisme économique des villes offre des possibilités en termes de moyens de subsistance et de mobilité sociale que l'on ne trouve pas dans les zones rurales. Dans sa phase initiale, l'urbanisation affecte positivement les aspects sociaux, notamment la mobilisation sociale, l'alphabétisation, la participation politique, l'éducation, le revenu et la santé. Comme dans la plupart des pays de la planète et, plus rapidement que dans la moyenne des pays d'Afrique subsaharienne, les villes grandissent à toute vitesse en Côte d'Ivoire (Banque mondiale, 2019). Le taux d'urbanisation a grimpé de 17,7 % en 1960 à plus de 50 % en 2018. La Côte d'Ivoire est aujourd'hui le 16ème pays le plus urbanisé du continent africain mais remonte à la troisième place après le Cameroun et le Ghana lorsque seuls les pays avec au moins 5 millions d'habitants sont considérés.

En permettant aux entreprises d'être plus productives et aux ménages d'accéder à plus d'emplois, à des écoles pour leurs enfants et à de meilleurs soins de santé que dans les campagnes, une urbanisation maîtrisée pourrait avoir des retombées positives et favoriser une économie plus inclusive (Banque mondiale, 2019). Toutefois, les effets de l'urbanisation deviennent négatifs lorsque l'urbanisation dépasse la capacité maximale de la ville (Shen et al. 2012). Dans le contexte Ivoirien, l'urbanisation pose d'énorme défis en termes de transport, de logements et d'inégalités sociales, etc… Avant de proposer des pistes de réflexions pour une urbanisation durable, nous présentons dans cette section, les tendances, caractéristiques et défis de l'urbanisation en Côte d'Ivoire.

9.5.1. L'urbanisation en Côte d'Ivoire : tendances – caractéristiques – défis

Si en 1930, c'était trois Ivoiriens sur cent qui vivaient en ville, en 2020, un Ivoirien sur deux réside dans un centre urbain (INS, 2014). Aussi, en un demi-siècle, le nombre de ville a t- il été multiplié par 50 (de 10 en 1955 à 512 en 2018) et la population urbaine multipliée par 34 (de 331 000 en 1954 à 11 370 347 en 2014), selon les données de l'institut national de la statistique. Cette dynamique de l'urbanisation du pays est caractérisée par une distribution inégale des villes sur le territoire national avec une concentration des grandes villes dans la zone Sud et dans la zone forestière et une macrocéphalie d'Abidjan (Kouadio, 2016).

Tous les districts du pays connaissent une croissance de leur taux d'urbanisation, cependant toutes les régions du territoire n'ont pas encore atteint la transition urbaine. En 2006, les données fournies par le MEMPD (2006) montraient encore de faibles niveaux d'urbanisation (moins de 20 %) dans la partie Nord du pays, notamment dans les régions du Denguelé (19,9%), le Bafing (18,4%), le Worodougou (15,6%) et le Zanzan (13,52%).

L'analyse de la répartition des villes selon la végétation montre que la zone de savane qui accueille 22% de la population nationale se présente toujours comme la zone la moins urbanisée du pays. En effet, selon le MEMPD (2006), en 1998, 70,1% des villes ivoiriennes étaient localisées dans les régions forestières qui couvrent l'Est, le Sud et l'Ouest avec 82,2 % de la population urbaine nationale tandis que seulement 29,9% des villes étaient se trouvaient dans les régions de savane pour 17,8% de la population urbaine. Aujourd'hui encore, la zone des lagunes avec le District Autonome d'Abidjan et ses 4 707 404 habitants (RGPH, 2014) recueille à elle seule 38,7 % de la population urbaine nationale.

Parmi les défis que posent l'urbanisation en Côte d'Ivoire, le phénomène de la prolifération des bidonvilles est peut-être à la fois le plus grand défi actuel et le défi futur le plus pressant pour les villes secondaires. La lutte contre la pauvreté urbaine et les conditions de vie dans les bidonvilles nécessitera d'impliquer les majorités urbaines pauvres à un niveau sans précédent pour définir les solutions politiques nécessaires et à mieux intégrer les économies sociales, les économies informelles et les systèmes économiques formels. Si le manque d'emploi formel est certainement l'un des facteurs contribuant à la pauvreté urbaine et à la croissance des bidonvilles, ceux-ci sont également le produit de l'évolution de la société. Les bidonvilles sont le produit de politiques d'urbanisation inadéquate. Pour cette raison, l'urbanisation planifiée devrait être utilisée comme un outil pour créer des emplois et des moyens de subsistance.

La pollution et les risques d'inondation et de glissement de terrains, corollaire du changement climatique sont des facteurs à inclure parmi les défis de l'urbanisation. Durant des années successives, la ville d'Abidjan a été le théâtre de scènes d'inondations effarantes qui ont entrainé d'énormes pertes en vies humaines et des dégâts matériels. A cela s'ajoute, le manque de logements adéquats et de services urbains de base. L'urbanisation rapide de l'Afrique se caractérise également par une forte augmentation des inégalités au sein des sociétés africaines. Cela est aussi le cas en Côte d'Ivoire. De plus, il existe un énorme problème de mobilité urbaine dans une ville comme Abidjan. Selon la Banque mondiale (2019), chaque jour, on compte plus de 10 millions de déplacements à Abidjan et chaque ménage dépense en moyenne 1.075 FCFA et « perd » plus de trois heures dans les transports. En d'autres termes, plus de 4 milliards de FCFA sont dépensés quotidiennement (en coût monétaire et d'opportunité), soit l'équivalent de 1.200 milliards de FCFA par an. Cette dépense est la troisième dans le portefeuille des ménages (après la nourriture et le logement) et représente environ 4 à 5% du PIB. Par ailleurs, ces frais de transports nuisent à la compétitivité des entreprises.

Face aux défis de l'urbanisation énumérés ci-dessus, il s'avère nécessaire de poursuivre les réflexions en faveur d'une urbanisation durable.

9.5.2. Des propositions pour une urbanisation durable

Pour réaliser un développement durable du territoire, l'urbanisation doit prendre en compte les aspects relatifs au développement économique et social ainsi qu'à l'équilibre environnemental. L'urbanisation durable suppose le respect des critères du développement durable que sont l'équité sociale, la qualité environnementale, la préservation des ressources et du patrimoine, ainsi que la cohérence des territoires (Blais et al. 2012).

Ainsi pour faire face aux changements climatiques, il faudrait adopter des modèles d'aménagements urbains qui limitent les déplacements polluants. Les émissions de gaz à effet de serre (GES) provenant de transports routiers pourraient être réduites en développant des réseaux de transport qui favorisent davantage le transport public. La politique d'aménagement du territoire nationale devrait considérer le verdissement des espaces, afin de réduire l'effet de la chaleur, de même que la gestion des eaux de pluies compte tenu des risques accrus d'inondations (Blais et al. 2012)

L'on pourrait mettre en œuvre des nouveaux modèles que l'on qualifie couramment de quartiers durables (Blais et Caron, 2009), de quartiers verts ou d'écoquartiers (Charlot-Valdieu et Outrequin, 2009b), sont caractérisés, entre autres : (i) par l'aménagement de secteurs multifonctionnels, combinant lieux d'habitation et de travail, de moyenne et forte densités, qui contribuent à réduire les distances à parcourir et le nombre de déplacements motorisés polluants; (ii) par la consolidation des zones urbaines, surtout par la réhabilitation des friches urbaines et la densification des secteurs urbanisés périphériques de manière à réduire l'empreinte écologique (Blais et Langlois, 2004).

Une urbanisation durable suppose également la préservation des espaces verts, des paysages et des zones naturelles sensibles et évite de mettre en péril des espèces, des habitats naturels et des terres agricoles de grande qualité. L'on pourrait développer des « infrastructures vertes » que Benedict, Allen et McMahon (2004) définissent comme un réseau d'espaces verts, planifié et géré pour les ressources naturelles qu'il fournit et pour les bénéfices qu'il confère aux populations humaines. Leur rôle est de renouveler ou compléter les infrastructures traditionnelles par des aménagements créant des liens entre l'environnement bâti et l'environnement naturel. Plusieurs caractéristiques définissent les infrastructures vertes : de taille réduite, mieux réparties sur le territoire et intégrées à l'environnement existant, elles sont facilement transformables et peuvent servir à plusieurs usages. Elles maximisent l'utilisation des ressources et leur fonctionnement s'inspire des écosystèmes. Les infrastructures vertes peuvent servir à la gestion de l'eau, de l'énergie et des matières résiduelles de même qu'au transport et aux communications. Elles permettent d'accroître la qualité de l'eau, de l'air et des sols et de réduire la consommation énergétique.

CONCLUSION

Le désir de transformation structurelle des économies est affiché dans les différents plans de développement adoptés par plusieurs pays africains à l'exemple du Plan Sénégal Émergent 2014-2023, du Plan National de Développement (PND) Bénin 2018-2025 ou du PND 2021-2025 de la Côte d'Ivoire.

Ce livre offre un cadre conceptuel, théorique et empirique d'analyse du processus de transformation structurelle des économies. L'on retient de nos jours, la nécessité d'aller au-delà de la simple *transformation structurelle* ou passage d'une économie primaire, peu productive à une économie sophistiquée et plus productive, pour aboutir au changement *transformationnel* qui renferme un caractère universel car il couvre toutes les dimensions du développement durable.

L'acteur principal de ce processus demeure l'État, dont les interventions peuvent porter aussi bien sur l'élaboration de politiques de lutte contre la pauvreté que sur l'adoption d'une politique industrielle énergique. Chaque État devra ainsi saisir les opportunités en mettant en place des politiques fondées sur une coordination étroite entre l'adoption et la capacité à absorber les technologies et les infrastructures adéquates avec des stratégies de financement efficaces et efficientes. Les facteurs prépondérants dans le processus de transformation structurelle, sont en effet le développement des infrastructures économiques, l'amélioration du système financier en vue de soutenir les entreprises lors de leur création et de leur expansion et le développement d'un capital humain bien formée, adapté au besoin du marché, à forte productivité et tourné également vers la recherche et innovation.

L'analyse de la trajectoire de transformation structurelle de la Côte d'Ivoire, montre que malgré les acquis des dix dernières années, le processus amorcé reste embryonnaire, avec une faible modification du système productif. Les exportations restent dominées par les produits traditionnels, intensifs en technologie peu avancées, essentiellement des matières premières et des biens intermédiaires.

On note que la lenteur dans le processus de transformation structurelle de la Côte d'Ivoire est en partie tributaire de la longue crise sociopolitique 1999-2011, qui a commencé avec le coup d'état de 1999. Dans la lignée de North et Thomas (1973), il apparaît en effet que les institutions sont les déterminants fondamentaux de la croissance économique voire de la transformation structurelle des économies. En effet, de bonnes institutions, de leur point de vue, expliquent pourquoi certains pays sont tellement plus innovateurs que d'autres, pourquoi ils investissent beaucoup plus de ressources dans le système éducatif, et pourquoi leurs habitants économisent et investissent pour accumuler du capital physique.

En Côte d'Ivoire, les défaillances institutionnelles avec leur corollaire de crises socio-politiques et culturelles, ont constitué en effet un frein à la croissance économique et à la transformation structurelle du pays. Les pertes de vies humaines, la destruction d'infrastructures, de capital humain, l'instabilité politique et les incertitudes accrues liées aux conflits ont entravé l'investissement et la croissance économique, non seulement au moment des affrontements, mais aussi après, rendant difficile une sortie du « piège du conflit ou conflict trap ». Par ailleurs, les crises socio-culturelles représentent des facteurs de désorganisation de l'activité économique. Selon le FMI (2019) une augmentation de l'intensité du conflit est, en moyenne, liée à une hausse de 9 % des dépenses budgétaires militaires réelles (soit environ 0,6 % du PIB) et à une baisse des dépenses d'investissement réelles de quelque 9 % (FMI, 2019).

Le processus de transformation structurelle, pour qu'il aboutisse, doit donc se réaliser dans un environnement stable et paisible, propice aux investissements et aux mouvements des facteurs de production des secteurs les moins productifs vers ceux qui sont plus productifs. Ainsi, il revient à la Côte d'Ivoire et généralement aux pays confrontés à des conflits internes ou externes de mettre en place des mécanismes fondés sur la bonne gouvernance, la justice et l'équité afin de favoriser une accélération de la transformation structurelle de leurs économies.

Par ailleurs, la transformation structurelle devrait être compatible avec les objectifs de développement durable. En effet, le développement économique de la Côte d'Ivoire s'est accompagné de problèmes environnementaux d'origines diverses : déforestation, pollution et eutrophisation des eaux, pollution de l'air, etc. (SEP REDD+ et FAO, 2017). Dans le but de parvenir à une transformation durable de l'économie, un accent particulier doit être mis sur la durabilité des systèmes de production alimentaire, le développement des énergies renouvelables, la gestion des déchets, la gestion des ressources naturelles et l'urbanisation. L'industrialisation inhérente au processus de transformation structurelle devra elle aussi, se faire avec le souci de protéger l'environnement, notamment au moyen de mesures d'incitation économique ou de mesures d'ordre réglementaire pour amener les entreprises à adopter des technologies pour le recyclage.

La Côte d'Ivoire a inscrit comme premier pilier de son Plan National de Développement 2021-2025 :

l' « Accélération de la transformation structurelle de l'économie par l'industrialisation et le développement des grappes ». Les résultats des analyses benchmark, SWOT et économétriques montrent que pour y arriver, le pays devra entre autres :

- accentuer ses efforts pour améliorer son environnement des affaires et sa compétitivité afin d'accroître ses avantages comparatifs ;

- réaliser des réformes profondes de ses systèmes sanitaire et éducatif afin qu'ils contribuent plus efficacement à élever les compétences de sa main d'œuvre ;

- privilégier l'ouverture sur l'extérieur afin de tirer parti de l'expertise des pays avancés et favoriser la diffusion et l'adaptation des nouvelles technologies importées au sein du tissu économique local ;

- renforcer les investissements dans les infrastructures de connectivité ;

- se tourner de plus en plus vers les solutions innovantes de financements publics et privés, notamment les Partenariats Publics-Privés (PPP), en veillant à l'efficacité du mécanisme des PPP par l'adoption de cadres institutionnels, juridiques et de gouvernance appropriés et de reformes rigoureuses dans le domaine des marchés publics ;

- faire évoluer l'économie vers : i) des activités industrielles avec un plus grand potentiel de création d'emplois et de valeur ajoutée, telles que la manufacture de produits complexes ; et ii) exploiter davantage le potentiel des activités de services à travers la formalisation et la professionnalisation.

- maîtriser les processus, les routines organisationnelles, les droits de propriété afin de favoriser les investissements adéquats dans la recherche-développement et dans l'innovation.

ANNEXES

Tableau A1 : Évolution du PIB réel par tête dans quelques pays

Année	Royaume-Uni	Belgique	Espagne	Suède
1700	1 591	1 720	1 730	1 687
1750	1 782	1 703	1 665	1 310

Source : Auteur, à partir de Maddison Project Database, version 2018. Bolt, Jutta, Robert Inklaar, Herman de Jong and Jan Luiten van Zanden (2018), "Rebasing 'Maddison': new income comparisons and the shape of long-run economic development". Maddison Project Working Paper, nr. 10, available for download at www.ggdc.net/maddison.

Tableau A2 : Évolution du PIB réel par tête dans quelques pays émergents (PPA dollar 2010)

Pays	1960	2019
Brésil	3 417	11 122
Chine	192	8 254
Inde	330	2 169
Corée	932	28 606

Source : Auteur, à partir de Maddison Project Database, version 2018. Bolt, Jutta, Robert Inklaar, Herman de Jong and Jan Luiten van Zanden (2018), "Rebasing 'Maddison': new income comparisons and the shape of long-run economic development". Maddison Project Working Paper, nr. 10, available for download at www.ggdc.net/maddison.

Tableau A3: Evolution du poids économique dans quelques pays émergents (%)

Période / Pays	1960	2019
Brésil	2,17	2,76
Chine	1,13	13,58
Inde	1,31	3,49
Corée	0,21	1,74

Source: auteur, à partir de WDI 2020.

Tableau A4 : Niveau d'éducation en Côte d'Ivoire et dans quelques pays émergents

Année	Pays	Aucune éducation	Plus haut niveau atteint			Population concernée (1000)
			Primaire complet	Secondaire complet	Tertiaire complet	
			(% population âgée de 25-64 ans)			
1950	Inde	76,8	5,1	0,4	0,5	137 156
	Corée	31,5	51,3	3,3	1,0	6 921
	Brésil	64,8	14,0	3,0	0,7	19 517
	Côte d'Ivoire	91,8	2,2	0,3	0,3	877
	Chine	85,6	2,3	0,7	0,1	242 524
1960	Inde	74,9	6,5	0,3	0,4	170 679
	Corée	52,1	29,6	6,5	2,1	8 985
	Brésil	55,0	16,0	3,6	1,1	25 708
	Côte d'Ivoire	91,4	2,2	0,5	0,5	1 259
	Chine	66,0	8,1	1,6	0,4	264 272
1980	Inde	71,0	5,5	0,4	1,7	261 769
	Corée	15,5	33,8	20,2	7,1	14 948
	Brésil	30,0	5,2	3,2	3,9	44 766
	Côte d'Ivoire	83,2	4,0	1,9	1,1	2 868
	Chine	26,7	24,9	6,1	0,7	401 770
2000	Inde	48,7	12,5	16,6	5,8	431 520
	Corée	2,6	11,8	41,8	21,9	25 932
	Brésil	16,9	29,6	15,4	5,5	78 276
	Côte d'Ivoire	55,7	14,6	4,3	3,1	5 484
	Chine	8,0	20,9	27,7	3,1	672 123
2010	Inde	39,1	14,3	22,5	6,4	537 368
	Corée	0,8	6,3	37,9	39,8	28 763
	Brésil	9,2	24,6	27,1	8,5	98 118
	Côte d'Ivoire	43,2	20,0	8,2	3,6	6 809
	Chine	3,2	15,5	20,6	2,6	759 886

Source : Auteur, à partir des données en ligne de Barro et Lee dataset.

Tableau A4 : Taux de fécondité moyen

Pays Période	1950-1960	1961-1979	1980-1999	2000-2018
Brésil	6,28	5,32	3,37	2,04
Inde	6,00	5,50	4,13	2,73
Côte d'Ivoire	5,90	6,92	6,14	4,71
Corée	5,87	4,42	2,09	1,26
Chine	5,22	3,49	1,98	1,51

Source : Auteur, à partir de WDI

Graphique A1 : Évolution de l'espérance de vie en Côte d'Ivoire et dans quelques pays dits émergents

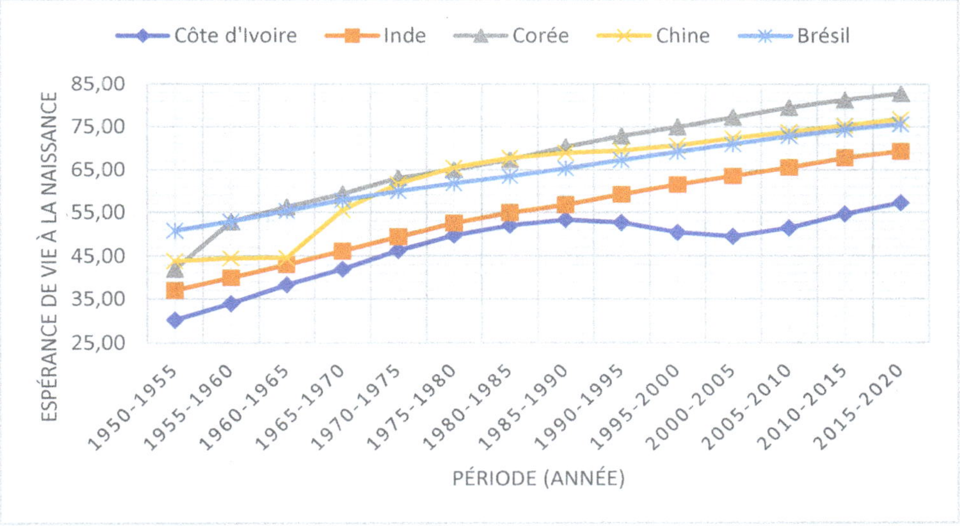

Source : Auteur, à partir des données des Nations Unies, World Mortality Report 2019.

Graphique A2 : Évolution de la mortalité des moins de cinq ans en Côte d'Ivoire et dans quelques pays dits émergents

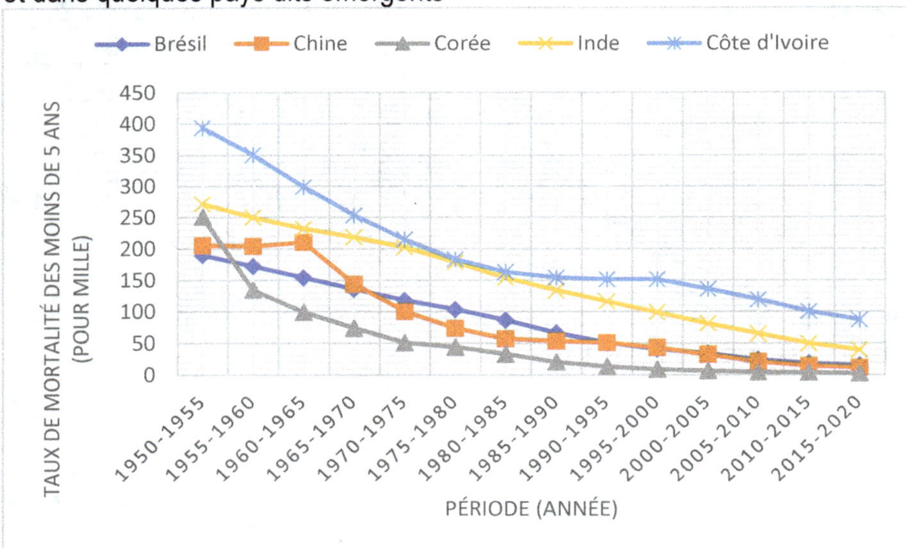

Source : Auteur, à partir des données des Nations Unies, World Mortality Report 2019.

BIBLIOGRAPHIE

ACBF (2019) *Rapport sur les capacités en Afrique 2019. Encourager le leadership transformateur pour le développement de l'Afrique*. African Capacity Building Foundation.

Acemoglu, D., & Robinson, J. A. (2000). Why did the West extend the franchise? Democracy, inequality, and growth in historical perspective. *The quarterly journal of economics*, 115(4), 1167-1199.

Acemoglu, D., Aghion, P., & Zilibotti, F. (2003). Vertical integration and distance to frontier. *Journal of the European Economic Association*, 1(2-3), 630-638.

Acemoglu, D., et D. Autor. (2012). What Does Human Capital Do? A Review of Golding and Katz's the Race between Education and Technology. *Journal of Economic Literature* 50 (2): 426–463.

Ackah, C. et Morrissey, O. (2005). Trade policy and performance in sub-Saharan Africa since the 1980s, CREDIT Research Paper No 05/13, University of Nottingham

Adejumobi (2002). Democracy and Good Governance in Africa: Theoretical and Methodological Issues. Disponible extrait de Bujra, A. et Adejumobi, S. eds. Breaking Barriers, Creating New Hopes: Democracy, Civil Society and Good Governance in Africa (p. 1 à 20)

Agénor P (2011). Infrastructure, public education and growth with congestion costs. Bulletin of Economic Research. 64(4):449–469.

Agénor P-R et Moreno-Dodson B (2006). Public infrastructure and growth: New channels and policy implications. Policy Research Working Paper n° 4064. Banque mondiale.

Agosin, M., Alvarez, R., & Bravo-Ortega, C. (2012). Determinants of Export Diversification around the World: 1962–2000. *The World Economy 35 (3)*, 295–315.

Alawamleh, M., Ismail, L., Aqeel, D., & Alawamleh, K. (2019). The bilateral relationship between human capital investment and innovation in Jordan. *Journal of Innovation and Entrepreneurship* 8 (6).

Alegre, J., & Lapiedra, R. (2005). Gestión del conocimiento y desempeño innovador: un estudio del papel mediador del repertorio de competencias distintivas. *Cuadernos de Economía y Dirección de la Empresa 23*, 117–138 .

Ansell, C., & Gash, A. (2008). Collaborative Governance in Theory and Practice. *Journal of Public Administration Research and Theory*, 18(4), 543–571

Aschauer, D. A. (1989). Is Public Expenditure Productive?" Journal of Monetary Economics 23 (2) 177–200.

Asian Development Bank. (2018). How Technology Affects Jobs. Manila (April). In *Asian Development Outlook 2018*.

Baer, M., & Frese, M. (2003). Innovation Is Not Enough: Climates for Initiative and Psychological Safety, Process Innovations, and Firm Performance. *Journal of Organizational Behavior 24 (1)*, pp. 45–68.

Baldwin, R. E. (2012). Global supply chains: why they emerged, why they matter, and where they are going.

Banque Africaine de Développement (2014). *Perspectives économiques en Afrique 2014 : Les chaînes de valeur mondiales et l'industrialisation de l'Afrique*, CEA, OCDE.

Banque Africaine de Développement, BAD (2017). *Industrialiser l'Afrique, Stratégies, politiques, institutions et financements.*

Banque Africaine de Développement (2018). Les infrastructures Africaines : Un potentiel considérable, mais un Impact limité sur la Croissance équitable. BAD

Banque Européenne d'investissement (1964). Situation Économique en 1963 et perspectives décennales de développement économique et social (1960-1970), rapport

Barney, J. (1991). Firm resources and sustained competitive advantage. *Journal of Management, vol. 17, no. 1*, pp. 99−120.

Barrett, R., & Malcolm, J. (2006). Embedding plagiarism education in the assessment process. *International Journal for Educational Integrity 2 (1)*, pp. 38–45.

Barro, R.J. (1990). Government spending in a simple model of endogeneous growth. *Journal of Political Economy* 98(S5): 103-125.

Barro, R. J. (2001). Human capital and growth. *American Economic Review, 91 (2),*, 12–17.

Barro, R. J., & Lee, J. W. (1994, June). Sources of economic growth. In *Carnegie-Rochester conference series on public policy* (Vol. 40, pp. 1-46). North-Holland.

Barro, R. J., & Lee, J. W. (2015). *Education matters. Global schooling gains from the 19th to the 21st century*. Oxford University Press.

Barsh, J., Capozzi, M., & Davidson, J. (2008). Leadership and innovation. *McKinsey Quarterly. https://www.mckinsey.com/business-functions/strategy-and-corporate-finance/ourinsights/leadership-and-innovation# (accessed 29 March 2020)*

Becattini, G. (1989). *Modelli Locali Di Sviluppo. Il Mulino Bologna.*

Becker, G.S. (1964). *Human Capital, A Theoretical and Empirical Analysis*, Columbia University Press for the National Bureau of Economic Research, New York.

Becker, G. S. (2003). *Human Capital. New York, NY: National Bureau Of Economic Research.*

Benedict M., Allen W. et Ed McMahon (2004). Advancing Strategic Conservation in the Commonwealth of Virginia. Using a Green Infrastructure Approach to Conserving and Managing the Commonwealth's Natural Areas, Working Landscapes, Open Space, and Other Critical Resources, *The Conservation Fund, Center for Conservation and Development, 30* p.

Berrou, J.-P., D. Darbon, C. Bouquet, A. Bekelynck, M. Clement, F. Combarnous et E. Rougier (2017), "*Le réveil des classes moyennes ivoiriennes ? Identification, caractérisation et implications pour les politiques publiques* ", Papiers de recherche AFD, n° 2018-71,

Besley, T., & Burgess, R. (2004). Can labor regulation hinder economic performance? Evidence from India. *The Quarterly journal of economics*, 119(1), 91-134.

Bez, N. (2017). *Finland Reforms its Education System. https://prideonlinedotnet.wordpress.com/2017/01/27/ finland-reform-education-system/.*

Bils, M., & Klenow, P. J. (2000). Does schooling cause growth?. *American economic review*, 90(5), 1160-1183.

Blais P., Boucher I., et Caron A. (2012). *L'urbanisme durable : Enjeux, pratiques et outils d'intervention, ministère des Affaires municipales, des Régions et de l'Occupation du territoire*, coll. « Planification territoriale et développement durable », 93 p.

Blais, P et Caron, A. (2009). *Les outils d'urbanisme au service du quartier durable*, Observatoire municipal, ministère des Affaires municipales, des Régions et de l'Occupation du territoire, juin, 8 p.

Blais, P. et Langlois M. (2004). *La réduction des émissions de gaz à effet de serre et l'aménagement du territoire, guide de bonnes pratiques*, ministère des Affaires municipales, du Sport et du Loisir, 70 p.

BNETD (2016). *Analyse quantitative de la déforestation en Côte d'Ivoire sur les périodes* 1986-2000-2015.Abidjan, 37 p.

Borensztein, E., De Gregorio, J., & Lee, J. W. (1998). How does foreign direct investment affect economic growth?. *Journal of international Economics*, 45(1), 115-135.

Brésil-Ch.-II, (2001), *Conselho Nacional de Educação. Conselho Pleno*. Parecer n° 09/2001 cité par Da Silva F. S. S. (2018).

Brésil-Ch.-II, (2010), *Conselho Nacional de Educação*. Resolução n° 04/2010 – Diretrizes Curriculares Nacionais Gerais para Educação Básica. cité par Da Silva F. S. S. (2018).

Brisoux L., Elgorriaga P. (2018). *Les enjeux de la gestion des déchets à Abidjan : La vitrine de la Côte d'Ivoire face aux défis de l'insalubrité*, Rapport d'expertise, Master.

Brown, K. L. (2003). From teacher-centered to learner-centered curriculum: Improving learning in diverse classrooms. *Education, 124*, pp. 49–54.

Burpitt, W. J., & Bigoness, W. J. (1997). Leadership and innovation among teams: The impact of empowerment. *Small group research. 28 (3)*, pp. 414–423.

Cadot, O., Carrère, C., & Strauss-Kahn, V. (2011). Export Diversification: What's Behind the Hump. *Review of Economics and Statistics 93 (2)*, 590–605.

Carruthers, R., R. Krishnamani, et S. Murray. (2009). Improving Connectivity: Investing in Transport Infrastructure in Sub-Saharan

Africa. AICD Background Paper 7, Africa Region, World Bank, Washington, DC.

Cassiman, B., & Veugelers, R. (2006). In search of complementarity in innovation strategy: internal R&D and External Knowledge Acquisition. *Management. Science 52 (1)*, 68–82.

CEDEAO (2012). “Investment Climate Indicators” CASE-STUDY [Côte d’Ivoire].

CEDEAO (2012). Rapport annuel (actualisé) « Intégration et stabilité politique en Afrique de l’Ouest »

Chabaud D, Ehlinger S et Perret V, (2003). Les incubateurs d’entreprises innovantes : un réseau entrepreneurial reconfiguré ? *Association Internationale de management stratégique*

Chabot B. (1998). La contribution potentielle des énergies renouvelables au développement durable : le cas de l'hydroélectricité. *Eau et Développement durable*

Chauvin, V. et M. Plane (2001). « 2000-2040 : Population active et croissance », *Revue de l’OFCE, n° 79, Octobre 2001,* pp. 235-259

Chakravarthy, B. S. (1986). Measuring strategic performance. *Strategic Management Journal, vol. 7*, pp. 437-458.

Chellaraj, G., Keith, E. M., & Aaditya, M. (2008). The Contribution of International Graduate Students to US Innovation. *Review of International Economics. 16 (3)*, pp. 444–462.

Chenery, H. B., Robinson, S., Syrquin, M., & Feder, S. (1986). *Industrialization and growth* (p. 175). New York: Oxford University Press.

Chevassu, J. M. (1996), "Expériences comparées des stratégies gouvernementales de promotion du secteur privé: le cas de la Côte-d'Ivoire et de l'Asie", Premier Forum de l'AIPEF (Association Ivoirienne de la Presse Économique et Financière) Abidjan du 22 au 24 Février 1996.

Chevassu, J. M. (1990), Rapport sur le Programme Prioritaire Régional Intégré (PPRI) de la Région de Meknès pour l’année 1989’. Ministère du Plan, Rabat - CER. Janvier 1990.

Chevassu, J.M. (1990). La création de village entreprise, source de croissance des activités productives dans les PVD : le cas du Maroc *Unité de recherche modèle de développement et économies réelles, 67,1990*

Choi, S. M., Gonzalez, D., & Gray, P. (2013). International technology adoption, R&D, and productivity growth. *The B.E. Journal of Macroeconomics. 13 (1)*, p. 24.

Christoplos, I., Pain, A., Kluyskens, J., & Fruhlin, P. (2019). *External Evaluation of the Think Tank Initiative (TTI) Phase Two, 2014–2019*. London: Department for International Development of the United Kingdom (DFID).

CIAPOL (2019). *Document de planification d'actions nationales sur les SLCP en Côte d'Ivoire*

CNUCED (2016). *Matériel pédagogique de l'institut virtuel relatif à La transformation structurelle et La politique industrielle*. United Nations, Geneva and New York.

CNUCED (2019). *Examen de la Politique d'Investissement, Côte d'Ivoire*.

Cochrane, G.; E. Robin; S. Marjanovic; S. Diepeveen; R. Hanlin; D. Kryl; L. Muchova; O. Yaqub; et J. Chataway (2014). The African Institutions Initiative: Insights from the First Four Years. *Santa Monica, CA: RAND Corporation* https://www.rand.org/pubs/research_reports/RR707.html.

Coe, D. and E. Helpman. (1995): «International R&D Spillovers». *European Economic Review* 39: 859–87.

Cohen, D., & Soto, M. (2007). Growth and human capital: good data, good results. *Journal of economic growth*, 12(1), 51-76.

Cohen, W. M., & Levinthal, D. A. (1989). Innovation and Learning: The Two Faces of R&D. *The Economic Journal, September, 99*, 569-596.

Colcanap M., Dufour P. (1982). *L'assainissement de la ville d'Abidjan : évaluation, recommandations, propositions d'alternatives : rapport d'expertise* octobre 1981-janvier 1982. Neuilly sur Seine : Ministère de l'Environnement, 299 p. multigr.

Collier, P., and A. Hoeffler (2004). “Greed and Grievance in Civil War.” *Oxford Economic Papers* 56, Oxford University, Oxford, UK.

Collier, P., and A. Hoeffler (2005). “Democracy and Resource Rents.” *Oxford University Papers*, Oxford, UK.

Combes, P.-P., G. Duranton et L. Gobillon (2008). Spatial wage disparities : sorting matters ! Journal of Urban Economics, forthcoming.DOI : 10.1016/j.jue.2007.04.004

Commission économique pour l’Afrique, CEA (2017), *Financements innovants pour la transformation structurelle des économies ouest-africaines*, Nations Unies

Commission économique pour l’Afrique, CEA (2018). *Transformation structurelle, emploi, production et société*, STEPS-Maroc

Commission économique pour l’Afrique et Conseil consultatif de l’Union africaine sur la corruption (2011). Lutte contre la corruption, renforcement de la gouvernance en Afrique : Programme régional pour l’Afrique en matière de lutte contre la corruption (2011-2016), (p. 20). Disponible à l’adresse. http://www.uneca.org/sites/default/files/PublicationFiles/luttecontre-la-corruption-renforcement-de-la-gouvernance-en-afrique-2011-2016.pdf

Cruse Guillaume (1994). La prise en compte de l’environnement comme facteur de développement. In: *Tiers-Monde, tome 35, n°137, 1994*. Après le Sommet de la Terre : Débats sur le développement durable. pp. 151-167; doi : https://doi.org/10.3406/tiers.1994.4856

CSES (Centre for Strategy & Evaluation Services) (2002). Benchmarking of Business Incubators, *Final Report, commission européenne,* mimeo.

Culas R (2007) Deforestation and the environmental Kuznets curve: an institutional perspective. *Ecological Economics* 61, 429–43

Dabla-Norris, M. E., Thomas, M. A. H., Garcia-Verdu, M. R., & Chen, M. Y. (2013). *Benchmarking structural transformation across the world.* International Monetary Fund.

Da Silva F. S. S. (2018), *Analyse comparée des systèmes éducatifs brésilien et français et de la formation des professeurs de mathématiques au Brésil dans le cadre du P.I.B.I.D. et en France dans les E.S.P.E., Éducation*, thèse, Université Côte d'Azur, 2018.

De Faria, P., Lima, F., & Santos, R. (2010). Cooperation in innovation activities: the importance of partners. *Res. Pol. 39 (8)*, 1082–1092.

Demirbag, M., & Glaister, K. (2010). Factors determining offhore location choice for R&D projects: a comparative study of developed and emerging regions. *J. Manage. Stud. 47 (8)*, 1534–1560.

Denis Cogneau et Sandrine Mesplé-Somps (1999). *La Côte d'Ivoire peut-elle devenir un pays émergent ? , Programme d'étude "Afrique émergente"* Centre de Développement, OCDE

De Vries, J. (2013). *European Urbanization*, 1500-1800. Routledge.

Dhahri Sellami N. (2012) *Convergence entre les institutions de gouvernance publique et privée : rôle des Systèmes Nationaux de Gouvernance*. Thèse de doctorat

Diao, X., Harttgen, K., & McMillan, M. (2017). The Changing Structure of Africa's Economies. National Bureau of Economic Research (NBER) (Working Paper No. 23021). Available via https://www.nber.org/ papers/w23021. Accessed 3 Jul 2017

Diebolt, C. et R., Hippe (2018): The long-run impact of human capital on innovation and economic development in the regions of Europe, *Applied Economics*, 51 (5) pp. 542-543 DOI: 10.1080/00036846.2018.1495820

Dietrich, A. (2012): 'Does Growth Cause Structural Change, or is it the Other Way Around? A Dynamic Panel Data Analysis for Seven OECD Countries', *Empirical Economics*, 43, pp. 915-944.

Drosila V. M. (2001), Les politiques éducatives au Brésil : des pionniers à nos jours. In: *Tiers-Monde*, tome 42, n°167, 2001. Tensions Brésiliennes. pp. 657-672.

Dutz, M. A., & O'Connell, S. D. (2013). Productivity, innovation and growth in Sri Lanka: An empirical investigation. *World Bank Policy Research Working Paper*, (6354).

Easterly, W., Levine, R., & Roodma, D. (2004). Aid, Policies, and Growth: Comment. *American Economic Review*, 94(3), 774–780

Eccles, R. (1991). The performance measurement manifesto. *Harvard Business Review, January–February*, pp. 131–137.

Edokat T et Njong A. (2019) Institutional and Governance Weaknesses and African Transformation. In: Elhiraika A., Ibrahim G., Davis W. (eds) *Governance for Structural Transformation in Africa*. Palgrave Macmillan, Cham. https://doi.org/10.1007/978-3-030-03964-6_2

Engel, E (1857). Die Produktions- und Consumptions Verhältnisse des Königreichs Sachsen. Zeitschrift des Statistichen Bureaus des Königlich Sächsischen Ministeriums des Innern.

Enquête Nationale sur la Situation de l'Emploi et le Secteur Informel (ENSESI) (2016), *Institut National de la Statistique, Côte d'Ivoire, 2016*

ENSETE (2013) *Enquête Nationale sur la Situation de l'Emploi et du Travail des Enfants, INS, MDP, Côte d'Ivoire.*

Ershova, N., Yutkina, O., Pashkov, A., Ivanova, M., & Chistyakova, A. (2018). Influence of human capital on the level of innovation activity of an enterprise. *MATEC Web of Conferences , 04011 (2018) https://doi.org/10.1051/matecconf/201823904011 TransSiberia 2018.*

Esso Loesse et Yeo Nahoua (2014). *Transformation Structurelle et développement sectoriel en Côte d'Ivoire*. CAPEC

Estache A (2010). Infrastructure finance in developing countries: An overview. *European Investment Bank Papers*. 15(2):60–88.

Estache A. (2007). « Infrastructures et développement : une revue des débats récents et à venir », *Revue d'économie du développement* 2007/4 Vol. 15, pp. 5-53

Estache A et Trujillo L (2007). Privatization in Latin America: The good, the ugly and the unfair. Janvier. The Initiative for Policy Dialogue. New York.

Estache, A.et M. Vagliasindi. (2007). Infrastructure for Accelerated Growth for Ghana: Needs and Challenges." In *Ghana Country Economic Memorandum: Meeting the Challenge of Accelerated and Shared Growth*, Report No. 40934-GH. World Bank, Washington, DC

ETC TERRA (2016). Analyse qualitative des facteurs de déforestation et de dégradation des forêts en Côte d'Ivoire. Abidjan, 120 p.

Fagerberg, J. (1994): «Technology and International Differences in Growth Rates». *Journal of Economic Literature* 32 (3): 1147–75.

FAO et SEP REDD+ (2017). *Données forestières de base pour la REDD+ en Côte d'Ivoire : Cartographie de la Dynamique Forestière de 1986 à 2015.*

FAO (2018) *Transformer l'alimentation et l'agriculture et de favoriser la réalisation des objectifs de développement durable (ODD)*

Farace, S., & Mazzotta, F. (2015). The effect of human capital and networks on knowledge and innovation in SMES. *De Boeck Supérieur « Journal of Innovation Economics & Management » 2015/1 n°16*, pages 39 à 71.

Fischer, S., Frese, M., Mertins, J. C., & Hardt-Gawron, J. (2018). The Role of Error Management Culture for Firm and Individual Innovativeness. *Applied Psychology 67 (3)*, pp. 428–453.

Fonds Monétaire Intermational (2014). *Sustaining Long-Run Growth and Macroeconomic Stability in Low-Income Countries: The Role of Structural Transformation and Diversification* : IMF Policy, 53p

Fonds Monétaire International (2020). La base de données des Perspectives de l'économie mondiale (WEO).

Fonseca, T., Faria, P. d., & Francisco, L. (s.d.). Human capital and innovation: the importance of the optimal organizational task structure. *Research Policy https://doi.org/10.1016/j.respol.2018.10.010.*

Forum économique mondial (2019). Le *rapport sur la compétitivité mondiale 2019.*

Foster, V.et C. Briceno-Garmendia. (2010). Africa's Infrastructure: A Time for Transformation. Washington, DC: Banque mondiale.

Fosu, A. Bates, R. Hoeffler, A. (2006) Institutions, Governance and Economic Development in Africa: An Overview, *Journal of African Economies, Volume 15, Issue suppl_1*, Pages 1–9, https://doi.org/10.1093/jae/ejk004

Freire, P., (1987), Pedagogia do oprimido. Rio de Janeiro: Paz e Terra, 253 p. cité par Da Silva F. S. S. (2018).

Furman, J., M. P*orter, and S. Stern. (2002): «*The Determinants of National Innovative Capacity. *» Research Policy* 31 (6): 899–933

Gelb, A., Meyer, C. et Ramachandran, V. (2014). *Development as Diffusion: Manufacturing Productivity and Sub-Saharan Africa's Missing Middle*, Center for Global Development Working Paper No. 357, Available at SSRN: https://ssrn.com/abstract=2457235 or http://dx.doi.org/10.2139/ssrn.2457235

Gereffi, G. et K. Fernandez-Stark (2011). Global Value Chain analysis: A primer. Center on Globalization, Governance & Competitiveness

Gimet, C., Guilhon, B. et N. Roux (2010). *Fragmentation and immiserising specialization : the case of the textile and clothing sector*. Working Paper GATE 2010-03

Glaeser, E. L., La Porta, R., Lopez-de-Silanes, F., & Shleifer, A. (2004). Do Institutions Cause Growth? *Journal of Economic Growth*, 9(2), 271–303

Grant, R. (1996, Winter). Toward a knowledge based theory of the firm. *Strategic Management Journal, vol. 17*, pp. 109−122.

Grant, R. M. (1996). Toward A Knowledge-Based Theory of the Firm. *Strategic Management Journal, 17, Winter Special Issue*, 109-122.

Gregory, M. (1993). Integrated performance measurement: A review of current practice and emerging trends. *International Journal of Production Economics, vol. 30, no. 31*, pp. 281–296.

Griffith. R, S. Redding, and J. van Reenen. (2004): « Mapping the Two Faces of R&D: Productivity Growth in a Panel of OECD Industries» Review of Economic and Statistics 86 (4): 883–95

Grimpe, C., & Kaiser, U. (2010). Balancing internal and external knowledge acquisition: the gains and pains from R&D outsourcing. J. Manage. Stud. 47 (8), 1483–1509.

Grossman GM et Krueger AB (1995) Economic growth and the environment. Quarterly Journal of Economics 110, 353–377

Groupe de la Banque mondiale. (2015). Rapport sur la compétitivité en Afrique 2015 : Trnasformer les écoomies africaines. Washington DC, Groupe de la Banque, http://documents.worldbank.org/curated/en/2015/06/24624560/study-competitiveness-industry-manufacturing-ivoirienne-étude-sur-la-compétitivité-de-lindustrie-manufacturière-ivoirienne.

Groupe de la Banque mondiale (2017). Le défi des compétences : Pourquoi la Côte d'Ivoire doit réformer son système éducatif ? Washington DC, Groupe de la Banque Mondiale.

Groupe de la Banque Mondiale (2017). Emploi, Productivité et Inclusion pour Réduire la Pauvreté : Un diagnostic de la situation de l'emploi en Côte d'Ivoire, Washington DC, Groupe de la Banque Mondiale.

Groupe de la Banque mondiale (2018). Le projet sur le capital humain. Banque mondiale, Washington, DC. © Banque mondiale. https://openknowledge.worldbank.org/handle/10986/30498 Licence : CC BY 3.0 IGO.

Groupe de la Banque mondiale (2019), Rapport CPIA Afrique : Renforcement de la capacité de la gestion de la dette. Washington DC, Groupe de la Banque Mondiale.

Groupe de la Banque mondiale (2019). Situation Économique en Côte d'Ivoire : Au pays du cacao, comment transformer la Côte d'Ivoire ? Washington DC, Groupe de la Banque Mondiale.

Groupe de la Banque mondiale (2019). Rapport sur la situation économique en Côte d'Ivoire : Que la route soit bonne : Améliorer la mobilité urbaine à Abidjan, janvier 2019

Groupe de la Banque mondiale (2020). Cinq enseignements pour des investissements efficaces dans le capital humain. Washington DC, Groupe de la Banque Mondiale.

Groupe de la Banque mondiale. (2020). Indicateurs du développement dans le monde, (base de données),. http://data.worldbank.org/products/wdi.

Guy Faure (2014). « Corée du sud : les stratégies d'une puissance scientifique et technologique émergente » L'Esprit du temps « Outre-Terre » 2014/2 N° 39, pages 91 à 104 ISSN 1636-3671

Hansen, N. M. (1965). Unbalanced growth and regional development. Economic inquiry, 4(1), 3.

Hanushek, E. A. (1986). The economics of schooling: Production and efficiency in public schools. Journal of economic literature, 24(3), 1141-1177.

Hanushek, E. A., Schwerdt, G., Wiederhold, S., & Woessmann, L. (2015). Returns to skills around the world: Evidence from PIAAC. European Economic Review, 73, 103-130.

Hariyanto, R., Djatola, D., Ubud, S., & Risna, W. (2018). The Relationship of Human Capital, Innovation, and Corporate Performance (A Study of Small and Medium Rattan Businesses in Palu City Central Sulawesi Province). in The 2018 2018 International Conference of Organizational Innovation, KnE Social Sciences, pages 453–463. DOI 10.18502/kss.v3i10.3394.

Hausmann, R., Klinger, B., & Lopez-Calix, J. (2010). Export Diversification in Algeria. Dans Trade Competitiveness of the Middle East and North Africa, dirs J. Lopez-Calix, P. Walkenhorst, et N. Diop, 63–102. Washington, DC: Banque mondiale.

Hausmann, R., Hwang, J., & Rodrik, D. (2007). What you export matters. Journal of economic growth, 12(1), 1-25.

Hendricks, L., & Schoellman, T. (2014). Student abilities during the expansion of US education. Journal of Monetary Economics, 63, 19-36.

Hepworth, M., & Duvigneau, S. (2012). Building research capacity: Enabling critical thinking through information literacy in higher education in Africa. . Brighton: Institute of Development Studies.

Herzer, D., & Nowak-Lehnmann, F. (2006). What Does Export Diversification Do for Growth? An Econometric Analysis. Applied Economics 38 (15), 1825–1838.

Hesse, H. (2009). Export Diversification and Economic Growth. Dans Breaking into New Markets: Emerging Lessons for Export Diversification, 55–80. Washington, DC: Banque mondiale.

Hidalgo, C. A., Klinger, B., Barabási, L., & Hausmann, R. (2007). The product space conditions the development of nations. Science, vol. 317, p. 482-487.

Hirschman A (1958). The Strategy of Economic Development. Yale University Press. New Haven, CT

Hodgson, G. M. (1998). Competence and Contract in the Theory of the Firm. Journal of Economic Behaviour and Organization, 35, 179-201.

Huet J-M, Viennois I., Striffling R. et Khediri A. (2012), Les technopoles, moteurs de développement, L'Expansion Management Review, 2012/4 n° 147 pp. 112-119.

Hunt, S., & Morgan, R. (1996). The resource-advantage theory of competition: Dynamics, path dependencies, and evolutionary dimensions. Journal of Marketing, vol. 60, no. 4, pp. 107–114.

Ibrahim, I. N., and T. A. Ali. (2013). "Structural Transformation, Poverty and Inequality in Nigeria: An ARDL Bound Testing Technique". International Journal of Economics and Finance 5(4): 141–153.

Imbs, J., & Wacziarg, R. (2003). Stages of diversification. American economic review, 93(1), 63-86.

Independent Commission for Aid Impact (ICAI). (2019). The Newton Fund: A performance review. *https://icai.independent.gov.uk/wp-content/uploads/The-Newton-Fund.pdf*.

INS (2008). Enquête sur le niveau de vie des Ménage en Côte d'Ivoire de 2015, INS, MDP, Côte d'Ivoire.

INS (2012). Enquête Démographique et de Santé et à Indicateurs multiples de Côte d'Ivoire 2011-2012 ».

INS (2014). Recensement général de la Population et de l'Habitation, (RGPH 2014), Rapport de Synthèse

INS (2015). Enquête sur le niveau de vie des Ménage en Côte d'Ivoire de 2015, INS, MDP, Côte d'Ivoire.

INS (2017). Enquête par Grappes à Indicateurs Multiples 2016, Rapport des résultats clés.

Institut National de la Statistique (INS), 2014, Les principaux résultats du RGPH 2014, INS, Abidjan, 5 p.

Imbs, J., & Wacziarg, R. (2003). Stages of Diversification. American Economic Review (mars), 63-86

International Council on Archives (ICA), rapport annuel 2016

Islam S. N. and K. Iversen (2018) "From "Structural Change" to "Transformative Change": Rationale and Implications. Department of Economic & Social Affairs, DESA Working Paper No. 155, ST/ESA/2018/DWP/155

Jardon, J. (2016). Human Capital as Source of Innovativeness in Subsistence Small Businesses. Technol. Manag. Innov. 2016. Volume 11, Issue 3.

Jarreau, J., & Poncet, S. (2012). Export Sophistication and Economic Growth : Evidence from China. Journal of Development Economics 97 (2), 281–292.

Jong-Wha Lee (2019). Human Capital Development for Sustained and Inclusive Growth: The Korean Experience and its Implications for Côte d'Ivoire, A Background Study for The Quest for Sustained and Inclusive Growth in Côte d'Ivoire and South Korea: A Comparative Analysis, Korea University.

Johnson, C. (1982). MITI and the Japanese miracle: the growth of industrial policy, 1925-1975. Stanford University Press.

Kaldor, N. (1966). Marginal productivity and the macro-economic theories of distribution: Comment on Samuelson and Modigliani. The Review of Economic Studies, 33(4), 309-319.

Kaplan, R. (1983). Measuring manufacturing performance: A new challenge for managerial accounting research. The Accounting Review, vol. 18, no. 4, pp. 686–705.

Kaufmann, D., Kraay, A., & Mastruzzi, M. (2010). The worldwide governance indicators: Methodology and analytical issues. World Bank policy research working paper, (5430).

Kellermann M. et Daniel P. Keller D. P. (2014), Le levier de l'infrastructure qualité: Impact sur l'environnement des affaires Enseignements tirés de la pratique, ODCED, Document de travail.

Khadan, J. (2018). Estimating the Effects of Human Capital Constraints on Innovation in the Caribbean. American Development

Bank Country Department Caribbean Group POLICY BRIEF N° IDB-PB-274.

Klinger, B., & Lederman, D. (2011). Export Discoveries, Diversification and Barriers to Entry. Economics Systems 35 (1), 64–83.

Konings, J., & Vanormelingen, S. (2015). The impact of training on productivity and wages: firm-level evidence. Review of Economics and Statistics, 97(2), 485-497.

Kouadio Y.D, (2016). Économie de plantation et dynamique urbaine dans le département de Soubré , Thèse unique de Doctorat, Institut de Géographie Tropicale (IGT), Abidjan, 2016, 384 p.

Kuznets, S. (1979). Growth and Structural Shifts. In W. Galenson (Ed.), Economic Growth and Structural Change in Taiwan. The Postwar Experience of the Republic of ChinaPress, London: Cornell University, pp. 15−131.

Kuznets, S. (1979). Size of households and income disparities (No. 315). Center Discussion Paper.

Kuznets S. (1971), « Economic Growth of Nation: Total Output and Production Structure », Harvard University Press, Cambridge.

Kuznets S. (1966), « Modern Economic Growth », New Haven: Yale University Press.

Kuznets, S. (1955). International differences in capital formation and financing. In Capital formation and economic growth (pp. 19-111). Princeton University Press.

Lectard P. (2017) Chaines de valeur et Transformation structurelle soutenable, Documents de travail, n° 292, Groupe de la Banque africaine de développement, Septembre 2017

Lee, J. K. (1997). A study of the development of contemporary Korean higher education. Unpublished Ph.D. dissertation, The University of Texas at Austin.

Lee, S., & Malin, B. A. (2013). Education's role in China's structural transformation. Journal of Development Economics, 101, 148-166.

Lewin, M. (2011). Botswana’s success: Good governance, good policies, and good luck. Yes Africa Can, 81.

Lewis, J. M., Lykke, M. R., & Erik, H. K. (2018). How innovation drivers, networking and leadership shape public sector innovation capacity. International Review of Administrative Sciences. 84 (2), pp. 288–307.

Lewis, W.A. (1958), "Unlimited Labour: Further Notes," The Manchester School, Vol. 26, No. 1, pp.1-32.

Lewis, W.A. (1954), "Economic Development with Unlimited Supplies of Labor," The Manchester School, Vol. 22, No.2, pp. 139-191.

Lichtenberg, F. (1991): «R&D Investments and International Productivity Differences. » NBER Working Paper No. 4161. Cambridge, MA.

Lilien, D.M. (1982), Sectoral Shifts ad Cyclical Unemployment, Journal of Political Economy, vol. 90, pp. 777-793.

Limao N. et Venables A.J (2001). Infrastructure, Geographical Disadvantage and Transport Costs, The World Bank Economic Review Vol. 15, No. 3 (2001), pp. 451-479 (29 pages)

Lin, J. Y., & Monga, C. (2011). Growth identification and facilitation: The role of the state in the dynamics of structural change. Policy Research Working Paper, juin 2010, Banque mondiale, Washington, DC, http://dx.doi.org/10.1596/1813-9450- 5313.

Lin, J.Y. (2012). New Structural Economics: A framework for Rethinking Development and Policy, Washington : The world Bank, pp. 372

Lin, J.Y. (2013). La politique industrielle revisitée: une nouvelle perspective d'économie structurelle. Revue d'économie du développement, 21(2), 55-78.

Littlewood, H. (2004). Análisis factorial conformatorio y modelamiento de ecuación estructural de variables afectivas y cognitivas asociadas a la rotación de personal. Revista Interamericana de Psicologíca Ocupacional 23(1), 27–37.

Longo, R. et K. Sekkat (2001). Obstacles to expanding intra-African trade, OECD technical publication. DOI : 10.1016/j.worlddev.2004.02.006

Lucas, R. E. (1988). On the Mechanics of Economic Development. Journal of Monetary Economics, 22(1), 3–42.

Mankiw, N. G., D. Romer, and D. N. Weil. (1992). A contribution to the empirics of economic growth. Quarterly Journal of Economics 107(May):407-437

Manuelli, R. E., & Seshadri, A. (2014). Human capital and the wealth of nations. American economic review, 104(9), 2736-62.

Martín, G., Alama, M., Navas, J., & López Sáez, P. (2009). El papel del capital intelectual en la innovación tecnológica. Una aplicación a las empresas de servicios profesionales de España. Cuadernos de Economía y Dirección de la Empresa 40, 83 -110.

Mateer, G. D., & Coppock, L. (2018). Principles of microeconomics (Vol. 2). New York, NY: WW Norton.

Maxwell, A., Curtis, G. G., & Vardanega, L. L. (2008). Does culture influence understanding and perceived seriousness of plagiarism? The International Journal for Educational Integrity 4 (2):, pp. 25–40.

McMillan, M. S., & Rodrik, D. (2011). Globalization, structural change and productivity growth (N°. w17143). National Bureau of Economic Research.

McMillan, Dani Rodrik, and Claudia Sepulveda (2017). "Structural Change, Fundamentals and Growth: A Framework and Case Studies Margaret" NBER Working Paper No. 23378

McMillan M., D. Rodrik, and I. Verduzco-Gallo. (2014). Globalization, Structural Change, and Productivity Growth, with an Update on Africa. World Development 63: 11–32

Milberg, W., & Winkler, D. (2013). Outsourcing economics: global value chains in capitalist development. Cambridge University Press.

MINAGRI-CCC, (2014a). Programme quantité, qualité, croissance (2QC) 2014-2023 : Document d'orientation stratégique, ministère de l'Agriculture de la Côte d'Ivoire-Conseil Café Cacao, Abidjan, Côte d'Ivoire, avril 2014.

MINAGRI-CCC (2014b). Document d'opérationnalité de la mise en œuvre des mécanismes de la Commercialisation intérieure et extérieure, ministère de l'Agriculture de la Côte d'Ivoire-Conseil Café Cacao, Abidjan, Côte d'Ivoire.

Ministère d'État, Ministère du Plan et du Développement (MEMPD), (2006), Population et développement : défis et perspectives pour la Côte d'Ivoire, Rapport national sur l'État et le devenir de la population de la Côte d'Ivoire, Abidjan, Edicom, 2006, 190 p.

Ministère de la Salubrité de l'Environnement et du Développement Durable (2017). Engagement de la Côte d'Ivoire de mettre en œuvre la Neutralité en matière de Dégradation des Terres, Août 2017

Ministère de la santé et de l'hygiène publique (2017). Rapport annuel sur la situation sanitaire 2017, rapport

Milberg, W., & Winkler, D. (2013). Outsourcing economics: global value chains in capitalist development. Cambridge University Press.

Mone, M. A., McKinley, W., & Bargar, V. L. (1998). Organizational decline and innovation: A contingency framework. Academy of Management Review, vol. 23, pp. 115–132.

Monga, C., & Standaert, S. (2019). Measuring structural change. In J. Lin & C. Monga (Eds.), The Oxford handbook of structural transformation (pp. 349–362). Oxford University Press.

Morena M. M. (2019). Analyse de la transformation structurelle de l'Éthiopie: Le passage d'une économie traditionnelle à une économie moderne. Louvain School of Management, Université catholique de Louvain, 2019. Prom. : Gilson, Nathalie. http://hdl.handle.net/2078.1/thesis:20739

Myrdal G (1957). Economic theory and under-developed regions. G. Duckworth. London

Nauman, S. (2017). Lack of critical thinking skills leading to research crisis in developing countries: A case of Pakistan. Learned Publishing, 30 (3), pp. 233–236.

Navaretti, G., Barba, D., & Tarr, G. (2000). International Knowledge Flows and Economic Performance: A Review of the Evidence. The World Bank Economic Review. 14 (1), pp. 1–15.

Nelson, R., & Phelps, E. (1966). Investment in Humans, Technological Diffusion and Economic Growth. American Economic Review, 56 (1/2), 69-75.

Newfarmer, R, Page, J & Tarp, F (2018), *Industries without Smokestacks: Industrialization in Africa Reconsidered*. WIDER Studies, Oxford University Press.

Newman, K. (2014). What is the evidence on the impact of research on international development? A DFID literature review. London: DFID.

N'Guessan N. (2010). Taux de fret maritime et surcharge : quelles incidences sur le commerce international et le développement des pays de l'Afrique subsaharienne ? 5ème journée du chargeur africain, Luanda, 29-30 novembre.

North, D. C. (1991). Institutions, Institutional Change and Economic Performance. Cambridge : Cambridge University Press.

North, D. C. (2005). The contribution of the new institutional economics to an understanding of the transition problem. In Wider perspectives on global development (pp. 1-15). Palgrave Macmillan, London.

Nurkse R (1953). Problems of Capital Formation in Underdeveloped Countries. Oxford University Press. New York

Nowak, J-J. (1994). Le boom du café et du cacao en Côte d'Ivoire : une étude de cas du syndrome néerlandais, Revue d'économie du développement , 1994, 2-4 pp. 51-75

OCDE (2006). Infrastructure to 2030: Telecom, Land Transport, Water and Electricity. Paris: OECD.

OCDE (2010), Making Reform Happen : Lessons from OECD Countries, Éditions OCDE, Paris, https://doi.org/10.1787/9789264086296-en.

OCDE et al. (2013), Perspectives économiques en Afrique 2013 : Transformation structurelle et ressources naturelles, Éditions OCDE, Paris, https://doi.org/10.1787/aeo-2013-fr.

OECD (2016), Examen multidimensionnel de la Côte d'Ivoire: Volume 2. Analyse approfondie et recommandations, Les voies de développement, OECD Publishing, Paris, https://doi.org/10.1787/9789264251670-fr.

OCDE (2016). Perspectives de l'Économie en Afrique.

OCDE (2018) Suivi de la mise en œuvre des réformes vers l'émergence de la Côte d'Ivoire, Rapport d'avancement N°3

OCDE (2019), PISA 2018 Results (Volume III) : What School Life Means for Students' Lives, PISA, Éditions OCDE, Paris, https://doi.org/10.1787/acd78851-en.

OCDE/APEC (2006). Plan d'action d'Athènes pour la suppression des obstacles à l'accès des PME aux marchés internationaux, adopté le 8 novembre 2006 à la Conférence mondiale OCDE-APEC d'Athènes, *http://www.oecd.org/fr/cfe/pme/38590262.pdf*.

OIT (2018). Women and Men in the Informal Economy: A Statistical Picture Third Edition

ONUDI (2013). Sustaining Employment Growth: The Role of Manufacturing and Structural Change, Industrial Development Report 2013, pp.265

Oulmakki (2015), Impact des infrastructures de transport sur la croissance économique : le cas du Maroc. Thèse de doctorat.

PACIR- ITC (2014). « Stratégie nationale d'exportation 2015-2019 de la République de Côte d'Ivoire : Stratégie transversale développement des compétences à l'exportation », Programme d'appui au commerce et à l'intégration régionale de Côte d'ivoire et Centre du commerce international.

Pack, H. (1994). Endogenous growth theory: intellectual appeal and empirical shortcomings. Journal of Economic Perspectives, Vol. 8, N° 1, pp. 55-72.

PASEC (2015) Performances des systèmes éducatifs en Afrique subsaharienne francophone : Compétences et facteurs de réussite au primaire, PASEC, CONFEMEN, Dakar.

Perez S., Fidel and Steinbuks, Jevgenijs (2017). "Public Infrastructure and Structural Transformation". World Bank Policy Research Working Paper No. 8285, Available at SSRN: https://ssrn.com/abstract=3090771

Pimenta, S. G., Gonçalves, C. L., (1990), Revendo o ensino do 2° grau: propondo a formação de professores. São Paulo: Cortez, 160 p. cité par Da Silva F. S. S. (2018).

Pigou A.C. (1933). « Wage policy and unemployment », The Economic Journal, 37 (147), 355-68

Plan National de Développement (2016-2020), Rapport annuel de performance, 2019.

Plan National de Développement (2012-2015). Plan National de Développement

PNUE (2015). Côte d'Ivoire, Évaluation environnementale post-conflit.

Romer, P. M. (1986). Increasing Returns and Long-Run Growth. Journal of Political Economy, 94(5), 1002–1037 Williamson 1994

PNIA 2010 – 2015. Programme National d'Investissement Agricole, Rapport d'expertise AISA, Juillet 2010.

Prebisch R. (1982) La obra de Prebisch en la CEPAL, Mexico, Fondo de cultura Economica.

Prebisch R. (1950) The Economic Development of Latin America and its Principal Problems, Economic Bulletin for Latin America, 7, 1-12.

Programme des Nations Unies pour le Développement (2013), « Rapport national sur le développement humain : emploi, changements structurels et développement humain en Côte d'Ivoire ».

Rajan, R.G., et L. Zingales. (2003) The Great Reversals: The Politics of Financial Development in the 20th Century. Journal of Financial Economics 69 (1): 5–50.

Putzel, J. (2000). Land reforms in Asia: lessons from the past for the 21st century.

Ranis, G., & Fei, J. C. (1961). A theory of economic development. The American economic review, 533-565.

Reenen, V. (2020). Innovation and Human Capital Policy. National Bureau of Economic Research, Cambridge, Massachusetts *vanreenen@MIT.edu*.

Rodrik, D. (2008). The Real Exchange Rate and Economic Growth. Brookings Papers on Economic Activity 2008 (2), Economic Studies Program, 365–412. Washington, DC: The Brookings Institution.

Rodrik, D. (2006). "What's So Special about China's Exports?," China & World Economy, vol. 14(5), 1-19.

Rodrik, D. et Subramanian, A. (2004). "From 'Hindu Growth' to Productivity Surge: The Mystery of the Indian Growth Transition," CEPR Discussion Papers 4371, C.E.P.R. Discussion Papers.

Rogers, M. (1998). The Defiition and Measurement of Innovation. Melbourne Institute Working Paper 10, 1-27.

Roman, A. G. (2018). Minimizing Plagiarism Incidence in Research Writing in One State University in the Philippines. Asian Journal of Multidisciplinary Studies, 1 (1). pp. 27-33

Roman, Z. (1969). A note on measuring structural changes. Review of Income and Wealth, 15(3), pp. 265-268.

Romer, P. (1990). Human Capital and Growth: Theory and Evidence. Carnegie-Rochester Conference Series on Public Policy, 32, pp. 251-286.

Romer P., M. (1986). Increasing Returns and Long-Run Growth. The Journal of Political Economy, Vol. 94, No. 5 (Oct., 1986), pp. 1002-1037.

Rosenstein-Rodan, P. N. (1943). Problems of industrialization of eastern and south-eastern Europe. The economic journal, 53(210/211), 202-211.

Rostow, W. W., & Rostow, W. W. (1990). The stages of economic growth: A non-communist manifesto. Cambridge university press.

Rueff J. (1931), « L'Assurance-Chômage : Cause du chômage permanent », Revue d'Économie Politique, 45, pp. 211-251

Saá-Pérez, P., Díaz-Díaz, N. L., & Ballesteros-Rodríguez, J. L. (2012). The role of training to innovate in SMEs. Innovation, 14(2), 218–230.

Sala-i-Martin, X. X., & Barro, R. J. (1995). Technological diffusion, convergence, and growth (No. 735). Center Discussion Paper.

Samet, K. (2011). R&D, diffusion, adoption and productivity growth: Literature review. International Journal of Economic Perspectives 5 (2, pp. 107-120.

Schultz, T. W. (1975). The Value of the Ability to Deal with Disequilibria. Journal of Economic Literature 13 (3): 827–846

Semedo G., Bensafta M. (2013). Les raisons d'être optimiste. Pourquoi le décollage de l'Afrique est-il possible, Actes du Colloque de Dakar de L'Union Africaine, Revue Africaine de l'Intégration et du développement, spécial, Mars.

Sekkat, K. A. Varoudakis (1998). Exchange rate management and manufactured exports in Sub-

Saharan Africa. OECD Development Centre Technical Papers (134) 60 p

Sharif, R. (2019). The Relations between Acculturation and Creativity and Innovation in Higher Education: A Systematic Literature Review. Educational Research Review, pp. 100–287.

Shen, L.; Peng, Y.; Zhang, X.; Wu, Y. (2012). An alternative model for evaluating sustainable urbanization. Cities 2012, 29, 32–39.

Singer HW (1950). The distribution of gains between investing and borrowing countries. The American Economic Review 40(2): 473–85

Snezhana, V., Guliya, H. , Inessa, V. , Natalia, V., & Maria, O. S. (2016). Human Capital in the Innovative Conditions. IEJME — Mathematics Education 2016, 11 (8), pp.3048-3065.

Stern, D., Burke, P. & Gerlagh, R.(2017). Modeling the Emissions-Income Relationship Using Long-Run Growth Rates. Environment and Development Economics, page 1 of 26

Straub S (2008). Infrastructure and development: A critical appraisal of the macro level literature. Policy Research Paper n° 4590. Banque mondiale

Studwell, J. (2013). How Asia works: Success and failure in the world's most dynamic region. Open Road+ Grove/Atlantic.

Subramaniam, M., & Youndt, M. (2005). The influence of intellectual capital on the types of innovative capabilities. Academy of Management Journal 48, 450–463.

Syrquin, M (1988) Croissance économique et changement structurel en Colombie. Une comparaison internationale. Revue Tiers Monde, 481-492

Technopolis, Group. (2017). Evaluation of UNESCO's work in capacity building in the basic sciences and engineering. https://unesdoc.unesco.org/ark:/48223/pf0000258938.

Teravaninthorn, S., & Raballand, G. (2009). Transport prices and costs in Africa: a review of the main international corridors. Washington DC, Banque mondiale

Teixeira, A., & Fortuna, N. (2003). human capital, innovation capability and economic growth portugal, 1960 – 2001. FEP Working Paper no. 131, July 2003.

Timmer, M. P., Erumban, A. A., Los, B., Stehrer, R., & De Vries, G. J. (2014). Slicing up global value chains. Journal of economic perspectives, 28(2), 99-118.

Tiwari, A., Avery, A., & Lai, P. (2003). Critical thinking disposition of Hong Kong Chinese and Australian nursing students. Journal of Advanced Nursing, 44 (3), pp. 298–307.

Toner, P. (2011). Workforce Skills and Innovation: An Overview of Major Themes in the Literature. OECD Education Working Papers. Paris: OECD Publishing.

Tseng, C., & Goo, Y. (2005). Intellectual capital and corporate value in an emerging economy: empirical study of Taiwanese manufacturers. R&D Management 35, 187–201.

Tupin F. (2010), Le système éducatif de l'île Maurice : entre globalisation et amélioration de la qualité de l'éducation, dans Transformations des systèmes éducatifs dans les pays du Sud, pages 147 à 167.

UNIDO (2009). Industrial development Report 2009. Breaking in and moving up: New industrial challenges for the bottom billion and the middle-income countries, Vienna: UNIDO.

UNIDO (2012). Nouvelle politique industrielle de la République de Côte d'Ivoire. Phase I : Diagnostic du secteur industriel et du cadre institutionnel, Cote d'Ivoire

UNDP (2011). Supporting transformational change, case studies of sustained and successful development cooperation, 2011 United Nations Development Program

UNOPS (2019). Le rôle essentiel des infrastructures pour la réalisation des Objectifs de développement Durable. The Economist ; Intelligence unit.

Verdoorn, J. P. (1949). On the factors determining the growth of labor productivity. Italian economic papers, 2, 59-68.

Weigelt, C. (2009). The impact of outsourcing new technologies on integrative capabilities and performance . Strategic Management Journal. 30 (6), 595–616.

Weimer, M. (2013). Learner-centered teaching: Five key changes to practice (2nd ed). San Francisco: Jossey-Bass.

Weldemicael, E. (2012). Determinants of Exports Sophistication. Melbourne University, mimeo.

Williamson, O.E. (1994). The Institutions and Governance of Economic Development and Reform, The World Bank Economic Review, Volume 8, Issue suppl_1, Pages 171–197, https://doi.org/10.1093/wber/8.suppl_1.171

Wolff, E. N. (2002). Computerization and structural change. Review of Income and Wealth, 48(1), 59-75.

World economic forum (2019). Global competitiveness report 2019

Woo-Cummings, M. (1999). Korea: Democracy and reforming the corporate sector. Economic Reform Today, 1, 26.

Yen, Y.-F. (2013). The impact of bank's human capital on organizational performance: How innovation inflences performance. Innovation 15(1), p. 112-117.

Zack, M. (1999). Developing a knowledge strategy. California Management Review, vol. 41, no. 3, pp. 125–146.

Zahra, S. A., Nielsen, A. P., & Bognar, W. C. (1999). Corporate entrepreneurship, knowledge and competence development. Entrepreneurship: Theory and Practice, vol. 23, no. 3,, pp. 169–189.

Zouhaier, H. (2012). Institutions, Investment and Economic Growth. International Journal of Economics and Finance, 4(2), pp.152–

Table des matières

Structures éditoriales du groupe L'Harmattan

L'Harmattan Italie
Via degli Artisti, 15
10124 Torino
harmattan.italia@gmail.com

L'Harmattan Hongrie
Kossuth l. u. 14-16.
1053 Budapest
harmattan@harmattan.hu

L'Harmattan Sénégal
10 VDN en face Mermoz
BP 45034 Dakar-Fann
senharmattan@gmail.com

L'Harmattan Cameroun
TSINGA/FECAFOOT
BP 11486 Yaoundé
inkoukam@gmail.com

L'Harmattan Burkina Faso
Achille Somé – tengnule@hotmail.fr

L'Harmattan Guinée
Almamya, rue KA 028 OKB Agency
BP 3470 Conakry
harmattanguinee@yahoo.fr

L'Harmattan RDC
185, avenue Nyangwe
Commune de Lingwala – Kinshasa
matangilamusadila@yahoo.fr

L'Harmattan Congo
67, boulevard Denis-Sassou-N'Guesso
BP 2874 Brazzaville
harmattan.congo@yahoo.fr

L'Harmattan Mali
ACI 2000 - Immeuble Mgr Jean Marie Cisse
Bureau 10
BP 145 Bamako-Mali
mali@harmattan.fr

L'Harmattan Togo
Djidjole – Lomé
Maison Amela
face EPP BATOME
ddamela@aol.com

L'Harmattan Côte d'Ivoire
Résidence Karl – Cité des Arts
Abidjan-Cocody
03 BP 1588 Abidjan
espace_harmattan.ci@hotmail.fr

Nos librairies en France

Librairie internationale
16, rue des Écoles
75005 Paris
librairie.internationale@harmattan.fr
01 40 46 79 11
www.librairieharmattan.com

Librairie des savoirs
21, rue des Écoles
75005 Paris
librairie.sh@harmattan.fr
01 46 34 13 71
www.librairieharmattansh.com

Librairie Le Lucernaire
53, rue Notre-Dame-des-Champs
75006 Paris
librairie@lucernaire.fr
01 42 22 67 13

www.ingramcontent.com/pod-product-compliance
Lightning Source LLC
LaVergne TN
LVHW050629051026
849532LV00002B/324
* 9 7 8 2 3 4 3 2 5 1 9 4 3 *